华诚文丛

企业破产清算

案例精选与实务解析

华诚律师事务所 编

知识产权出版社
全国百佳图书出版单位

图书在版编目（CIP）数据

企业破产清算案例精选与实务解析/华诚律师事务所编. —北京：知识产权出版社，2017.12
ISBN 978-7-5130-5298-6

Ⅰ.①企… Ⅱ.①华… Ⅲ.①破产清算—案例—中国 Ⅳ.①F279.232

中国版本图书馆 CIP 数据核字（2017）第 293580 号

责任编辑：高 超　　　　　　　　　责任校对：谷 洋
封面设计：品 序　　　　　　　　　责任出版：刘译文

企业破产清算案例精选与实务解析
华诚律师事务所　编

出版发行：	知识产权出版社有限责任公司	网　　址：	http://www.ipph.cn
社　　址：	北京市海淀区气象路 50 号院	邮　　编：	100081
责编电话：	010-82000860 转 8383	责编邮箱：	morninghere@126.com
发行电话：	010-82000860 转 8101/8102	发行传真：	010-82000893/82005070/82000270
印　　刷：	北京嘉恒彩色印刷有限责任公司	经　　销：	各大网上书店、新华书店及相关专业书店
开　　本：	720mm×1000mm　1/16	印　　张：	15.75
版　　次：	2017 年 12 月第 1 版	印　　次：	2017 年 12 月第 1 次印刷
字　　数：	265 千字	定　　价：	48.00 元
ISBN 978-7-5130-5298-6			

出版权专有　　侵权必究
如有印装质量问题，本社负责调换。

编委会

丛书编委　（按姓名拼音排序）
　　　　　　傅强国　孔风霆　钱军亮　肖　华
　　　　　　徐申民　张黎明

本书编委　（按姓名拼音排序）
　　　　　　蔡炳辉　傅强国　孔风霆　钱军亮
　　　　　　徐申民　杨军　朱小苏

主要撰稿　蔡炳辉

主要审稿　朱小苏

序 言

华诚秉承"诚信、思远、敬业、进取"的企业文化，已经发展成为以华诚律师事务所、华诚知识产权代理有限公司等多个实体组成的法律服务综合体。自1995年成立以来，经过二十余年的发展，华诚的整体业务范围已经涵盖公司商事、金融、知识产权、不动产、破产清算、私人财富管理、文化娱乐体育、资本市场、劳动人事、海关税务、诉讼及争端解决等。同时，华诚在这些领域也积累了丰富的理论和实务经验。

十八大以来，经济全球化和区域经济一体化战略逐渐成为中国经济的发展趋势。在众多创新业务的开展过程中，华诚深刻地意识到，如何更好地维护企业权益、增加中国企业的国际话语权、增强企业家合规经营的意识，是这个时代赋予我们的使命。

二十余载风雨砥砺，华诚见证了中国法治建设的发展和进步，也见证了中国法律学术的改革与创新。华诚一直以专业为本，不忘社会责任，多年来支持各类法律学术、实务研究，先后出版或支持出版了《知识产权诉讼案例与代理技巧》《知识产权研究》《中国专利侵权诉讼实务》等著作。今年，华诚决定启动"华诚文丛"的出版工作，旨在将华诚在多个法律领域的实务经验与心得总结汇编成册。望能在全面推进依法治国的进程中，奉上华诚点滴之力；更希望以文会友，聚力更多的法律同仁，探讨交流，携手共进。

华诚文丛编委会
2017年12月

前　言

随着我国社会主义市场经济运行机制的不断发展和完善，企业作为市场竞争主要参加者，其开立或关闭都已成为市场竞争机制下的常态。而对于失去竞争力的企业而言，如已资不抵债，对其进行破产清算便是法律所规定和倡导的途径。及时进行破产清算，有利于集中化解与该企业有关的所有纠纷，节约司法资源，同时也有利于通过破产财产的分配来优化配置企业尚存价值，促进生产要素的有效流通。对不适应市场竞争的企业，及时依法破产清算，已不单单是一种法律程序，更是一种维持市场秩序、促进市场健康运行的重要保障。随着企业破产法"管理人"制度的确立，律师事务所作为"管理人"群体的主要组成部分，正在协助各行各业中失去竞争力的企业依法退出市场。由此，律师事务所作为具体破产案件的承办者，也积累了丰富的办案经验。

华诚律师事务所作为最早入选上海法院企业破产案件管理人名册的律师事务所之一，从基础的破产清算着手，在其经办的众多企业破产案件中精选了几个典型案件，编撰形成本书。本书通过案例编排串联的形式，全面介绍了破产清算的整个流程：从法院管辖、破产申请、破产管理人指定，到债权申报与审查，再到破产财产变现方案及财产分配方案的制定与执行等，由浅入深地分析了破产清算案件中面临的诸多实务问题，并提出相应的解决方案。此外，本书在剖析一些具体破产实务时，还援引讲解了美国、德国、日本等国家的相关破产制度。"他山之石，可以攻玉"，通过中外破产制度的对比，不仅使读者对其他国家的企业破产制度有一个更深入的了解，也可以促进经验总结，借鉴解决中国破产实践中的一些问题。

在我国，企业破产领域相较于传统民法领域，是一个新兴领域，该领域的理论正在蓬勃发展，与之相关的书籍也是层出不穷。但多数书籍更偏重理论研究或法条阐释，在帮助法律工作者或企业直接"上手"企业破产事务方面的书籍，尚为数不多。本书是华诚律师事务所从事破产实务的一线律师多年担任破产企业管理人的经验总结，既阐明了企业破产清算中涉及的法律规定的基本原理，又展现了丰富的实务操作经验，希望对有意了解或从事企业破产清算事务的单位或人员有所帮助。

相比较于其他国家长期的破产立法和实践，我国自2007年设立的现代破产制度，定然存在需要调整、改变、提升的地方，而破产制度的发展，又终归离不开一线法律工作者的探索和总结。愿更多有志从事破产事务的一线法律工作者，砥砺前行，不断总结经验，推动我国破产法的完善和发展。

本书编委会

2017年12月

CONTENTS 目录

序　言 ………………………………………………………………… I

前　言 ………………………………………………………………… I

第一章　上海酷贝拉企业管理有限公司破产清算案 ……………… 1
　　第一节　案情简介 / 1
　　第二节　法律实务解析 / 3
　　　　一、破产案件法院管辖 / 3
　　　　二、破产清算申请 / 4
　　　　三、破产管理人的指定 / 16
　　　　四、管理人接管破产企业 / 19
　　　　五、对中介机构的聘请 / 27
　　　　六、政府部门参与应急处理 / 30
　　　　七、人民法院、债权人委员会对管理人重大财产处分行为的监督 / 32

第二章　上海美丽华度假村有限公司破产清算案 ………………… 36
　　第一节　案情简介 / 36
　　第二节　法律实务解析 / 37
　　　　一、债权申报与审查 / 37
　　　　二、劳动债权调查 / 65

第三章　上海金源国际经贸发展有限公司破产清算案 …………… 99
　　第一节　案情简介 / 99
　　第二节　法律实务解析 / 100
　　　　一、执行中止与保全措施解除 / 100

· 1 ·

二、对未履行完毕双务合同的履行 / 109

　　三、对破产企业财产的管理、处分 / 113

　　四、管理人行使撤销权，取回破产企业财产 / 128

　　五、人民法院宣告债务人破产 / 137

　　六、债权人会议的召集、组织与其职能 / 139

　　七、债务人财产管理方案的制订 / 143

　　八、破产人破产财产变现方案的制订与执行 / 148

　　九、破产人破产财产分配方案的制订与执行 / 152

第四章　几类典型破产清算案例 …………………………… 161

　第一节　上海飞乐进出口有限公司破产清算案
　　　　　——破产财产分配完毕的破产清算案件 / 161

　　一、案情简介 / 161

　　二、法律实务解析 / 163

　第二节　上海洋宁国际贸易有限公司破产清算案
　　　　　——破产财产不足以支付破产费用的破产清算案件 / 171

　　一、案情简介 / 171

　　二、法律实务解析 / 173

　第三节　六度贸易（上海）有限公司破产清算案
　　　　　——无法全面清算的破产清算案件 / 179

　　一、案情简介 / 179

　　二、法律实务解析 / 182

　第四节　中航华海工程建设有限公司破产清算案
　　　　　——无法开展破产清算的案件 / 196

　　一、案情简介 / 196

　　二、法律实务解析 / 198

附　录 …………………………………………………………… 202

　中华人民共和国企业破产法 / 202

　最高人民法院关于适用《中华人民共和国企业破产法》若干问题的
　　规定（一） / 223

　最高人民法院关于适用《中华人民共和国企业破产法》若干问题的
　　规定（二） / 225

　最高人民法院关于审理企业破产案件指定管理人的规定 / 234

第一章　上海酷贝拉企业管理有限公司破产清算案

第一节　案情简介

上海酷贝拉企业管理有限公司（以下简称"酷贝拉公司"）成立于2010年9月，注册资金为人民币6 000万元，主要经营"酷贝拉"品牌儿童游乐项目。酷贝拉公司成立后，在上海市徐汇区龙吴路118号租赁了7 000多平方米的场所，在对租赁场所进行相应的改建、装修装饰后，建成了"酷贝拉上海欢乐园"，其中包括了警察、医生、教师、消防员、法官等众多职业的"职业体验馆"，供儿童进行职业扮演、职业体验，其中也包括了4D、5D电影院、室内足球场、餐饮等配套娱乐休闲场馆。"酷贝拉上海欢乐园"建成初期，颇受儿童及家长欢迎，并因其富有特色的寓教于乐的职业体验而被授予"中国青少年体验教育基地"荣誉，但后来因同业态竞争激烈，加之经营管理不善，酷贝拉公司的经营日渐式微，入不敷出，各类债务问题也相继爆发。

2013年8月，酷贝拉公司因不能清偿到期债务，债权人向上海市徐汇区人民法院申请对酷贝拉公司进行破产清算。上海市徐汇区人民法院经审查，认为酷贝拉公司不能清偿到期债务且明显缺乏清偿能力，债权人提出的对酷贝拉公司破产清算申请符合法律规定，故裁定受理了酷贝拉公司破产清算一案。

酷贝拉公司破产清算一案需要清理的事项较多且复杂：在资产清理方面，既需要对酷贝拉公司在租赁场所内改建、装修装饰形成的添附物进行清理，又需要处理权利人提出的众多所有权保留物品的取回，更重要的是还需要保持在破产清算期间对整个"酷贝拉上海欢乐园"的有效管理；而在债权核查方面，涉及的债权人户数众多，其中既包括了担保债权、连带债权、工程款债权等不同性质的债权,还需要调查酷贝拉公司拖欠众多职工工资、社会保险费的情况;而鉴于部分债权人先前已经采取了锁门、围堵等一些不理性、不合规的行为,影响了酷贝拉公司的正常管理以及其他相关方的正常生产经营,故在酷贝拉公司破产清算中,还需要留意对部分债权人的对接、抚慰和引导。主要鉴于以上情况,为了集中有效力量较快稳妥地开展酷贝拉公司破产清算工作,经申请,上海市徐汇区人民法院同意由律师事务所与清算公司分别指派人员组成酷贝拉公司清算组,由酷贝拉公司清算组担任酷贝拉公司管理人。

酷贝拉公司管理人成立后,管理人随即与酷贝拉公司相关人员办理了现金、印章、证照以及财务资料、合同等其他重要文件的移交,并对酷贝拉公司经营情况、财产情况、负债情况展开调查。为了对酷贝拉公司财务情况进行全面清理,管理人亦在经人民法院许可后,聘请了会计师事务所对酷贝拉公司财务情况进行审计。

在酷贝拉公司破产清算过程中,管理人亦根据破产清算的具体情况,对酷贝拉公司一些财产适时进行了相应处置、变现,如在酷贝拉公司破产重整无望的情况下,及时剥离了酷贝拉公司添附于业主(同时也是酷贝拉公司破产清算一案中的债权人)房屋之上添附物、添加物,将租赁房屋返还业主,避免业主遭受更大的损失,也避免业主对酷贝拉公司破产债权的不断累加;又如对于部分建筑公司持续采取过激手段影响破产清算工作正常开展的情况,在债权人会议召开之前、经人民法院许可后,提前公开拍卖这些建筑公司工程款所指向的酷贝拉公司一幢二层办公楼,以争取及早解决建筑公司工程款问题等。同时,管理人亦根据酷贝拉公司破产清算的进程,对酷贝拉公司留守人员进行了梳理,在酷贝拉公司破产清算初期,因尚有相关方接洽酷贝拉公司破产重整事项,故不管是从顺利接管"酷贝拉上海欢乐园"这个角度出发,还是从保留酷贝拉公司重整价值这个角度出发,管理人尽量保留了酷贝拉公司原留守人员,但随着管理人完成对"酷贝拉上海欢乐园"的接管以及酷贝拉公司破产重整可能性的降低,管理人亦对留守人员进行了相应的梳理、分流,最后仅保留部分为破产清算工作所需人员,以节约破产费用。

此外,对于酷贝拉公司破产清算一案中部分债权人采取的针对酷贝拉公司财产以及相关人员的过激行为,管理人除寻求人民法院的指导和支持之外,亦在人民法院的协调下,参加了由众多有关政府部门参加的协调会,专题研讨对不理性过激"维权"行为的疏导,以引导债权人在破产法规定的范围内合法主张权益。

第二节 法律实务解析

一、破产案件法院管辖

(一) 地域管辖

《企业破产法》第 3 条规定："破产案件由债务人住所地人民法院管辖"，而按最高人民法院《关于审理企业破产案件若干问题的规定》[法释（2002）23 号] 第 1 条规定，"债务人住所地指债务人的主要办事机构所在地；债务人无办事机构的，由其注册地人民法院管辖"。因此，所有破产案件，包括破产清算案件、破产重整案件以及破产和解案件，均由破产企业住所地人民法院专属管辖。如破产企业主要办事机构所在地与其工商登记住所地不一致的，以破产企业主要办事机构所在地为住所地，由破产企业主要办事机构所在地人民法院管辖；如破产企业无办事机构的，则由破产企业工商登记的住所地人民法院管辖。本案中，酷贝拉公司主要办事机构及注册地均为上海市徐汇区龙吴路 118 号，故酷贝拉公司破产清算一案由上海市徐汇区人民法院专属管辖。

(二) 级别管辖

对于破产案件的级别管辖，《企业破产法》未作进一步规定，但最高人民法院《关于审理企业破产案件若干问题的规定》第 2 条规定："基层人民法院一般管辖县、县级市或者区的工商行政管理机关核准登记企业的破产案件；中级人民法院一般管辖地区、地级市（含本级）以上的工商行政管理机关核准登记企业的破产案件；纳入国家计划调整的企业破产案件，由中级人民法院管辖"。由此可见，对于破产案件的级别管辖，一般依照破产企业核准登记机关的级别予以划分，但这也仅仅是规定了一般的级别管辖原则，不同省市在具体的司法实践中，会对破产案件的级别管辖作出具体的规定，如上海市高级人民法院颁发的《关于调整本市企业破产案件受理审批工作的规定》[沪高法（2010）379 号] 便规定，破产企业为上市公司、金融机构、国家工商行政管理总局核准登记的企业或者为上海市工商行政管理局核准登记的企业且资产总额超过人民币 4 亿元的企业，其破产案件由上海市第一、第二中级人民法院管辖。由此可见，在上海，并非只要是在上海市工商行政管理局登记的企业，其破产案件便由中级人民法院管辖，也要具体看破产企业的财产数额。再如浙江省高级人民法院颁布的《关于资金链断裂引发企业债务重大案件的集中管辖问题的通知》［浙高法（2008）289号］规定，中级人民法院可以请求浙江省高级人民法院指定集中审理和执行涉资金链断裂企业债务的重大案件，基层人民法院也可以请求中级人民法院指定集中审理和执行辖区内涉资金链断裂企业债务案件，而涉资金链断裂企业符合《公司法》《企业破产法》规定的清算、破产条件的，可依法分别适用清算程序和破产清算、重整及和解程序。由此可见，在浙江省，对于被确定为集中管辖的"涉资金链断裂企业债务案件"，该企业的破产案件亦由被确定的集中管辖法院管辖。因此，对于破产案件的级别管辖，最高人民法院《关于审理企业破产案件若干问题的规定》仅作了原则性的规定，在实践中，尚需留意不同省市的不同规定。

对本案而言，酷贝拉公司在上海市工商行政管理局徐汇分局登记注册，故由上海市徐汇区人民法院实施管辖。

二、破产清算申请

（一）可适用《企业破产法》进行破产清算的企业范围

按我国组织机构登记的类型划分，参与社会活动的组织机构主要包括企业、机关、事业单位、社会团体以及民办非企业单位等其他组织机构。按《企业破产法》第2条规定，其规范的主体为"企业法人"，故可适用《企业破产法》进行破产清算的对象为组织机构中的"企业"，机关、事业单位、社会团体以及民办非企业单位等其他组织机构均不在《企业破产法》调整范围之内，进一步地，《企业破产法》所调整对象为"企业"中的"企业法人"，既包括公司制的有限责任公司、股份有限公司，也包括非公司制的、进行法人登记的全民所有制企业、集体所有制企业、联营企业、中外合资经营企业、中外合作经营企业、外资企业和其他民营企业。

对于非"企业法人"组织机构的清算，是否在《企业破产法》的调整范围之列，则需要结合《企业破产法》第135条的规定具体情况具体分析。《企业破产法》第135条规定，"其他法律规定企业法人以外的组织的清算，属于破产清算的，参照适用本法规定的程序"，因此，对于合伙企业，因为《合伙企业法》第92条规定"债权人可以依法向人民法院提出破产清算申请",故对合伙企业的清算,可以适用《企业破产法》的规定;而对于民办学校,因为《民办教育促进法》第 58 条规定"民办学校终止时,应当依法进行财务清算……因资不抵债无法继续办学而被终止的,由人民法院组织清算",故对民办学校的清算,也可以适用《企业破产法》的规定。而对于个人独资企业,《个人独资企业法》并未规定个人独资企业或其债权人可向人民法院申请破产清算,但最高人民法院《关于个人独资企业清算是否可以参照适用企业破产法规定的破产清算程序的批复》[法释(2012)16 号]规定:"在个人独资企业不能清偿到期债务,并且资产不足以清偿全部债务或者明显缺乏清偿能力的情况下,可以参照适用企业破产法规定的破产清算程序进行清算""人民法院参照适用破产清算程序裁定终结个人独资企业的清算程序后,个人独资企业的债权人仍然可以就其未获清偿的部分向投资人主张权利",因此,对于个人独资企业的清算,也可以参照适用《企业破产法》的规定。除以上合伙企业、民办学校、个人独资企业可以参照适用《企业破产法》外,其余非企业法人组织机构,如国内企业设立的分支机构、外国企业设立的常驻代表机构、办事机构等,均不能参照适用《企业破产法》进行破产清算。

本案中,酷贝拉公司为在上海市工商行政管理局徐汇分局登记设立的有限责任公司,有关其破产清算活动,自然适用《企业破产法》的规定。

(二) 破产原因

在债务人具备破产原因时,企业以及债权人均可向人民法院申请对债务人进行破产清算。因此,债务人是否具备了"破产原因",便成为人民法院是否受理破产清算申请的关键因素。按《企业破产法》第 2 条规定,企业"破产原因"分为两种情形,一种是债务人"不能清偿到期债务,并且资产不足以清偿全部债务",另一种是债务人"不能清偿到期债务,并且明显缺乏清偿能力",两种破产原因表述有些相似,特别是两种破产原因都要求债务人"不能清偿到期债务",但该两种破产原因在实务中的适用,却存在较为明显的区分:

① "不能清偿到期债务,并且资产不足以清偿全部债务"的破产原因。

"不能清偿到期债务",指的是对于依法成立的债务,债务人在债务清偿期限内不能足额清偿的情形。该债务依法成立即可,不要求债权债务关系、债权债务数额经过法院或者仲裁机构裁决;企业到期未清偿即构成不能清偿,不要求经过相关机构执行后无法清偿才构成不能清偿。对此,最高人民法院在《关于适用〈中华人民共和国企业破产法〉若干问题的规定（一）》[法释（2011）22号]第2条中也进行了明确规定，要求人民法院在判断企业是否"不能清偿到期债务"时，只要同时具备"债权债务关系依法成立""债务履行期限已经届满""债务人未完全清偿债务"情况的，便可认定企业存在"不能清偿到期债务"的情形。最高人民法院之所以对企业"不能清偿到期债务"作如此详细的规定，是因为在一些破产申请的实务中，一些法院认为企业"不能清偿到期债务"，指的是企业不能按生效判决履行债务且人民法院执行不到企业财产的情形。债权数额经由人民法院或仲裁机构裁决且经强制执行不能实现，固然使得法院极为容易判断企业是否"不能清偿到期债务"，但却使破产申请的条件变得极为苛刻，特别是对于债权人申请对债务人进行破产清算的情形，如按此要求，则债权人需先提起诉讼使法院判决确认其债权，然后再申请强制执行以证明债务人不能清偿到期债务。这样，债权人申请对债务人进行破产清算，不但要先耗费诉讼费用，而且还将耗费较长的时间，而在这一段时间内，原本可在破产程序中保全、取回并分配的财产便有可能也被耗费殆尽，这样也就使得债权人申请破产清算变得毫无意义。最高人民法院对"不能清偿到期债务"作此规定，在为各级人民法院提供审查标准的同时，在很大程度上也确保了债权人通过破产申请救济自身利益的权利。

"资产不足以清偿全部债务"，指的是债务人的全部资产（包括现金、固定资产、无形资产、对外投资等）合计数额低于企业对外负债数额。在目前的破产实践中，一般以企业提供的资产负债表、会计师事务所提供的审计报告所呈现的企业资产、负债情况作为判断债务人是否"资产不足以清偿全部债务"的重要证明材料。

"企业法人不能清偿到期债务，并且资产不足以清偿全部债务"的破产原因，一般由企业在自行申请破产清算中使用。而对于企业自行提出的破产清算申请，人民法院也会要求企业提供财产状况说明、债务清册、债权清册、有关财务会计报告等，以核查企业是否已资不抵债。如企业提供的相关财务数据显示其资产仍大于负债的，则人民法院便较大可能不受理企业提出的破产清算申请。

最高人民法院在《关于适用〈中华人民共和国企业破产法〉若干问题的规定（一）》中，对如何判断企业"资不抵债"进行了进一步的延展，即以企业资产负债表作为审核企业是否资不抵债的依据，但并不排斥结合其他方式对企业的真实资产负债情况进行综合审核,具体而言,即使企业提供的资产负债表(甚至会计师事务所作出的审计报告)显示企业资产大于负债,但如有其他材料,如针对企业所有财产或者重大财产价值的评估报告,显示企业账上财产实际上价值有限,且已不足以清偿所有债务的,那么,法院也应认定企业资不抵债。该规定赋予了审核企业是否"资不抵债"必要的灵活性,避免了企业实际已资不抵债、但却需要再经过一段时间的账面亏损才能进入破产程序的尴尬,也有利于实际上已具备破产原因的企业及时进入破产程序以优化资源的有效配置。

目前破产实践中,企业自行申请破产清算的案件,主要分为两类:一类为已在较长一段时间内停止经营、实质上已退出市场竞争的企业;一类为突遭市场变化(如市场环境恶化、资金链断裂等)又无重整可能的企业。对于前者,多数具有国有企业背景,其申请破产清算,主要目的在于通过合法方式退出市场,彻底摆脱之前已停止经营的"僵而不死"的状况,而在前述目的之下,可能也存在上级单位调整财务报表方面考虑,如企业已经经过合法途径注销,那么该企业并不好看的资产负债表也就可以从上级单位大范围的财务报表中抹去了;相比较而言,长时间停止经营的民营企业自行向人民法院申请破产清算的较少。对于后者,其申请破产清算,一般出于"破产免责"的考虑,即进入破产程序后,企业由管理人接管,债权人按破产法有关规定向管理人申报债权,债权人通过出席债权人会议行使权利和最终从管理人处接受分配等,债权人不再是向企业的原管理层或者股东方追索债权,这样企业的原管理层或者股东方便得以从众多的、各式各样的债权追索中脱身,且只要企业经营管理规范、合法,企业的原管理层或股东方亦不需要对债权人未受偿的债权负责,相比较而言,出于该情形而向人民法院申请破产清算的民营企业倒相对较多。

② "不能清偿到期债务,并且明显缺乏清偿能力"的破产原因。

"不能清偿到期债务"的判断标准如前所述,而对于"明显缺乏清偿能力",按最高人民法院《关于适用〈中华人民共和国企业破产法〉若干问题的规定(一)》规定,指的是以下几种情形:

Ⅰ. 因资金严重不足或者财产不能变现等原因,无法清偿债务;

Ⅱ. 法定代表人下落不明且无其他人员负责管理财产,无法清偿债务;

Ⅲ. 经人民法院强制执行,无法清偿债务;

Ⅳ. 长期亏损且经营扭亏困难,无法清偿债务;

Ⅴ. 导致债务人丧失清偿能力的其他情形。

在企业具备上述情形之一时，便可认为企业"明显缺乏清偿能力"。

当企业具备"不能清偿到期债务，并且明显缺乏清偿能力"破产原因时，企业也可以依此向法院申请破产清算，但实务中，法院倾向于通过审核企业是否"资不抵债"来确定是否受理企业自行提出的破产清算申请，因此，该破产原因一般由债权人在申请对某企业进行破产清算时使用，因为债权人作为企业的外在一方，一般无法收集企业资产负债表方面的数据材料以证明债务人"资不抵债"。而债权人对债务人享有债权，一般也都追索过债权，故债权人一般较容易证明债务人存在"不能清偿到期债务"的情形，以及债务人"明显缺乏清偿能力"。

对于债权人以企业"不能清偿到期债务，并且明显缺乏清偿能力"为由提出的破产清算申请，依照《企业破产法》的规定，人民法院将在收到破产申请的5日内通知债务人，如债务人有异议的，应当自收到人民法院通知的7日内向人民法院提出。债务人所进行的异议，一般从债权人对其是否享有到期债权以及债务人是否还具备清偿能力展开。需要明确的是，在这一过程中，并不必然要求债务人向人民法院提供资产负债表等相关材料，即当发生人民法院不能通知到债务人或者债务人经通知不向人民法院披露企业资产、负债相关情况时，并不影响人民法院对是否受理债权人所提出破产清算申请的判断。相反，当人民法院裁定受理债权人提出的破产申请后，按《企业破产法》第11条规定，债务人才负有"自裁定送达之日起15日内，向人民法院提交财产状况说明、债务清册、债权清册、有关财务会计报告以及职工工资的支付和社会保险费用的缴纳情况"的法定义务，以配合人民法院、管理人对债务人的破产清算。在实务中，也出现过人民法院在审查债权人提出的破产清算时，同时要求债务人提供资产负债表等财务资料以审查债务人是否确实"资不抵债"的情形，其实这样的做法属于对两种破产原因的混同，实质上也为债权人申请破产清算增加了"门槛"，人民法院很有可能因耗费时间去了解债务人财务情况而延缓了对债权人破产申请的受理、甚至因此导致不受理债权人提出的破产申请。对此，最高人民法院其实也已作出了相应引导，其在《关于债权人对人员下落不明或者财产状况不清的债务人申请破产清算案件如何处理的批复》便明确指出："债权人对人员下落不明或者财产状况不清的债务人申请破产清算，符合企业破产法规定的，人民法院应依法予以受理。债务人能否依据企业破产法第11条第2款的规定向人民法院提交财产状况说明、债权债务清册等相关材料,并不影响对债权人申请的受理"。

酷贝拉公司破产清算一案,系由债权人申请提出。债权人向人民法院申请对酷贝拉公司破产清算时,向人民法院提供了其与酷贝拉公司签署的《委托贷款合同》、其向酷贝拉公司放款的凭证、公证处出具的《具有强制执行效力的债权文书公证》,以及法院作出的执行裁定书,用于证明酷贝拉公司不能清偿到期债务并明显缺乏清偿能力。上海市徐汇区人民法院经审查,认为酷贝拉公司已具备破产原因,故裁定受理了债权人提出的酷贝拉公司破产清算申请。

(三) 债务人具备破产原因时,强制执行程序向破产程序的转化

当债务人具备破产原因时,债务人可以提出破产申请,债权人也可以提出对债务人进行破产清算的申请。而当债务人具备破产原因时,一般预示着其经营情况不佳,对此,与其交易的债权人一般均会有所感知,因此,在债务人具备破产原因时,债务人主要资产被多个债权人申请而被轮候查封的情形屡见不鲜。那么,在前述情况下,是由法院继续强制执行其财产,还是应当转入破产程序,在破产程序中一并解决债务问题?

根据最高人民法院《关于人民法院执行工作若干问题的规定(试行)》[法释(1998)15号]第89条规定,"被执行人为企业法人,其财产不足清偿全部债务的,可告知当事人依法申请被执行人破产"。但最高人民法院《关于人民法院执行工作若干问题的规定(试行)》于随后的第96条又规定,"被执行人为企业法人,未经清理或清算而撤销、注销或歇业,其财产不足清偿全部债务的,应当参照本规定90条至95条的规定,对各债权人的债权按比例清偿。"其中第90条至95条是有关执行程序的具体规定,包括执行法院的确定、债权人参与分配的申请、分配的具体实施等。相比较而言,第89条属于授权性规范,而第96条则属于强制性规范,且第96条更富有操作性,因此,在被执行人的所有财产不足于清偿全部债务时,法院一般依照第96条规定径行对被执行人有关财产予以执行分配。进一步,2009年1月1日生效的最高人民法院《关于适用〈中华人民共和国民事诉讼法〉执行程序若干问题的解释》[法释(2008)13号]则不再区分被执行人是否资不抵债的情形,而在第25条、第26条中对多个债权人申请执行被执行人财产的情形进行细化规定,如要求法院制定财产分配方案,以及增加财产分配方案的通知及异议环节。而这些增加的细化规定,无疑在释放着一个信息:被执行人财产不足于清偿全部债务时,按执行法院制订的财产分配方案执行即可,

而无须将企业带进破产程序。2013年9月，最高人民法院颁布的《关于适用〈中华人民共和国企业破产法〉若干问题的规定（二）》[法释（2013）22号]加剧了这一倾向，其肯定了企业进入破产程序前债权人通过强制执行方式取得的破产企业财产的正当性，管理人不能主张撤销而取回被强制执行的财产，以分配给所有债权人❶。

当然，按上述执行法院财产分配方案对企业财产予以执行、分配，显而易见的好处在于：列入法院财产分配方案的债权人可以在较为迅捷的财产拍卖中及时获得清偿，但存在以下弊端：

第一，部分债权人权益受损。根据最高人民法院《关于人民法院执行工作若干问题的规定（试行）》第90条、第92条规定，债权人申请参与财产分配，需提供债权执行依据，即需提供生效的法律文书或者具有强制执行效力的公证书，而现实中，一部分甚至大部分对被执行人享有债权的债权人并不具有执行依据；再者，强制执行程序并不包含公告或通知所有债权人的环节，因此，部分债权人也可能因为不掌握执行情况，而未申请参与财产分配。由此，将有一部分债权人被排除在执行程序之外。

第二，劳动者权益受到损害。进入破产程序后，公司拖欠劳动者的工资、社会保险、补偿金等项目处于第一清偿顺序，在一些情况下甚至优先于有担保的债权❷。但在执行程序中，劳动者并不享有优于其他债权人的地位。而更具风险的是，执行程序并不要求调查被执行人工资支付、社保缴纳情况，劳动者问题可能在执行程序中被忽略或未被完整考虑，而在被执行人进入破产程序后，往往已无任何资产可供清偿，从而造成了社会不稳定隐患。

第三，国家税赋流失。在一些情况下，被执行人在拖欠其他单位或个人款项的同时，也拖欠国家或地方税款。而在执行程序中，拖欠税款的情形一般不会被提及或考虑。但在破产程序中，所拖欠税款是被施予重点保护的，其清偿顺序在普通债权人之前。

第四，企业丧失重整机会。被法院采取强制措施的企业，或许其提供的

---

❶ 《关于适用〈中华人民共和国企业破产法〉若干问题的规定（二）》第15条规定："债务人经诉讼、仲裁、执行程序对债权人进行的个别清偿，管理人依据企业破产法第32条的规定请求撤销的，人民法院不予支持。"

❷ 《企业破产法》第132条规定："本法施行后，破产人在本法公布之日前所欠职工的工资和医疗、伤残补助、抚恤费用，所欠的应当划入职工个人账户的基本养老保险、基本医疗保险费用，以及法律、行政法规规定应当支付给职工的补偿金，依照本法第113条的规定清偿后不足以清偿的部分，以本法第109条规定的特定财产优先于对该特定财产享有担保权的权利人受偿。"

服务或者商品并非不具有市场竞争力，或许只需要突破某个瓶颈（如技术升级、经营策略调整、获得资金支持等）便可重回正常的经营轨道，但如果对企业财产（一般为该企业主要财产）进行强制执行，该企业一般就不再具有重整的能力。对于这种情况，申请执行人从强制执行中获得的财产，似乎是一种竭泽而渔；对被执行企业而言，则似乎被剥夺了拯救机会；而对于其他未能参与执行分配的债权人而言，则丧失了受偿机会。

第五，浪费司法资源。企业财产被法院按强制执行过程中制定的财产分配方案分配给债权人后，留下的一般就是一个丧失继续经营能力的空壳企业，那么这个企业该如何生存，最好的结局似乎也就是由管理层将其送进破产程序了。既然如此，先后适用强制执行程序和破产程序，用于清理债务这个同一的目的，在一定程度上也是一种司法资源的浪费。

所幸，司法机关也关注到了在企业具备破产原因时仍适用强制执行程序所带来的弊端，并就强制执行程序向破产程序的转化进行了有益探索，最高人民法院于 2015 年 1 月颁布的《关于适用〈中华人民共和国民事诉讼法〉的解释》[法释（2015）5 号] 第 513 条规定："在执行中，作为被执行人的企业法人符合企业破产法第 2 条第 1 款规定情形的，执行法院经申请执行人之一或者被执行人同意，应当裁定中止对该被执行人的执行，将执行案件相关材料移送被执行人住所地人民法院"，第 514 条规定："被执行人住所地人民法院应当自收到执行案件相关材料之日起 30 日内，将是否受理破产案件的裁定告知执行法院"。随后，在时隔 2 年之后，最高人民法院于 2017 年 1 月再颁布了《关于执行案件移送破产审查若干问题的指导意见》[法发（2017）2 号]，对执行法院在何种情况应将执行案件移送破产审查；对执行法院内部的决定程序；对受移送的法院如何审查移送的执行案件；以及对受移送法院决定受理或者不受理破产申请的处理等，均作出了较为完善的指引。如果说《关于适用〈中华人民共和国民事诉讼法〉的解释》中有关执行转破产的规定尚较为原则而致使实践中尚较少发生"执行转破产"案例的话，那么最高人民法院《关于执行案件移送破产审查若干问题的指导意见》已经足够具体，相信往后"执行转破产"案件会慢慢增多。

换个角度看，在债务人具备破产原因，而其财产正要被强制执行时，哪方有意愿将执行程序转化为破产程序？按上述《关于适用〈中华人民共和国民事诉讼法〉的解释》第 513 条规定及最高人民法院《关于执行案件移送破产审查若干问题的指导意见》规定，执行转破产程序可由被执行人及任一申请执行人启动。对于作为被执行人的企业而言，如果管理层认为企业有重整再生机会的，那么企业自身较有可能启动执行转破产程序。但如果企业没有重整再生机会，那么管理层除非出于公平对待所有债权的考虑，如使其他未进入执行法院程序的债权、企业拖欠的工资、企业欠缴的税款与申请执行人获得公平的对待，否则管理层不会考虑启动执行转破产程序。而具有重整机会的企业毕竟占少数，因此，我们预计企业在执行程序中同意将执行转破产程序的情况不会多。

  对于债权人而言，情况则较为复杂，需要比照各类债权人在法院主导的强制执行程序中的受偿顺位，以及其在企业破产程序下的受偿顺序。按最高人民法院《关于人民法院执行工作若干问题的规定（试行）》第88条规定，如被执行的财产担保某特定债权的，则该类享有担保权的债权人，按担保权的设立时间行使优先受偿权，被执行财产用于清偿担保债权后的剩余部分，再清偿其他无担保债权人；多个债权人的债权种类不同的，基于所有权和担保物权而享有的债权，优先于金钱债权受偿；对被执行财产均无担保物权的债权人，按照法院采取执行措施的先后顺序受偿。因此，各类债权人在执行法院制定的财产分配方案中的受偿顺序为：①享有担保物权的债权人；②基于所有权和担保物权而享有债权的债权人；③在先对财产采取保全措施的金钱给付债权人；④在后对财产采取保全措施的金钱给付债权人；⑤对债务人财产未采取任何保全措施的债权人。从前述受偿顺序看，比照《企业破产法》规定的各类债权人受偿顺序，享有担保物权的债权人应无启动破产程序的积极性，其对于财产的受偿顺位，在强制执行程序和破产程序中相同，相反，在强制执行程序中，其还能较早获得清偿（企业进入破产程序及至财产分配总需一段为时不短的时间）。对于基于所有权和担保物权而享有债权的债权人，破产法中并未就该类别债权人及其债权受偿顺序进行规定，因此，一旦企业进入破产程序，该部分债权将被视为普通债权对待，那么其在强制执行程序中所享有的优先于其他金钱给付债权人的受偿顺序便丧失，故该类别债权人也不存在启动破产程序的积极性，相应地，受偿顺序在后的金钱给付债权人则有可能为了寻求与该类别债权人同等的受偿，而考虑启动破产程序。对于对财产采取保全措施的债权人，在企业进入破产程序的情况下，债权受偿顺序并不根据采取保全措施的先后顺序而确定，只要是无担保的普通债权，都处于同一顺序而按比例清偿，因此，采取保全措施在后的债权人有可能为了寻求与采取保全措施在先的债权人同等的受偿，而考虑启动破产程序。最后，如企业拖欠了职工工资或经济补偿金，而职工也申请执行企业财产的，因执行程序对劳动债权并未给予优先的保护，故职工应有将执行程序转为破产程序的动机。当然，除此之外，债权人认为企业有重整可能的，也有可能考虑将对企业的执行程序转入破产重整程序，以增加债权受偿率。

综上可见，在强制执行程序中的各类债权人，只有受偿顺序靠后的金钱给付债权人及其中采取执行措施靠后的债权人才会有启动破产程序的动机。

承上，企业、债权人可以出于自身利益考虑，在企业具备破产原因时在强制执行程序和破产程序之间寻求对于自己更为有利的方式，我们认为在企业具备破产原因时原则上应当优先适用破产程序。从《企业破产法》第2条"企业法人不能清偿到期债务，并且资产不足以清偿全部债务或者明显缺乏清偿能力的，依据本法规定清理债务"看，只要企业具备了破产原因，那么对其债务清理事项就属于破产法调整范畴，应当依照破产法规定的各项规范进行清理。《企业破产法》第7条规定企业法人具备破产原因时，企业法人或债权人可以向人民法院提出破产重整或破产清算申请等，"可以"的侧重点在于提示申请人可以根据具体案情在几种破产程序中选择其一，而不是在于提示申请人可以选择进入破产程序也可以选择不进入破产程序。由此，我们认为，破产法前述规定的逻辑是：凡具备破产原因，就应当进入破产程序，依照破产清算或者破产重整、破产和解程序清理债务，这是前提；在这个前提之下，在面临选择何种破产程序清理债务时，申请人可以根据案情选择其中一种破产程序。基于以上理解，我们认为，《企业破产法》作为清理企业债务的特别法，在企业法人具备破产原因时，执行法院仍然按照强制执行程序清理债务，就缺乏必要的正当性，应当优先适用破产程序。当然，破产程序只能由债务人或债权人提起，执行法院作为与债权债务无关的中立方无权主动启动执行转破产程序，但执行法院应当按最高人民法院《关于执行案件移送破产审查若干问题的指导意见》规定，在被执行人具备破产原因时，及时向企业、债权人征询是否将执行案件移送破产审查的意见，如有任何一方同意将执行案件移送破产审查的，执行法院便应当将执行案件移送破产审查。

（四）企业具备破产原因时，破产清算程序优先于强制清算程序

人民法院受理的企业清算案件，除了按《企业破产法》受理的企业破产清算案件外，还有按《公司法》受理的公司强制清算案件。两者虽然同属于清算案件，但两者适用对象、适用法律以及程序的逻辑起点却都有所不同。强制清算是公司出现解散事由后，因清算义务人不组成清算组或者清算组拖

延清算或者存在违法清算，公司无法自行开展清算活动时，由公司股东或公司债权人向人民法院申请的，由人民法院及其指定的机构对公司进行强制清算的程序。强制清算程序规定于《公司法》，仅适用于公司制企业，适用范围相对于破产程序的"企业法人"要狭小许多。强制清算程序以公司资产尚能清偿所有债务为前提，强制清算的进行，是为了解决公司解散而不清算的情形，是以公权力介入的方式尽快清理公司所有资产和负债，督促公司及时依法退出市场。强制清算程序主要适用《公司法》的有关规定。

破产清算程序则以企业法人资产不能清偿所有债务为一般前提，它强调的是在债权人债权不能得到完整清偿的情况下，以清理所得的所有财产依照规定的清偿顺序和清偿比例向所有债权人进行公平的清偿。破产清算程序主要适用《企业破产法》的有关规定。

就酷贝拉公司破产清算一案而言，酷贝拉公司已具备破产原因，申请人亦按照《企业破产法》申请对酷贝拉公司进行破产清算，自然不会出现选择适用破产清算程序还是强制清算程序的问题。但在公司陷入僵局需进行清算时，如适用破产程序或强制清算程序的条件均已具备，还是会面临优先适用破产程序还是强制清算程序的问题。这种情况实践中屡见不鲜，如一方面，公司被吊销营业执照（一般是因为公司未参加工商年检❶）或营业期限届满但未组成清算组进行清算；另一方面，公司不能清偿到期债务，人民法院执行不到公司财产。对债权人而言，在此情况下，其既可以从公司解散角度申请对公司进行强制清算，也可从公司不能清偿到期债务、明显缺乏清偿能力角度申请对公司进行破产清算。

而《企业破产法》第 2 条规定，在企业法人具备破产原因时，应适用该法清理债务；《企业破产法》第 7 条第 3 款以及《公司法》第 187 条第 1 款又规定，在强制清算过程中，发现公司资产不足以清偿所有债务的，强制清算应向破产清算程序转换。从以上规定可见，在公司具备破产原因时，在选择何种程序进行清算时，优先适用破产程序具有应然性；在公司同时具备进

---

❶ 笔者注：按《企业年度检验办法》[国家工商行政管理总局令（2006）第 23 号] 规定，企业每年 3 月 1 日至 6 月 30 日向企业登记机关提交年检材料；企业不按照规定接受年度检验的，由企业登记机关责令其限期接受年度检验；企业在责令的期限内未接受年检的，由企业登记机关予以公告；自公告发布之日起，60 日内仍未接受年检的，依法吊销营业执照。虽然《企业年度检验办法》已自 2014 年 10 月 1 日时效，取而代之的《企业经营异常名录管理暂行办法》[国家工商行政管理总局令第 68 号] 不再要求企业"年检"，也不再吊销未"年检"企业的营业执照，但往年执行《企业年度检验办法》吊销的企业营业执照已不在少数。

行强制清算或破产清算的条件时，债权人应选择适用破产清算程序。

对此，上海高级人民法院在其《关于审理公司强制清算案件及相关纠纷若干问题的解答》中作了引导规定："经审查发现确有证据证明公司财产已经明显不足清偿债务，符合企业破产法规定的破产原因的，或者出现最高人民法院法释（2008）10号《关于债权人对人员下落不明或者财产状况不清的债务人申请破产清算案件如何处理的批复》规定情形的，法院应当向申请人进行释明，告知其应按照企业破产法的规定申请公司破产清算，并将释明情况记录在案。申请人经释明后坚持申请强制清算的，裁定不予受理"，以避免先受理强制清算后转入破产清算程序的冗繁和由此带来的司法资源浪费。

从我们接触的一些强制清算案件看，债权人对选择强制清算程序存在一定程度的偏好，原因在于：①举证较为便捷，债权人只要提供证据证明其对公司享有债权，及公司存在解散事由而未组成清算组进行清算即可，而无须考虑公司的资产负债情况或公司偿债能力。②现行公司法（包括最高人民法院颁布的公司法司法解释）已对公司的清算义务人范围以及清算义务人怠于清算时所须承担的连带赔偿责任进行了明确规定，在公司无法全面清算或无法清算的情况下，债权人便可就其对公司享有的债权要求清算义务人（有限责任公司股东、股份公司董事、控股股东、实际控制人）承担连带的赔偿责任。但实际上按破产法规定，债权人申请破产清算所需提供的证明材料同样简洁，只要证明对公司享有到期债权，且公司没有偿债能力即可；而在公司无法破产清算或无法全面破产清算情况下，现行规定同样赋予了债权人向公司清算义务人主张连带赔偿责任的权利❶。因此，债权人对强制清算程序存在的偏好并不必要，真正的原因应该在于社会，包括债权人、法律从业者、司法人员对公司法的熟悉程度、接受程度均高于破产法，从强制清算立案直至通过强制清算追究清算义务人均较容易被理解和支持，这样在强制清算程序中以及后续的追诉过程中，债权人便可节约相当的诉讼成本和时间成本。相信随着破产法司法实践的纵深开展，这种情形可以得到改观，使本该适用

---

❶ 最高人民法院《关于正确审理企业破产案件为维护市场经济秩序提供司法保障若干问题的意见》第16条规定："人民法院在审理债务人人员下落不明或财产状况不清的破产案件时，要从充分保障债权人合法利益的角度出发，在对债务人的法定代表人、财务管理人员、其他经营管理人员，以及出资人等进行释明，或者采取相应罚款、训诫、拘留等强制措施后，债务人仍不向人民法院提交有关材料或者不提交全部材料，影响清算顺利进行的，人民法院就现有财产对已知债权进行公平清偿并裁定终结清算程序后，应当告知债权人可以另行提起诉讼要求有责任的有限责任公司股东、股份有限公司董事、控股股东，以及实际控制人等清算义务人对债务人的债务承担清偿责任。"

破产程序的从一开始就适用破产程序。

三、破产管理人的指定

(一) 管理人制度简介

我国破产"管理人"制度始建立于 2007 年 6 月生效的《企业破产法》，管理人在破产案件中的职责包括了接管破产企业、决定破产企业内部事务、清理企业财产、接受债权人债权申报、核查债权、组织债权人会议、拟订财产管理方案/变现方案/分配方案，分配破产财产等，管理人的破产清算工作基本包括一个破产案件的所有事项，管理人成为破产案件办理的核心。新破产法生效之前的《企业破产法（试行）》，规定的是"清算组"制度。新破产法生效后，管理人制度便取代了之前的清算组制度。

管理人制度与清算组制度不仅仅是字眼上的区别，其内涵也发生了根本性的变化：

首先，新破产法设立了破产清算、破产重整、破产和解三类破产程序，供债务人、债权人根据具体情况选择适用，该三类破产程序不存在孰先孰后、孰重孰轻的问题。旧破产法虽然对重整（整顿）、和解也略有提及，但毫无疑问，破产清算才是旧破产法的重点。显然，对新破产法而言，"清算"固然重要，但重在挽救破产企业的重整、和解也同样重要，这样，以"清算"去定义新破产法下的活动、以"清算组"去开展新破产法下的工作便过于狭隘，也易于产生歧义。相反，"管理人"概念，不管是从破产清算、破产重整还是从破产和解角度解读，都不会产生歧义，而不管对于破产企业抑或债权人，管理人概念也同样易于理解。

其次，虽然现在的"管理人"或者之前的"清算组"均由法院指定，但"管理人"的来源及"管理人"的指定，比之前的"清算组"都发生了巨大变化：管理人可以由个人担任（如案情简单），也可以由中介机构担任，也可以由中介机构与政府部门有关人员等组成的清算组担任（如案情较为复杂）；有资格担任管理人的中介机构，可以是律师事务所，也可以是会计师事务所或清算事务所等机构；管理人一般由法院在列入破产管理人名册的人员、机构中随机指定。而之前的"清算组"一般由人民法院根据破产企业上级单位的申请，指定破产企业上级单位人员、相关政府部门人员组成，该人员组成一般具有行政性、临时性、兼职性和无偿性特点。因破产程序涉及对破产企业的经营管理、对破产企业财产的清理、对破产债权的核查、对企业不适当财产转让（转移）行为的撤销、对破产企业责任人员的追究以及对所有债权人的公平对待等内容庞杂的事项，且时效性及专业性要求较高，以随机方式从没有利害关系的、具有专业背景的个人、机构中指定管理人，由管理人专门处置破产事务，显然更能保障破产程序的公平和效率。

（二）管理人指定一般流程

按《企业破产法》规定，人民法院裁定受理破产申请时，应当同时指定管理人。为了确保指定的管理人具备承办破产案件的适当能力，同时为了确保指定管理人环节的效率和公平，最高人民法院就破产案件的管理人指定事项颁布了《关于审理企业破产案件指定管理人的规定》［法释（2007）8号］，按该规定，各地高级人民法院应先根据本辖区律师事务所、会计师事务所、破产清算事务所等社会中介机构及专职从业人员数量和企业破产案件数量，编制管理人名册；受理企业破产案件的人民法院指定管理人，一般便从本地管理人名册中指定；人民法院指定管理人时，一般按照管理人名册所列名单采取轮候、抽签、摇号等随机公开方式指定管理人。

以上海地区为例：经上海市高级人民法院审定，入选上海法院企业破产案件管理人名册的中介机构共有49家，其中律师事务所31家、会计师事务所12家、破产清算事务所6家。同时上海市高级人民法院对管理人名册进行分级管理，从49家具有破产管理人资质的机构中评定了10家一级管理人，一级管理人除办理一般破产案件外，还可办理重大破产案件❶。当上海各级人民法院受理破产案件时，便会将受理的破产案件上报上海市高级人民法院，由上海市高级人民法院通知入选管理人名册的各家中介机构一同到上海市高级人民法院参与随机摇号；如属于重大破产案件的，则只在10家一级管理人中随机指定，如属于一般破产案件的，则在所有入选管理人名册的中介机构中随机指定。通过摇号向中介机构分配破产案件后，上海市高级人民法院向受指定的中介机构出具《随机指定管理人结果通知函》，中介机构持该通知函到破产案件受理法院办理管理人指定手续，受理该破产案件的法院作出指定该中介机构为破产案件管理人的民事决定书。

---

❶ 《上海市高级人民法院指定企业破产案件管理人办法》［沪高法（审）（2014）7号］第3条规定："下列重大破产案件的管理人应在一级管理人中产生：（一）商业银行、证券公司、保险公司、金融租赁公司等金融机构破产案件；（二）上市公司破产案件；（三）其他由中级法院受理的破产案件；（四）基层法院受理的破产重整和关联企业合并破产案件中，认为需在一级管理人中指定并报经高级人民法院同意的案件。"

除了随机指定管理人的方式外，按最高人民法院《关于审理企业破产案件指定管理人的规定》第18条规定，人民法院还可以指定清算组担任管理人，但只限于以下四种情形：①破产申请受理前，根据有关规定已经成立清算组；②在《企业破产法》施行前按国务院规定的期限和范围内实施的国有企业政策性破产案件；③《商业银行法》《保险法》等法律明文规定企业破产时应成立清算组的；④人民法院认为可以指定清算组为管理人的其他情形。在酷贝拉公司破产清算一案中，基于酷贝拉公司债权人众多、财产构成复杂且对地区社会秩序有一定影响的情况，经申请，人民法院同意由律师事务所和清算公司分别指派的人员组成清算组并由清算组担任酷贝拉公司管理人。

在指定管理人环节，还有一些细节需要留意，按《企业破产法》规定，法院应在裁定受理破产申请时同时指定管理人，但从上述介绍可知，从法院受理（或拟受理）破产申请到指定管理人需要一段时间，因此，不同法院便有了不同的做法：一些法院先行作出受理破产申请的裁定，待通过随机摇号确定管理人后，再作出指定管理人的决定；而一些法院则等摇号确定管理人后，再一同作出受理破产申请的裁定和指定管理人决定。上述两种做法，从形式看，后者贴合《企业破产法》"人民法院裁定受理破产申请的，应当同时指定管理人"的规定，但我们认为从破产法实施的实质意义上看以前种做法为宜，这和破产法的禁止个别清偿、所有债权人公平受偿的法旨相关。我国公司破产法规定破产财产冻结制度以法院裁定受理破产申请之日为起点，即自法院裁定受理破产申请之日起，所有针对破产企业财产的任何追索行为均应停止，包括由人民法院采取的强制执行措施、财产保全措施。而在法院裁定受理破产申请之前，破产企业财产并不处于被冻结之列，如最高人民法院在《关于适用〈中华人民共和国企业破产法〉若干问题的规定（二）》中规定，除非存在恶意串通的情形，否则个别债权人在法院裁定受理破产申请之前通过司法强制执行获得的破产企业财产为有效行为，随后成立的管理人也不得主张撤销。这样，如受理破产申请的裁定放到与指定管理人决定一同作出，在通过摇号确定管理人这一期间，便存在个别债权人抢先执行破产企业财产的可能性，特别是在破产企业财产分布在不同地区的情况下，个别债权人更有可能到受理破产申请法院之外的其他法院抢先执行破产企业财产，这以有地方保护情节的地方为甚。人民法院先行作出受理破产申请裁定，再随后指定管理人，便杜绝了指定管理人期间个别债权人抢先执行破产企业财产的空间。但这种做法也有一个不容忽视的弊端，即在法院受理破产申请和指定管理人之间出现一段"真空",在这段时间内,管理人未接管破产企业,《企业破产法》也未指引法院如何暂管破产企业,只能由原破产企业的管理层继续管理,但问题也随之而来,该段时期内,企业管理层可能进行对外支付,也可能与债权人、债务人或其他任何第三方设定或者免除对于破产企业具有重要意义的权利或义务,这就有可能贬损企业财产价值,进而侵害债权人的利益。对此,有些法院通过约谈企业负责人、要求企业负责人妥善保管企业财产并停止支付的方式,尽量避免该段"真空"期间出现纰漏,同时尽快按照有关规定指定管理人。

四、管理人接管破产企业

(一)对破产企业印章、证照的接管

法院受理破产申请后,企业的一切事务均归管理人管理,其中也包括营业是否继续开展、未履行完毕合同是否继续履行等,因此有关企业存续象征及企业经营管理所必需的公章、营业执照等,便均应由管理人接收、管理。印章、证照由管理人接管,也有利于避免企业或及管理人员实施对破产程序不利的行为,包括对企业财产进行不当处分,对营业进行不适当干预等,也有利于避免企业或其管理人员利用保管企业印章证照的便利伪造、捏造相关证据、材料而逃避责任或攫取不当利益,也可以避免个别债权人串通企业或其管理人员虚设对企业债权或堆高债权等。因此,管理人对破产企业印章、证照的接管应当及时、迅速。在破产实务中,管理人接管的事项还有很多,比如对于破产企业财务资料、合同等重要文件资料的接管,便可能需要一个整理、清点的过程,对于破产企业财产的接管也可能需要一个清点登记的过程,这样的过程可能耗费一些时间,此时可以先行接管印章、证照,其他事项待备齐后再分别接管。

在接管过程中,管理人应向企业责任人员释明印章、证照的移交范围。移交范围应该涵盖当时企业及其相关人员保管的所有印章、证照,印章包括公章、财务章、合同章、人事章、发票专用章、法人章等,证照则包括营业执照、税务登记证、组织机构代码证、社保登记证、基本存款账户开户许可证及房地产权证等。办理移交时,应由破产企业法定代表人或其他授权代表人员向管理人进行;所移交印章、证照,应以移交清单形式开列,并由管理人与移交方签署留存。

在酷贝拉公司破产清算一案中,管理人于2013年10月29日由人民法院指定成立，在通知酷贝拉公司负责人履行相关移交义务后，于 2013 年 11 月 5 日便接管了酷贝拉公司所有印章、证照。印章、证照移交清单示例如表 1-1、表 1-2。

表 1-1

×××公司印章移交一览表

移交日期：××××年××月××日

序号	印章名称	印章印样
1		
2		
3		
4		
5		
6		

移交人： 　　　　　　　　　　　　　　接收人：

表 1-2

×××公司证照（IC 卡、批复、备案表等）移交一览表

移交日期：××××年××月××日

序号	证照名称	证照编号	正/副本	复件/复印件
1				
2				
3				
4				
5				
6				
7				
8				
9				
10				
11				
12				

移交人：　　　　　　　　　　　　　接收人：

第 1 页/共 1 页

（二）对破产企业财务资料、重要文件资料的接管

破产企业移交的财务资料、重要文件对破产工作的顺利开展至关重要，

可以说，如果破产企业不移交财务资料、重要文件，或者移交不充分、不完整，则对于破产企业的清算，要么无法开展，要么只能开展部分。破产企业财务资料包括会计账簿、会计凭证和财务报告，而会计账簿包括总账、明细账、日记账等会计账簿；会计凭证则包括原始凭证、记账凭证、汇总凭证及其他会计凭证；财务报告则包括年度、半年度、季度、月度财务报告以及其他专项财务报告，财务报告包括会计报表、附表、附注及文字说明。如破产企业存在对外投资，也应尽可能提供所投资企业的财务资料。重要文件则主要包括三类文件：①企业经营过程中签订的各类合同、协议，包括业务合同、合作合同、购置合同、抵押合同、质押合同等，也包括与员工签订的劳动合同等；②有关企业债权债务的材料，包括与他方对账单、结算单及确定债权债务的判决书、裁决书等（包括有关员工工资、经济补偿金结算材料等）；③有关企业经营管理的内部决策、管理文件，包括股东会决议、董事会决议、高级管理人员任命文件等，在企业存在隐名股东、实际控制人或者被承包经营的情况下，还应移交相应的文件资料。

　　破产企业移交真实、完整的财务资料、重要文件，有利于管理人在较短时间内厘清企业的资产、负债情况；有利于促进管理人准确地向相关单位、人员主张权利，包括取回财产、追索债权；有利于管理人及时向合同相对方确认双务合同的继续履行或解除；也有利于管理人调查核实破产企业拖欠职工工资情况以及核对债权人所申报债权等。而如破产企业所移交财务资料不全、重要文件存在缺失，且无法补全或通过其他方式予以辅证说明的，则不排除在破产清算中，对于破产企业财产或负债的核查出现断节或部分缺失，在这种情况下，企业财产范围便有可能不能完全查清，相应地，由此也有可能导致的另一个后果便是管理人可能无法全面清算企业甚至无法清算企业，在此情况下，则有限责任公司股东、股份有限公司董事、控股股东以及实际控制人等清算义务人则需承担清算不能的法律后果[1]。基于以上所述，管理人应在其接受指定后，要求企业尽快移交财务资料、重要文件，而且管理人应审慎的接受移交，因

---

[1] 最高人民法院《关于正确审理企业破产案件为维护市场经济秩序提供司法保障若干问题的意见》第16条规定："人民法院在审理债务人人员下落不明或财产状况不清的破产案件时，要从充分保障债权人合法利益的角度出发，在对债务人的法定代表人、财务管理人员、其他经营管理人员，以及出资人等进行释明，或者采取相应罚款、训诫、拘留等强制措施后，债务人仍不向人民法院提交有关材料或者不提交全部材料，影响清算顺利进行的，人民法院就现有财产对已知债权进行公平清偿并裁定终结清算程序后，应当告知债权人可以另行提起诉讼要求有责任的有限责任公司股东、股份有限公司董事、控股股东，以及实际控制人等清算义务人对债务人的债务承担清偿责任。"

为如前所述及，该类材料的移交与破产企业的清理结果相关，进而与股东等清算义务人所可能承担的清算责任相关，故管理人应尽量避免因为移交工作的疏忽而成为相关清算义务人推诿其清算责任的托词。对该部分材料，特别是财务资料，应按年、按月，逐项、逐册清点登记。如在酷贝拉公司破产清算一案中，管理人便按年逐月清点接收了酷贝拉公司财务资料，对于各类合同，也是逐一登记接收。财务资料移交清单示例如表1-3。

表1-3

×××公司财务资料移交清单一览表

移交日期：××××年××月××日

一、会计凭证（单位：册）

年\月	1月	2月	3月	4月	5月	6月	7月	8月	9月	10月	11月	12月	合计
2010年	4	3	6	7	8	7	6	5	9	3	3	6	67
2011年	5	4	4	3	5	5	3	5	6	2	3	5	50
2012年	4	3	3	3	4	5	3	2	2	2	2	1	34
2013年	2	1	1	1	1	1							7

二、会计账簿（单位：本）

2010年	2011年	2012年	2013年	合计
2	3	1	1	7

三、财务报表（单位：本）

2010年	2011年	2012年	2013年	合计
2	2			6

四、审计报告（单位：本）

2010年	2011年	2012年	2013年	合计
2	2	1	1	6

五、其他

1、纳税申报表：2010年2本、2011年2本、2012年1本、2013年1本；

移交人： 接收人：

而除上述纸质材料的整理、移交外，电子账册、财务软件启用密钥、报税U盾等材料也应在移交范围之内，这些材料的取得将有益于清理工作的开展，有时甚至是不可或缺的作用。特别是对于一些电子化经营程度较高的企业（如电子商务企业），其计算机服务器及存储其中的各项电子数据的移交，对破产清算工作的开展更是至关重要。

（三）对破产企业财产的接管

按《企业破产法》规定，破产企业财产的管理方案由债权人会议审议，但从法院受理破产案件到第一次债权人会议的召开总需经过一段时间，从《企业破产法》的规定看，该段时间至少1个月。《企业破产法》第62条规定"第一次债权人会议由人民法院召集，自债权申报期限届满之日起15日内召开"，第45条又规定"人民法院受理破产申请后，应当确定债权人申报债权的期限。债权申报期限自人民法院发布受理破产申请公告之日起计算，最短不得少于30日，最长不得超过3个月"，因此，保守计算，从人民法院受理破产清算申请到第一次债权人会议召开审议财产管理方案，至少历时1个月。如管理人在这段时间，不接管财产的，则财产或处于无人看管的情况或处在破产企业原管理层的管理下，都有可能出现丢失、损毁情况，在极端情况下，甚至会出现破产企业职工、债权人哄抢企业财产的情形。故在这段时间内，管理人便需要采取合理的方式对企业财产进行接管，而不是等到债权人会议议定财产管理方案之后。管理人接管的破产企业财产，包括现金、银行存款、固定资产、无形资产、对外投资等，具体而言：

①对于现金，一般由企业财务人员清点、移交，管理人出具现金收条，如数额较大，应及时存入管理人专用银行账户；

②对于银行存款，一般也由企业财务人员移交，主要移交企业银行卡、存折、密码函/密码器、U盾以及支票、汇票等，管理人出具收条，视情况将银行存款存入管理人专用银行账户；

③对于不动产和动产，可以按企业资产清单进行逐项盘点、移交，移交过程中，如需，也可以对资产情况进行拍照、录像以确定资产在移交时的现状。管理人接管破产企业财产以确保财产安全和维护资产价值为原则，可以自行保管，也可以经法院许可聘请物业公司、安保公司或者相关人员进行保管。如所接管财产中有生鲜、易腐、不易保管的物品，或者预计后续保管费

用将大于财产价值的,或者有合理根据认为财产现时变现价格较优的,则管理人可以及时予以变现。需要注意的,虽然《企业破产法》规定,财产变现方案由债权人会议审议,但这并不意味着破产企业财产只有在经过债权人会议审议后管理人才可以予以变现,实际上《企业破产法》有关管理人以破产企业财产随时清偿破产费用的规定(《企业破产法》第43条)、有关管理人在处置破产企业重大财产时须报告人民法院或者债权人委员会报告的规定(《企业破产法》第69条),已表明在债权人会议议定财产变现方案之前,对于破产企业一般财产,管理人在忠实、勤勉原则之下自行审慎处置,而当拟处置财产涉及《企业破产法》第69条规定的破产企业重大财产时,须经得人民法院或者债权人委员会同意;在债权人会议议定财产变现方案后,管理人便应按议定方案变现财产。

④破产企业对外投资,从财产法律属性上属于股权,故属于对股权的接管,而非对投资企业的直接接管,事实上,在所投资企业还有其他投资者的情况下,其他投资者也不会同意管理人直接接管所投资企业,纵使破产企业是所投资企业的唯一股东,按企业法人各自独立的原则,也不宜直接接管该独资子公司。只有在破产企业所投资企业与破产企业混同,即人员、财务、财产高度混同的情况下,才可以直接接管所投资企业(但此情形已涉及所投资企业与破产企业的合并破产,需再经过法院裁定)。管理人对股权的接管,即意味着管理人按《公司法》、章程或者其他法律规定或投资协议等约定行使股东权利,包括行使知情权、表决权、分红权等,该等权利的行使,需向所投资企业或其他股东作出,故管理人接管股权并不仅仅在于接管破产企业移交的相关股权凭证,关键在于通知投资企业管理人已接管破产企业的事实,以后管理人后续代表破产企业行使相关股东权利。

在酷贝拉公司破产清算一案中,酷贝拉公司财产主要集中在其投建"酷贝拉上海欢乐园"时所形成的在建工程、固定资产以及库存,涉及的财物数量较大,且当时已有部分债权人"驻守"在园区内,阻挠管理人的接管,故在短时间内完成对酷贝拉公司财产的逐项清点并不现实,因此在酷贝拉公司实物财产的接管上,管理人采取了先行概括接管的方式,即在酷贝拉公司法定代表人明确说明酷贝拉公司财产范围并披露重大资产情况的基础上,进行现场勘查后,管理人先行整体接管了"酷贝拉上海欢乐园",嗣后,管理人结合酷贝拉公司账上资产清单,再对酷贝拉公司财物进行了逐项的清点、登记。

（四）企业法定代表人等人员的配合义务

按《企业破产法》规定，企业法定代表人及其他人民法院确定的人员，在破产程序期间，负有妥善保管破产企业物品并向管理人移交的义务，并负有按人民法院、管理人要求工作以及回复询问、列席债权人会议等义务。如企业法定代表人或人民法院确定的其他人员不按规定配合管理人开展相关破产清算工作的，或者擅自离开住所地、擅自担任其他企业董事、监事或高级管理人员的，人民法院可以依照《企业破产法》第126条规定，处以罚款。在实践中，有部分法定代表人认为企业破产后，其已离职，并不再从企业获取工资报酬，故没有义务配合管理人进行有关企业清算的工作，或者提出管理人需向其支付一定的报酬其才配合管理人工作，这显然是对法律规定的无知所致，在一定程度上也可认为是对管理人工作的抵制，如经释明，该等人员仍不履行义务的，则人民法院可以依法处以罚款。

从《企业破产法》第15条规定看，负有配合管理人开展清算工作的首要人员为破产企业法定代表人，经人民法院决定，也可以包括企业的财务管理人员和其他经营管理人员。由此可见，破产企业法定代表人当然地负有配合破产清算工作的义务，如企业法定代表人客观上不能办理某些财物的移交或说明破产企业相关经营管理情况（如财物确实不由其管理或者相关经营管理的事项不由其决定等），而根据企业具体经营管理情况，有相关材料反映企业财务管理人员或其他经营管理人员保管破产企业财物或决定某些经营管理事项的，人民法院可以决定该等财务管理人员或经营管理人员负有配合管理人破产清算工作的义务。

为了督促法定代表人或者其他人民法院确定的人员配合开展破产清算工作，《企业破产法》另外规定该等人员在破产清算期间"未经人民法院许可，不得离开住所地"，"不得新任其他企业的董事、监事、高级管理人员"。在实务中，这些人员除在破产企业任职外，也在其他企业任职的情况也时有发生，这样他们便有可能出于其他工作需要而暂时离开住所地，对于该等具有合理理由的暂离住所地，人民法院、管理人一般不应反对，但该等人员须向人民法院报备离开住所地的时间，并不得以其他工作为由拖延配合清算，否则，人民法院仍可按《企业破产法》处以罚款。而在发现该等人员

有离境潜逃风险的,人民法院也可以限制其离境。❶

实践中,破产企业法定代表人、财务负责人、高级管理人员下落不明或者拒绝、推诿配合清算工作的情况也时有发生,如其他一般企业人员(如非财务主管的一般财务人员)知晓企业经营情况、财务情况的,管理人也可以要求该等人员配合破产工作,但该人员非负有法定配合义务的人员,该人员所提供的"协助""配合"在性质上更类似于一种劳务的提供,因此,管理人可以考虑经法院许可,聘请其为工作人员,并给付适当的报酬,以促进破产清算工作的开展。

在酷贝拉公司破产清算一案中,酷贝拉公司法定代表人配合管理人办理了公章、证照、财务资料等财物的移交,并可以配合管理人调查,就一些有关酷贝拉公司营业、财产、对外负债等方面的事项向管理人作出说明。故在该案中,人民法院未对其作出处罚,也未限制其离境。

五、对中介机构的聘请

在企业破产程序中,一般会涉及对破产企业财务的审计,而对财产的变现,一般也会涉及对破产企业财产的评估与拍卖。这样,在破产程序中,便会涉及对审计机构、评估机构、拍卖机构的聘请。在非由律师事务所或律师担任管理人的情况下,如破产程序中涉及诉讼的,则也可能需要聘请律师代理诉讼。

按《企业破产法》规定,管理人经人民法院许可,可以聘用必要的工作人员。而按最高人民法院《关于审理企业破产案件确定管理人报酬的规定》[法释(2007)9号]第14条规定,"律师事务所、会计事务所通过聘请本专业的其他社会中介机构或者人员协助履行管理人职责的,所需费用从其报酬中支付",按最高人民法院《关于审理企业破产案件若干问题的规定》第49条规定,"清算组经人民法院同意可以聘请破产清算机构、律师事务所、会计事务所等中介机构承担一定的破产清算工作"。因此,《企业破产法》所规定的管理人经人民法院许可"聘用必要的工作人员",即包括对审计机

---

❶ 《中华人民共和国公民出境入境管理法》第8条规定:"有下列情形之一的,不批准出境:(一)刑事案件的被告人和公安机关或者人民检察院或者人民法院认定的犯罪嫌疑人;(二)人民法院通知有未了结民事案件不能离境的;(三)被判处刑罚正在服刑的;(四)正在被劳动教养的;(五)国务院有关主管机关认为出境后将对国家安全造成危害或者对国家利益造成重大损失的。"
《关于依法限制外国人和中国公民出境问题的若干规定》第2条第4项规定:"有未了结民事案件(包括经济纠纷案件)的,由人民法院决定限制出境并执行,同时通报公安机关。"

构、评估机构、拍卖机构等中介机构或人员的聘请。

目前在上海破产案件的实践中，管理人对中介机构的聘请，一般由管理人将拟聘请的中介机构名称、资质、执业经验及费用上报受理破产申请的人民法院，由人民法院酌定，如人民法院同意聘请的，则管理人与该等中介机构签订相应聘请合同。但也有些法院虽然同意在破产程序中聘请相关中介机构，但对于中介机构的聘请，则视同一般诉讼案件或者执行案件中的中介机构的聘请，报由上海市高级人民法院通过摇号随机指定。后者做法也有相关规范可循，如关于审计机构、评估机构聘请，上海市高级人民法院在2005年颁布的《上海法院司法鉴定委托工作规则（试行）》[沪高法（2005）402号]，在最高人民法院《人民法院司法鉴定工作暂行规定》《人民法院对外委托司法鉴定管理规定》的基础上，进一步明确规定"本市各级法院涉案司法鉴定的委托工作由高级法院实施统一管理、集中委托；本规则所称司法鉴定，仅指法院在案件审理、执行中委托社会专业机构所作的财务审计、工程审价、资产评估和房地产评估"。而关于拍卖机构的聘请，最高人民法院《关于人民法院委托评估、拍卖工作的若干规定》[法释（2011）21号]规定"人民法院司法辅助部门负责统一管理和协调司法委托评估、拍卖工作，人民法院采用随机方式确定评估、拍卖机构。"因此，受理破产申请的人民法院通过随机指定的方式聘请破产案件中所需的审计机构等中介机构，也符合相关规定，而且通过随机指定的方式聘请中介机构，也能杜绝寻租空间，体现程序公正。但我们认为该种做法并不贴合现行破产法规定，并有可能影响破产工作的及时开展：

首先，《企业破产法》已明确规定，管理人需聘用相关工作人员的，经人民法院许可后聘用，可见，是否有必要聘请、聘请哪些中介机构和人员、聘请费用多少，在管理人提出后，由受理破产案件的人民法院根据破产案件具体情况进行判断和决定。此为《企业破产法》对受理破产案件法院的明确授权，而非《企业破产法》所规定的"破产案件审理程序，本法没有规定的，适用民事诉讼法的有关规定"的情形。而《企业破产法》为新法、特别法，故受理破产案件的法院应当依照《企业破产法》规定，决定对中介机构的聘请，而不必再援引民事诉讼法有关司法鉴定、财产执行的规定。

其次，通过高级人民法院摇号确定审计机构等中介机构，少则1至2周，多则1个月以上，耗时较长，原本计划归由中介机构进行的工作只能暂缓，与之相关工作的开展也只能放缓。

最后，诉讼案件中通过高级人民法院摇号确定中介机构的，中介机构费用采用预付制，即由申请司法鉴定的一方垫付费用。而在破产案件中，虽然《企业破产法》也规定对中介机构费用等破产费用以企业财产随时清偿，但目前而言，相当多数的情形是管理人接管企业时，企业基本已无财产可供支配，管理人需逐步取回财产。这样，要么没有费用可预付中介机构费用，要么只能以当时有限的财产预付中介机构费用，如此，如不考虑后续清理所得的企业财产，而刻板适用"财产不足以清偿破产费用的，管理人应向法院申请终结破产程序"的规定，破产案件甚至有可能因为不能支付中介机构费用而应当予以"终结"。而如不预付中介机构费用，中介机构则有可能拒绝开展工作或者"磨洋工"。这显然不符合聘请中介机构的本意，聘请中介机构是为了协助管理人尽快厘清企业财产、尽可能以最高价值变现企业财产、尽可能提高对债权人的清偿率，而不是拖延破产清算工作的开展。而在由受理破产案件的人民法院直接决定聘请中介机构的情况下，可由管理人、人民法院事先了解中介机构执业经验并与中介机构就工作要求、工作期限、费用计算标准、费用支付期限等事项进行充分的沟通，能够贴合要求的，才办理聘用手续，这样可免于摇号确定中介机构后，再沟通工作、再沟通费用而造成的烦琐，避免中介机构的选聘反成为破产清算工作的掣肘。

因此，我们认为，受理破产案件的人民法院应从破产案件的特性出发，依照《企业破产法》的授权，以职权决定中介机构的聘请。当然，无论管理人还是人民法院，在推选或决定聘请中介机构时均不能恣意而为，因为按《企业破产法》第61条规定，债权人会议有听取管理人工作报告、审查管理人费用的权利，如管理人所聘请中介机构不能胜任工作或收取费用畸高的，债权人会议均可以提出异议。而为了确保选聘过程的公正以及所选聘中介机构可符合具体破产案件的特定要求（如中介机构的特定资质要求、中介机构收费标准、收费时点等），管理人、人民法院可以考虑在一定的遴选范围内、按一定的评选标准选聘中介机构。例如，在我们承办的另外一个破产清算案件中，破产企业名下拥有一宗土地使用权，但并没有现金或银行存款，如聘请资产评估机构对破产企业财产进行评估，评估机构不能即时收取费用，而只能在变现破产企业财产后方能收取，另外该破产企业系国有企业与外资企业合资设立，国有企业一方股东主张因破产企业具有国有企业属性，故对其财产的评估，希望可以从入选国资委评估机构名单的评估机构中选聘。基于以上情况，在该案中，管理人在破产企业所在区县国资委公示的评估机构名单内[1]接受评估机构的报价，同时限定评估机构必须接受在变现破产企业财产后才收取评估费用的付款条件，在此基础上，确定报价最低者为该破产案的资产评估机构，这样便可以解决该案中评估机构的资质问题和评估费用的支付问题。后来按此确定了一家评估机构，资产评估工作也得以顺利开展，而债权人会议对此评估机构的选聘、费用也都没有异议。

在酷贝拉公司破产清算一案中，经人民法院许可，管理人也分别聘请了会计师事务所和资产评估公司对酷贝拉公司进行财务审计和资产评估，总体而言，聘请的会计师事务所和资产评估公司在破产企业清理方面均具有较为丰富的经验，为管理人、人民法院核查酷贝拉公司财产情况提供了有力协助，同时该两家中介机构也同意参照《上海市高级人民法院关于法院司法委托鉴定收费标准和工作时限的约定》，在规定费率以下收费，并同意不预先收费，这样就有利于管理人在开展破产清算初始酷贝拉公司财产不多的情况下，正常开展相关的破产清算工作，提高了破产清算工作的开展效率。

六、政府部门参与应急处理

企业一旦进入破产程序，便意味着企业无法清偿所有债权，在破产清算程序下，只能以破产企业有限的财产，按法律规定的清偿顺序、按比例清偿债权人，破产财产分配完毕，未受清偿的债权便无法再受清偿，债权人只能遭受损失。所以，企业债权人在得知企业进入破产程序后，一般都有一定程度的抵触情绪。在酷贝拉公司破产清算一案中，当管理人通知相关债权人申报债权时，债权人尚不相信酷贝拉公司要进行破产清算，而当该情况被确认并得知对酷贝拉公司债权将只能得到部分清偿时，部分债权人则不能理解，认为中国素有"欠债还钱"的传统，欠多少就应清偿多少，因此在清算过程中，部分债权人便采取了封锁酷贝拉公司场所、组织人员入住酷贝拉公司场所、到酷贝拉公司股东办公室聚集的不合法、不理性"维权"方式。

鉴于企业破产后，对于众多相关方而言，均为自身利益的"最后一搏"，故破产程序极容易成为各种矛盾的交集点，如处理不当，则有可能使事情的解决脱离《企业破产法》所设定的路径。最高人民法院对该问题也予以了关注，并在其颁布的《关于正确审理企业破产案件为维护市场经济秩序提供司

---

[1] 参见《上海市国有资产监督管理委员会社会中介服务机构选聘管理暂行办法》[沪国资委办（2007）323号]。

法保障若干问题的意见》要求："债务人进入破产程序后，因涉及债权人、债务人、出资人、企业职工等众多当事人的利益，各方矛盾极为集中和突出，处理不当，极易引发群体性、突发性事件，影响社会稳定。人民法院审理企业破产案件，一定要坚持在当地党委的领导下，充分发挥地方政府建立的风险预警机制、联动机制、资金保障机制等协调机制的作用，努力配合政府做好企业破产案件中的维稳工作。"因此，对于酷贝拉公司破产清算过程中出现的部分债权人不合法、不理性行为，管理人及时上报了人民法院，并在人民法院协助下形成了由多个政府部门参与的联席会议，有效地沟通了酷贝拉公司破产清算的现状以及对不合法、不理性行为的应对措施，对维护管理人依照法律规定开展酷贝拉公司破产清算工作起到了保护作用。

部分债权人采取不合法、不理性的行为，和企业破产实践在中国尚未深入、"破产保护"观念尚未被普遍接受相关，而归根结底主要在于对股东、公司所承担有限责任的认识不清。公司设立后，公司股东便在认缴注册资本范围内对公司承担责任，公司便以其所有财产对外承担责任，概言之，股东、公司均承担的是有限责任，股东以其认缴的注册资本范围为限，公司以其所有财产为限，债权人无权要求公司股东在其认缴的注册资本之外承担公司债务，债权人无权要求公司在其所有的财产之外再承担其他的责任。在破产程序中，可追究股东或者法定代表人或者其他管理人员责任的，有且仅有以下四种情形：①股东认缴的注册资本未到位，如未缴资、抽逃出资等；②股东或者法定代表人、其他管理人员违法占有企业财产，或者违法处置破产企业财产，造成破产企业财产损失的；③管理人员利用职权从企业取得不正常收入的；④股东或者法定代表人、其他管理人员拒不移交破产企业财产、财务资料、重要文件等，导致无法完全面清算或不能清算的。而对于前三种情形，管理人将根据其调查情况行使破产企业财产"归入权"，将欠缴的注册资本、给破产企业造成的损失追回并归入破产企业财产，而如管理人怠于行使财产"归入权"的，债权人亦可督促管理人行使财产"归入权"。对于后一种情形，如经人民法院释明并采取罚款措施，股东、法定代表人、其他管理人员仍不移交、陈述相关事项的，导致无法全面清算或不能清算的，人民法院可以在终结破产程序时，向债权人释明可向股东等责任人员主张清偿债务。由此可见，只有在股东、法定代表人或其他管理人员侵犯企业财产的情况下，才可能予以追责；只有在股东、实际控制人等人员不当管理导致不能清算的情况下，债权人才可能转向股东、实际控制人主张清偿债务。在股东、法定代表人及其他管理人员合法经营管理企业的情况下，企业作为市场中的一员在市场规律的作用下而被淘汰、破产，无可苛责。所以，债权人采取不合法、不理性行为，并不会增加破产企业财产，也并不会因此而使股东、法定代表人等负有清偿责任。而部分债权人企图通过不合法、不理性行而提升自己债权数额、受偿次序或受偿比例的，也终不可得，破产程序是面对所有债权人的概括清偿程序，人民法院、管理人终需按《企业破产法》规定办案，对所有债权人负责。

因此，在破产程序中，部分债权人采取的不合法、不合理行为，对其自身权益并无益处，相反会牵扯管理人、人民法院较多的精力和时间，进而影响正常破产清算工作的开展。对此应当及时予以制止，引导其以合法合理的方式主张权益。管理人在制止无效后，应及时上报人民法院及有关政府部门，而具有司法权、行政权的部门便应当依照《企业破产法》《治安管理处罚法》等有关规定予以制止、惩处。

政府有关部门除协助处理破产程序中出现的债权人或相关方不合法、不理性行为之外，还可以在必要时，为管理人或破产企业筹集或垫付相关费用。如在破产企业具有较多财产但财产又一时无法变现的情况下，有时便需要筹集一些资金用来支付相关破产费用以保障破产工作的顺利开展，而在企业已经破产的情况下，向银行或其他单位或个人筹集、拆借资金往往很难，而且可能需要支出较多的借款利息，此时，便可考虑向政府有关部门寻求帮助，由政府有关部门垫付相关破产费用或者通过政府有关部门拆借资金，待破产企业财产变现后再优先予以清偿。在破产企业拖欠职工工资、社会保险费较为严重的情况下，也可考虑通过政府有关部门的协助，寻求资金先行垫付工资或社会保险费等，以确保破产企业职工生活、就医等。

七、人民法院、债权人委员会对管理人重大财产处分行为的监督

在破产清算程序中，债权人只能在破产企业财产范围内得到清偿，破产企业财产数额大，债权人受偿率便会高些，破产企业财产数额小，债权人受偿比例便会低。而对债权人的清偿，一般以货币形式清偿。换言之，在破产清算过程中，需对破产企业财产进行变现，这样，如何变现破产企业财产便显得尤为重要，变现方式得当、及时，即意味债权人可以在较短的时间内、在较大程度上获得清偿。有关破产企业财产变现，按《企业破产法》规定，管理人需按债权人会议审议通过的"破产财产的变价方案"变现破产企业财

产，这无可厚非，变现所得主要用于清偿债权人，变现方式理应尊重债权人意见。但按《企业破产法》规定，前述"破产财产变价方案"中的"破产财产"并非针对破产企业所有财产泛泛而谈，而是针对进入特定破产清算阶段的破产企业财产而言。《企业破产法》第107条规定："债务人被宣告破产后，债务人称为破产人，债务人财产称为破产财产，人民法院受理破产申请时对债务人享有的债权称为破产债权"，因此，前述由债权人会议审议的"破产财产的变价方案"，指的应当是人民法院宣告企业破产后，债权人会议针对届时的破产财产，审议的变价方案。那么，这是否意味着只有人民法院宣告企业破产了，才能变现企业财产，在人民法院宣告企业破产前，不得变现企业财产？对此，我们认为，在破产程序过程中，在债权人会议审议通过破产财产变价方案之前，管理人应有权处置、变价企业财产。在集中规定管理人权限的《企业破产法》第25条，规定管理人的职权之一为"管理和处分债务人的财产"，并未将管理人处分财产限定在"处分破产人财产"或者处分"破产财产"，换言之，在破产企业被人民法院宣告破产而转为"破产人"之前，管理人便可按《企业破产法》第25条规定处分破产企业财产。这也与《企业破产法》第43条所规定的"破产费用和共益债务由债务人财产随时清偿"相契合，在破产企业没有货币现金的情况下，当然只能随时变现破产企业部分实物资产以随时清偿破产费用和共益债务，这样才可确保破产程序的正常开展。

当然，《企业破产法》在授权管理人管理和处分破产企业财产的同时，也并不是放任而为，对管理人处分破产企业财产的行为也提出了相应要求：

第一，《企业破产法》第27条规定："管理人应当勤勉尽责，忠实执行职务"，对于处分破产企业财产而言，忠实、勤勉即量化体现为以最低费用、最高价值变现破产企业财产。《企业破产法》第112条规定，变价出售破产财产，除债权人会议另有决议外，应当通过拍卖进行。因此，在管理人提前变现破产企业财产时，也可参照该规定，尽量通过拍卖的方式变现。但如果所变现物品价值市场价格透明（如市场流通的有价证券），或者所变现物品价值已有合理根据（如已经价值评估），或者所变现物品已有合适买家（如在企业进入破产程序前，已以合理的价格分批变卖了部分同类别物品），则可以考虑不通过拍卖程序，而直接变现。再者，在已出现较多买受人的情况下，也可以考虑通过参考招标、投标的方式在意向买受人中遴选出价最高者成交，在寻求最高变价价值的同时节省拍卖费用。另外，在变现破产企业财产时,也可以考虑通过网络平台,拓展拟变现物品的受众范围,"淘宝网专注于司法拍卖和商业拍卖,其中商业拍卖已有近3 000家机构入驻,包含艺术品、奢侈品、车、房等多种品类,而司法拍卖专注于为全国法院系统提供技术服务,迄今已有21个省市自治区超700家法院入驻,已完成9万次拍卖"[1],可见,目前"淘宝网"已成为资产处置方面运作较为成熟的网络平台,不仅人民法院入驻变现被执行人财产,一些专业资产处置机构也入驻挂牌变现资产,该变现途径也可为管理人所用。

如果管理人怠于履行忠实、勤勉职责,而在公开拍卖之外,以没有根据的、明显不合理的价格变现破产企业财产,则需承担相应责任。如《企业破产法》第130条规定:"管理人未依照本法规定勤勉尽责,忠实执行职务的,人民法院可以依法处以罚款,给债权人、债务人或者第三人造成损失的,依法承担赔偿责任。"

第二,当管理人拟变现破产企业财产属于破产企业重大资产时,应提前报告人民法院或债权人委员会。在管理人非按债权人会议审议的"破产财产分配方案"变现财产,而是按破产工作现实需要提前变现部分财产时,如所变现的财产是列入《企业破产法》第69条规定的破产企业重大资产时,则需提前报告人民法院或债权人委员会。《企业破产法》第69条规定的重大资产处分包括以下几项:①涉及土地、房屋等不动产权益的转让;②探矿权、采矿权、知识产权等财产权的转让;③全部库存或者营业的转让;④债权和有价证券的转让;⑤对债权人利益有重大影响的其他财产处分行为。管理人在进行前述重大资产变现前,应将拟变现财产范围、变现原因、变现方式等向人民法院或者债权人委员会报告,在取得人民法院或者债权人委员会同意后,再进行变现。《企业破产法》为此规定,其目的主要在于监督管理人行为,以免管理人不适宜处分破产企业财产而减损债权人权益,另一方面则从破产程序整体上进行统筹考虑,在破产企业被宣告破产前,破产企业仍存在破产重整、破产和解的可能性,如果未经周全考虑,径行对破产企业重大财产予以处置,则可能致使破产企业丧失破产重整、破产和解的机会,因此需要多方更为审慎的考量。

在酷贝拉公司破产清算一案中,即存在在人民法院宣告酷贝拉公司破产之前,对酷贝拉公司重大资产进行变现的情形。在酷贝拉公司破产清算工作

---

[1] 央视网,《资产处置平台拥抱互联网1.5万亿市场如何分食》,2015年4月17日,网址:http://jingji.cntv.cn/2015/04/17/ARTI1429246017193207.shtml。

开展过程中，根据案情现实需要，需变现酷贝拉公司一幢独立的二层建筑物。因变现该幢建筑物属于《企业破产法》第 69 条规定的重大财产处分行为，管理人便将拟变现原因、拟变现财产范围、拟变现方式向人民法院作了报告（酷贝拉公司破产清算一案中未成立债权人委员会），人民法院在审核后，函复同意了管理人拟采取的变现方案。随后，管理人便通过公开拍卖方式对酷贝拉公司该幢建筑物进行了变现。

第二章　上海美丽华度假村有限公司破产清算案

第一节　案情简介

上海美丽华度假村有限公司（以下简称美丽华公司）成立于1995年12月，刚成立时企业性质为全民所有制与集体所有制联营企业，后在2001年改制为国有企业，至2003年再改制为民营企业。美丽华公司主要依托于其在上海市嘉定区投建的度假村，开展酒店、会务服务、客房、卡拉OK、桑拿等经营活动。自2005年起，美丽华公司经营的度假村经营逐渐式微，用工问题、债务问题相继爆发。2009年，某银行以其不能清偿到期债务并明显缺乏清偿能力为由，向上海市嘉定区人民法院申请对美丽华公司进行破产清算。2009年11月，上海市嘉定区人民法院裁定受理了美丽华公司破产清算一案。

本案中，用工纠纷尤为激烈，一方面表现在美丽华公司长期拖欠职工工资和社会保险费，所涉及职工人数100多名，而最长的拖欠期间长达2年之久，由此给职工的生活、就医等造成了严重影响；另一方面又涉及"征地工"的历史问题，美丽华公司早在1996年在上海市嘉定区投建度假村时，按当时的政策，就地吸纳被征收土地农民到美丽华公司就业，以此方式安置"失地"农民，而因当时美丽华公司属于国企联营企业，吸纳进入美丽华公司就业的农民具有"国有企业职工"身份，因此，四十多名被征收土地的农民未领受征地补偿，而接受了就地吸纳就业的方式进入美丽华公司工作，后来美丽华公司经历了向国有企业的改制、向民营企业的改制，但改制过程中均未妥善解决具有"国有企业职工"身份的征地工安置问题，由此加剧了用工纠纷。美丽华公司职工持续投诉、上访，给当地政府造成了困扰。

管理人成立后，便开始整理美丽华公司债务，一方面通知已知债权人申报债权，核查债权人所申报债权并按《企业破产法》编制债权表提交债权人会议核查，另一方面则着手调查美丽华公司拖欠劳动债权情况，包括调查美丽华公司用工人数、用工性质、工资标准、拖欠工资月份、欠缴社会保险费月份、职工工龄等，而后按《企业破产法》公示劳动债权表，接受职工异议等。与此同时，管理人也对美丽华公司财产进行了管理和变现。最终，美丽华公司破产一案中，在债权核查方面，核定债权人22家，核定债权额总计3.6亿元，其中确认两家债权人对美丽华公司特定财产享有抵押权，两家债权人享有建设工程款优先受偿权；在劳动债权方面，调查确认美丽华公司共计拖欠117人工资、经济补偿金、社会保险费等几百万元之巨；而在财产清理方面，经公开拍卖，最终变现美丽华公司财产9 000多万元。后管理人依照嘉定区人民法院裁定认可的破产财产分配方案，向抵押权人、职工等所有债权人进行了清偿。

第二节　法律实务解析

一、债权申报与审查

债权申报与审查如图2-1所示。

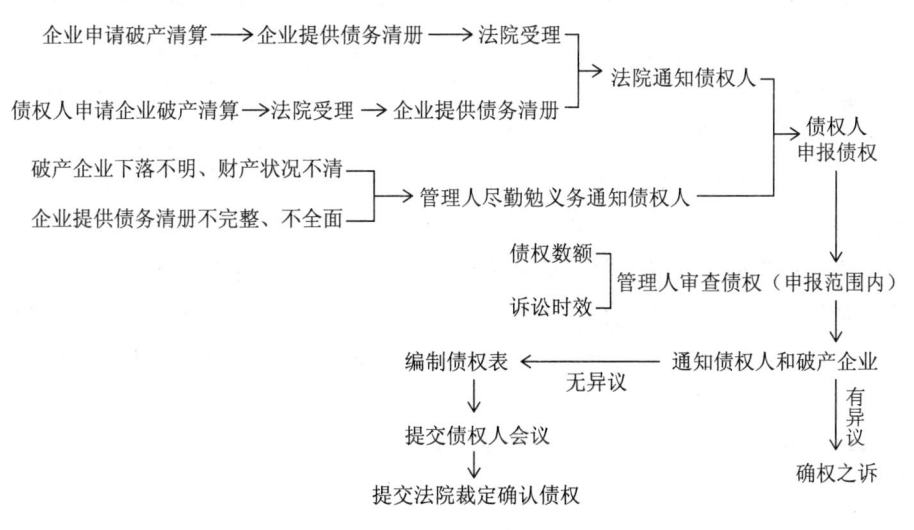

图 2-1　债权申报与审查程序

（一）通知债权人

按《企业破产法》规定，当破产企业自行向人民法院申请破产清算时，应当向人民法院提交债务清册❶，而在债权人向人民法院申请对债务人进行破产清算时，债务人亦应在人民法院裁定受理破产清算申请后向人民法院提交债务清册❷。人民法院受理破产申请后，便将按破产企业提交的债务清册，通知已知的债权人向管理人申报债权，参与破产企业破产程序。此外，人民法院还将刊登公告，公告人民法院受理破产申请的时间、债权人申报债权期限和地点、管理人名称及办公地址、第一次债权人会议召开时间等，公告一般以刊登报纸的方式进行（一般刊登在《人民法院报》），有些法院则同时也在自己的官方网站上公告。公告作为向社会不特定主体送达的方式，体现人民法院受理破产申请的严肃性，也有利于提醒与破产企业相关的主体及时参与破产程序，以免破产企业所提交债务清册不完整等方面的原因致使权利主体被排除在破产程序之外。

实践中，债权人看到报纸公告或者网站公告而向管理人申报债权的情形较少，债权人多数是在接收到人民法院或者管理人发出的债权申报通知后，才得知企业已进入破产程序，进而向管理人申报债权。因此，在破产程序中，能否悉数通知债权人参与破产程序便显得尤为重要，如债权人未得到通知，其便很有可能因不知情而未能参与破产程序，而在破产程序终结之后，其债权便不可能再获得清偿。虽然从《企业破产法》第 14 条规定看，"通知已知债权人"是人民法院的职责，《企业破产法》并未规定管理人通知债权人申报债权的职责，但我们认为从《企业破产法》公平清理债权债务、保护债权人合法权益的宗旨来看，并结合管理人所负有的忠实、勤勉履职义务，如管理人在开展破产清算过程中发现破产企业提交的债务清册不完整、不全面，存在遗漏的债权人的，管理人仍应当向新发现的债权人发送债权申报通知，而不能以破产企业未披露或者人民法院刊登公告已视作送达通知为由而不予通知。管理人通知债权人申报债权，应当不以人民法院确定的债权申报期限为限，因为，管理人对破产企业财务的清理终需一个过程，期间可能还

---

❶ 《企业破产法》第 8 条规定："债务人提出申请的，还应当向人民法院提交财产状况说明、债务清册、债权清册、有关财务会计报告、职工安置预案以及职工工资的支付和社会保险费用的缴纳情况。"

❷ 《企业破产法》第 11 条规定："债权人提出申请的，人民法院应当自裁定作出之日起 5 日内送达债务人。债务人应当自裁定送达之日起 15 日内，向人民法院提交财产状况说明、债务清册、债权清册、有关财务会计报告以及职工工资的支付和社会保险费用的缴纳情况。"

需要对破产企业的特定财务细节进行反复的核实、甄别，管理人很有可能在人民法院确定的债权申报期限届满之后才发现被遗漏的债权人，因此，尽管管理人在人民法院确定的债权申报期限届满后才发现被遗漏的债权人，管理人仍应当通知债权人申报债权，这与《企业破产法》第56条"在人民法院确定的债权申报期限内，债权人未申报债权的，可以在破产财产最后分配前补充申报"的规定相符。当然，这并不意味着管理人必须以无期限的穷尽调查手段确定是否有被遗漏的债权人，在已适当通知已知债权人并刊登公告且债权申报期限已届满的情况下，管理人便应当按《企业破产法》的规定进行现有债权的核查确认、进行破产企业财产的管理变现以及分配，而不受是否存在被遗漏债权人的困扰。从债权人角度看，也应当明确，债权人作为自身权利的维护者，应当时刻留意并采取必要的手段向破产企业主张债权，而不应仰仗于管理人通知其行使权利。只要有合理信赖管理人已"勤勉、忠实"了履行职责，纵使管理人直至破产案件终结也未发现被遗漏的债权人或者在分配部分财产后才发现被遗漏的债权人，债权人也不能因丧失受偿权而要求管理人承担责任。

一般而言，在以下两种情况下，将由管理人通知相关债权人申报债权：

①债权人对破产企业提出破产申请，而破产企业下落不明或者财产状况不清，在此情况下，只要债权人提交的破产申请符合规定，人民法院便应当按照最高人民法院《关于债权人对人员下落不明或者财产状况不清的债务人申请破产清算案件如何处理的批复》[法释（2008）10号]受理债权人对破产企业提出的破产申请。而在人民法院受理该类型的破产案件中，因破产企业下落不明或者财产状况不清，破产企业一般未能向人民法院提交债务清册，人民法院也就无从通知"已知债权人"申报债权。对于该类型破产清算案件，只能在管理人找到破产企业人员、破产企业财务资料之后，再按整理所得的债务清册通知相应的债权人申报债权。

②破产企业提供的债务清册不完整、不全面，其中即包括遗漏部分债权人的情况，也包括所提供债务清册缺乏相应债权人有效联系方式的情形，在这些情况下，也只能在管理人对破产企业进一步清理后，才能向相应债权人发送债权申报通知。

在美丽华公司破产清算一案中，人民法院先向17户已知债权人发送了债权申报通知。在管理人接管美丽华公司后，在整理美丽华公司财务资料的基础上，又向另外11户债权人发送了债权申报通知。

(二) 债权申报期限

按《企业破产法》规定，债权申报期限由人民法院确定，自人民法院发布公告之日起计算，最短不得少于 30 日，最长不得超过 3 个月。人民法院主要根据其在审查受理破产申请环节中所了解的破产企业负债情况，确定债权申报期限，债权人人数众多的，人民法院确定的债权申报期限相对较长，债权人人数较少的，确定的债权申报期限则相对较短。

确定债权申报期限的意义在于：

第一，督促债权人在限定的期限内申报债权，以免债权人怠于行使权利，而使破产程序拖沓、冗长。

第二，明确第一次债权人会议召开时间。按《企业破产法》规定，第一次债权人会议在债权申报期限届满之日起的 15 天内召开，因此，随着债权申报期限的确定，破产企业第一次债权人会议的召开日期也随之确定。

第三，促进破产程序的往前推进。在破产程序中，债权人向管理人申报债权后，方可按破产法规定行使权利。确定债权申报期限后，在此期间内申报债权的债权人即可视为破产企业的债权人范围，该等债权人便可通过债权人会议的形式行使债权人会议职权，包括核查债权、通过财产管理方案、变价方案，甚至通过破产财产分配方案等。如果没有确定一个债权申报期限，债权人范围无法划定，那么之前召集的债权人会议及其通过的议案便容易成为后申报债权债权人的攻击对象，由此，便会引发破产程序开展的无序和反复。

第四，管理人可以向迟延申报债权的债权人收取审查费用。按《企业破产法》规定，对于在债权申报期限届满后申报的债权，管理人为审查和确认其所补充申报债权的费用，由补充申报的债权人承担。在实践中，管理人依此收取的费用，一般为管理人为审查其债权而支出的必要费用，如差旅费用、交通费用、调档费用等，而不包括管理人因审查债权而投入工作所收取的费用（如在律师事务所担任管理人的情况下，管理人不能因审查补充申报债权而投入的工作小时数而收取律师费）。

在美丽华公司破产清算一案中，人民法院在审查破产申请时取得的美丽华公司债务清册显示债权人人数为 17 户，且债权多由生效裁决所确定，故人民法院确定的债权申报期限较短，为公告之日起 40 日，相应地，人民法院也在前述债权申报期限届满后的 15 日内确定了美丽华公司第一次债权人会议召开时间。

（三）管理人债权审查范围、注意事项及一般审查流程

管理人债权审查范围应以债权人所申报债权为限。债权作为一种权利，归由权利人行使，权利人可以选择行使权利也可以选择不行使权利，可以选择全部行使也可以选择仅部分行使。在破产程序中，债权人申报债权作为其行使权利的方式，其即已选择所申报债权范围，管理人便应在其债权申报范围内予以审查。如债权人没有申报部分债权的（如出借人依据借款合同申报了本金部分，但未申报逾期还款期间的利息；又如出卖人按买卖合同申报了破产企业欠付的货款债权，但未申报破产企业按买卖合同应当承担的违约金等），一方面管理人未必能洞察债权人未申报该部分债权的原因，有可能是疏忽遗漏，但也不排除债权人之前已和破产企业约定排除了该部分债权；另一方面如管理人提示债权人再申报部分债权而债权人也依此申报的，虽然在个例上看似公平，但却违反管理人公平对待所有债权人的中立性，因此，管理人不应干涉债权人债权申报，管理人所做的仅仅是在债权人申报的债权范围内，对债权进行审查。

在债权审查过程中，管理人一般应留意两个方面事项：一是破产企业账上记载的对债权人债务数额，在实务中，破产企业账上记载的债务数额与债权人申报的债权数额不一致的情况常有发生，我们认为，破产企业财务账上记载的债务数额应只作为审查债权人所申报债权的参考，而不能以此核定债权人债权；一方面，在破产企业与债权人以往的交互过程中，由于双方在记账方式、入账标准、入账时间存在不同的认识或做法，双方记载数额便可能存在不一致，而这样的不一致，却也不是孰是孰非的问题，需要通过核对以明晰数额差异的原因，而最终认定债权债务数额，即使没有进入破产程序，交易双方也常常需要通过对账来明确双方债权债务数额；另一方面，企业进入破产程序后，对于债权人而言属于最后一次受偿，因此对于一些在平常交易过程中债权人可容忍的、可让渡的部分权益，便很有可能在破产程序中作完整、全面的申报。因此，破产企业记载的债务数额可以作为审查债权的参考，但不能以此数额简单核定债权，更不能简单以破产企业账上未有对某债权人的应付款记载而否定该债权人的债权申报。另一个需要注意的事项是债权人所申报的债权是否在诉讼时效内。根据破产法规定，超过诉讼时效的债权不属于破产债权，即超过诉讼时效的债权无法在破产程序中获得清偿。管理人对所申报债权是否在诉讼时效内的核查，能否参考人民法院在民事案件审理中对诉讼时效的态度，即破产企业未以诉讼时效抗辩的，管理人不主动

审查债权人所申报债权是否超过诉讼时效？我们认为管理人在核查债权时不宜采用该立场，而应主动核查债权人申报的债权是否超过诉讼时效，因为在人民法院单个民事案件的审理过程中，以当事人具有偿债能力为前提，权益的贬损、权益的实现程度仅在双方当事人间发生，与他人无关，故是否核查诉请超过诉讼时效，由当事人自定。而在破产清算中，以破产企业财产不足以清偿所有债务为前提，对每一笔债权的核查，都与其他债权人相关，如果受偿次序在前的债权经核查超过诉讼时效不作为破产债权处理的，则意味着与其处于同等受偿次序的其他债权人将获得更多的清偿，或者意味着受偿次序在后的债权人也可以得到清偿，如果管理人不主动核查债权是否超过诉讼时效，则会造成以往怠于行使权利、债权已不受法律保护的债权人，逃脱了法律对其怠于行使权利的惩罚，而获得了与以往积极主张权益的债权人同等的地位。

虽然在核查破产债权方面，破产企业也可以对破产债权提出异议，如可以提出某些债权人的债权超过诉讼时效等，但管理人却不应当将审查所申报债权是否超过诉讼时效交由破产企业处理。在我们的经验中，破产企业一般对"诉讼时效"的法律意义没有足够的认识，而最关键的是破产企业可能在以往的经营中与个别债权人"交厚"，交由破产企业审查债权是否超过诉讼时效可能存在道德风险。在债权核查过程中，也应留意经判决确定的债权是否超过了两年的申请执行期限，按民事诉讼法规定，申请执行的期间为2年，自裁决确定的债务履行期限届满日起计算，如权利人未在2年内申请执行的，则丧失强制执行权。鉴于破产程序中的清偿属于对所有债权的概括清偿（其中也包括对已申请强制执行而在破产程序中中止执行的债权的清偿），具有概括司法执行的属性，因此，我们认为丧失强制执行权的债权也应当不作为破产债权处理。

管理人接收债权人债权申报材料后，对债权的核查一般会经过以下流程：

①检查债权人提交的债权申报材料是否齐全，如不齐全的，通知债权人补全。债权人提交的债权申报材料是否齐全，主要从两个方面检查：一是所申报债权是否有相应证据材料支持，该等证据材料可以为合同、协议、对账单、结算单、生效的判决书、裁决书、调解书等；一是所申报债权是否在诉讼时效内，与之相应的材料一般为债权人以往通过各种方式向破产企业追索债权的凭证（证明存在诉讼时效中断），或者债权人因不可抗力或者其他障

碍不能行使请求权的凭证（证明存在诉讼时效中止）。如申报的债权经司法机构裁决的，则还应提供申请强制执行的相关文件。

②初步核查债权人债权是否成立。该核查过程一般从两个方向进行，一个方向是基于债权人提交的债权申报材料判断债权是否成立以及成立的债权数额，另一个方向则基于从债务人接管的财务资料核对债权人所申报债权。通过以上两方向的核对和辩证研判后，初步核定债权人所申报债权。

③将初步核定的债权情况通报相应债权人和破产企业，听取债权人和破产企业对初步核定债权的意见。按《企业破产法》规定，在破产企业第一次债权人会议时，管理人应将编制的债权表提交债权人会议核查，债权人、破产企业对债权核查无异议后，由人民法院裁定确认债权。但在实践中，债权人会议召开时间有限，且审议事项一般除核查债权外，还将审议其他事项，因此，在召开第一次债权人会议时才将债权核定情况通报债权人、破产企业，债权人和破产企业将很难对提交核查的债权发表意见，有时甚至因管理人提交核查的债权额与债权人、破产企业认为的数额存在较大悬殊而影响债权人会议的顺利召开。因此，管理人有必要在第一次债权人会议之前，便将初步的债权核定情况通报债权人、破产企业，并视债权人、破产企业反馈情况或者补充提供的材料，复核债权。

④编制债权表。管理人在核查完毕所申报债权后，将按《企业破产法》规定编制债权表，列明债权人名称、所申报债权额、管理人核查认可的债权额、债权的财产担保情况等。如破产企业以某特定物担保多个债权的，还应列明各个债权对担保物的受偿次序。

⑤将债权表提交第一次债权人会议审查。如经债权人会议核查，债权人、破产企业对债权表上登记的债权无异议的，则由人民法院裁定确认债权。如经核查，债权人对自身债权或其他债权有异议，或者破产企业对债权有异议的，则人民法院可先裁定确认无异议债权，对于有异议债权，债权人、破产企业按照《企业破产法》有关规定向受理破产申请的人民法院提起债权确认之诉。

需要注意的，从《企业破产法》规定看，在对破产企业财产作最后分配前，债权人均可以向管理人申报债权，债权人会议也非在第一次会议之后便无核查债权职权，而在实践中，也常常存在一些债权人在第一次债权人会议之后才申报债权的情况。对此，管理人也应当比照第一次债权人会议核查债权表的规定，将后续补充申报、补充核查的债权提交接下来召开的债权人会议审查。

（四）对担保债权的审查

按之前《企业破产法（试行）》规定，破产企业为担保债务而向债权人提供的抵押物、出质物、留置物不属于破产财产；权利人放弃优先受偿权的，抵押物、出质物、留置物方为破产财产，或者抵押物、出质物、留置物优先偿付被担保债权后有剩余的，剩余部分才是破产财产。在此法律规定下，债权人对担保物享有别除权，担保权人一般也提前对担保物进行变现，以变现价值抵偿其债权后，再以未受偿部分参与破产程序。在前述规定下，担保权人对担保物的优先受偿基本置于破产程序之外，对其担保债权的核查也未成为破产程序的重点。

相比较于《企业破产法（试行）》，新破产法则明确规定破产企业的抵押物、出质物、留置物属于破产企业财产。新破产法在立法上作此调整，除与《物权法》《担保法》的规定相吻合外，也更能体现对所有债权人的公平对待。在《企业破产法（试行）》规定下，担保债权范围、担保物变现方式、担保物变现价值均游离于破产程序之外，在很大程度上由担保权人自行处理，在该处理过程中，担保权人不会考虑其他债权人权益，有时甚至会侵蚀其他债权人权益，比如担保权人有可能会对自己对担保物的优先受偿作有利于自己的处理，如扩大担保债权范围、扩大担保物范围等，担保权人也有可能急于寻求最有利的变现方式，只要变现方式可满足自身利益即可，如低价处置担保物等。新破产法将担保物规定为破产企业财产后，从《企业破产法》有关规定看：对担保物的变现将由管理人进行，而非由担保权人进行；担保权人应向管理人申报债权，申报债权时需说明债权的担保情况等；债权人会议有权议定担保物的变现方式；担保物变现后，在担保债权核查无异议的情况下，才以担保物变现价值对担保债权进行清偿。

由上可见，担保权人作为债权人，其如同其他一般债权人一样，向管理人申报债权后方能在破产程序中行使担保权，未向管理人申报债权的，则不能在破产程序中行使担保权。因此，在破产程序中，便需要对担保债权进行核查。而对担保债权的审查实质上包括了债权核查、担保权核查两部分，以下将侧重从担保权核查展开。

①对债权人抵押权的核查。

抵押权指的是债务人或者第三人不转移财产的占有，将财产抵押给债权人，在债务人不履行到期债务或者发生当事人约定的实现抵押权的情形成就时，债权人通过折价、变卖、拍卖等方式就抵押财产价值优先受偿的权利。按《物权法》规定，以下财产可用于抵押：a）建筑物和其他土地附着物；b）建设用地使用权；c）以招标、拍卖、公开协商等方式取得的荒地等土地承包经营权；d）生产设备、原材料、半成品、产品；e）正在建造的建筑物、船舶、航空器；f）交通运输工具；g）法律、行政法规未禁止抵押的其他财产。

在实践中，破产企业以其房产、生产设备、在建工程、交通工具作为抵押物为债权人提供担保的情形较为常见。

从我国《物权法》有关抵押权设立的规定看，法理上抵押权的设立过程由前后两种行为组成，前者为设立抵押权的原因行为，即当事人为设立抵押权而签署抵押合同的行为；后者为设立抵押权的物权公示行为，即当事人以签署的抵押合同前往相关部门办理抵押登记的行为。而具体而言，部分抵押权的成立以获得登记公示为条件，未经登记公示的，抵押权不成立，如以房地产、在建工程作为抵押物的抵押权便以登记公示为成立条件；部分抵押权在当事人签署抵押合同后即告成立，但未经登记公示的，该抵押权不得对抗善意第三人，如以生产设备、交通工具作为抵押物的抵押权设立。因此，在核查抵押权时，便需按抵押物的类型区别对待。

Ⅰ. 对经登记成立抵押权的核查。

对经登记成立的抵押权的核查，顾名思义应以相关部门的登记公示为准。而核查的关键即前往相关部门调取抵押登记相关材料，以调取的抵押登记信息、办理抵押登记时提供的抵押合同等为依据核查抵押权。如相关部门对抵押权予以登记公示的，则应认定抵押权成立；如相关部门未对抵押权予以登记公示的，则抵押权不成立；如办理抵押登记时提供的抵押合同明确约定抵押物担保范围的，则应以此认定抵押物担保范围；如办理抵押登记时提供的抵押合同未明确约定抵押物担保范围的，则应按物权法的规定，认定抵押物的担保范围包括主债权及其利息、违约金、损害赔偿金、保管担保财产和实现担保物权的费用。

另外，按《物权法》第202条规定，"抵押权人应当在主债权诉讼时效期间行使抵押权；未行使的，人民法院不予保护。"因此，在核查抵押权过程中，也需核查抵押权人是否在主债权诉讼时效期间内行使了抵押权，如未行使的，则不应认可其申报的抵押权。当然，在破产程序中，对担保债权的核查包括了对债权核查和对担保权核查两个方面，如果债权人所申报债权依法成立的，一般也就意味着其主张的抵押权未超过行使期限，相反，如果经核查债权人所申报的债权超过了诉讼时效，其主张的抵押权一般也就超过了行使期限。在破产企业作为第三人，以其财产为其他债务人为债权人提供抵押担保的情况下，如债权人未在主债权诉讼时效期间行使抵押权的，则债权人对破产企业丧失抵押权，法律后果上也直接体现为其对破产企业的债权（要求破产企业在担保范围内承担连带责任）、抵押权不能成立。

Ⅱ. 对依抵押合同签署成立抵押权的核查。

该类抵押权，在当事人间的抵押合同生效后即告成立，但该抵押权未经登记公示的，则不得对抗善意第三人。因此，对于该类抵押权的核查，主要在于核查两个事项：第一，当事人间抵押合同是否有效，对于该点，主要通过核查抵押合同内容和形式进行，如涉及的各方当事人是否均已签署了抵押合同，如抵押合同是否存在违反法律强制性规定而归于无效的情形，再如抵押合同是否存在生效条件或者解除条件、而该等生效条件或解除条件是否成立等。如经核查，抵押合同持续有效的，则应认可其抵押权。第二，到相关部门调查抵押权是否经过登记公示，如果该等抵押权已经过登记公示的，则应认定该抵押权具有对抗善意第三人的作用，如抵押物品已经被第三人占有、取得，管理人便应取回抵押物用于清偿抵押权人。

Ⅲ. 抵押权实现次序。

按《物权法》规定，抵押物可以多次抵押用于担保不同的债权，在实践中，破产企业将抵押物，特别是价值比较高的土地使用权、房产、在建工程，多次抵押给不同债权人也是常见的情况。在此情况下，管理人便需要对每个抵押权的实现次序予以核定。

按《物权法》规定，抵押权实现次序为：①抵押权已登记公示的，按照登记的先后顺序清偿；顺序相同的，按照债权比例清偿；②抵押权已登记的先于未登记的受偿。另按最高人民法院《关于适用〈中华人民共和国担保法〉若干问题的解释》规定，当事人同一天在不同的法定登记部门办理抵押物登记的，视为顺序相同。

管理人主要依据以上规定核定每个抵押权的实现次序。

在美丽华公司破产清算一案中，美丽华公司以其名下房地产（包括土地使用权和地上建筑物）分别为两家银行提供了担保，并均依法在房地产交易中心办理了抵押登记手续。在该案中，两家银行在申报债权时均提供了其对美丽华公司房地产享有抵押权的相关材料，在此之外，管理人亦前往美丽华公司房地产所在地的房地产交易中心查询、调取了美丽华公司房地产抵押登记材料，进行了复核，并依此核定了美丽华公司房地产对该两家银行债权的担保范围、抵押权实现顺序。在该案中，抵押登记在先的银行担保债权得到了完整清偿，而抵押登记在后的另一家银行担保债权则仅得到了部分清偿。

②对债权人质权的核查。

质权指的是债务人或者第三人将其动产或者财产性权利出质给债权人占有，在债务人不履行到期债务或者发生当事人约定的实现质权的情形成就时，债权人通过折价、变卖、拍卖等方式就出质财产价值优先受偿的权利。《担保法》及《物权法》均对质权进行了规定，按质权中质物的属性分类，分为动产质权和权利质权两类。

《物权法》未对动产质权中的动产范围进行规定，仅规定"法律、行政法规禁止转让的动产不得出质"，因此，债务人或者第三人合法所有的动产均可以作为质押财产，出质给债权人。实践中，破产企业以机器设备、原料、产品出质予债权人的情形较为常见。

《物权法》则对可出质的财产性权利进行了列举，权利人可以下列财产性权利出质：第一，汇票、支票、本票；第二，债券、存款单；第三，仓单、提单；第四，可以转让的基金份额、股权；第五，可以转让的注册商标专用权、专利权、著作权等知识产权中的财产权；第六，应收账款；第七，法律、行政法规规定可以出质的其他财产权利。实践中，破产企业以其应收账款、股权出质给债权人的情形较为常见。前述破产企业以其股权出质给债权人指的是破产企业将其对外投资而形成的股权（比如持有的上市公司股票等），作为质物质押给债权人，用于担保对债权人的到债务。实践中，也存在破产企业股东以其持有的破产企业股权作为质物，为破产企业对外债务提供担保的情形，但该种情形在破产清算程序中并不需给予特别关注，一方面，质物为破产企业股权，非在破产程序中需予以清理的破产企业财产；另一方面，在破产清算程序中，破产企业财产尚不足以清偿所有债务，股东权益为负，即破产企业的股权价值为零，破产企业债权人并不能就破产企业股权获得优先清偿。

与抵押权成立的法理类似，质权的设立过程同样由前后两种行为组成，前者为设立质权的原因行为，即当事人为设立质权而签署质权合同的行为；后者为设立质权的物权公示行为，即当事人将质物交付质权人或以签署的质权合同前往相关部门办理质押登记的行为。具体而言，对于动产质权，质权在双方缔结质权合同、质物交付后成立；对于权利质权，质权在双方缔结质权合同、财产性权利凭证交付后成立，但以基金份额、股权、应收账款、知识产权中财产权利出质的，质权在相关部门办理质权登记后成立。目前，基金份额、上市公司上市流通股票的质押登记部门为中国证券登记结算有限公司设立于各地的分公司，非上市公司股权的质押登记部门为公司登记所在地的工商行政管理局，应收账款的质押登记部门为中国人民银行设立于各地的征信中心，注册商标财产性权利质押的登记部门为国家工商行政管理总局商标局，著作权财产性权利质押的登记部门为中国版权保护中心，专利权财产性权利质押的登记部门为国家知识产权局。

对债权人质权的核查过程，与对抵押权的核查相似，不再赘述。

在设定动产质权时，需将质物交付质权人，因此，一物一质权，不存在在一动产上设定多个质权的情形，但一些不需交付权利凭证的质权则可以多次登记，用于担保多笔债权，实践中应收账款多次质押的情形时常出现（股权、有价证券、知识产权等权利多次质押的情形较少出现），在这种情况下，便需要核查多次质权的登记时间❶，以登记时间先后确定质权的实现顺序。

③对债权人留置权的核查。

留置权指的是债务人不履行到期债务，债权人留置已经合法占有的债务人的动产，并通过折价、变卖、拍卖等方式就留置物价值优先受偿的权利。留置权为法定担保权，当事人对留置权的取得，不以双方合意设立留置权为条件，当债务人不履行债务、债权人已经合法占有债务人动产时，债权人便可就合法占有的债务人动产行使留置权。但债权人对债务人动产的留置与对债务人债权须处于同一法律关系，如债权人因对债务人应收保管费用而留置债务人委托保管的物品，再如债权人因对债务人应收承揽费用而留置债务人提供的材料、加工制成品等，如不处于同一法律关系的，则不能行使留置权。此外，当事人之间也可以约定排除留置权的适用，如债务人与债权人约定无论在何种情况下，债权人均不得留置债务人物品的，则即使债务人未能支付到期债权且该债权与留置物处于同一法律关系，债权人也不得留置债务人物品。需要留意的是，2007年施行的《物权法》第231条规定"债权人留置的动产，应当与债权属于同一法律关系，但企业之间留置的除外"，由

---

❶《应收账款质押登记办法》第5条规定："在同一应收账款上设立多个质权的，质权人按照登记的先后顺序行使质权。"

此，企业间留置不再要求与债权处于同一法律关系，留置权在企业间的应用空间大大拓宽。

因《企业破产法》主要适用于企业法人，因此，在破产程序中，如主张留置权的是自然人的，则主要审查其所主张的留置权与对破产企业债权是否处于同一法律关系，如不处于同一法律关系的，则不认可自然人所主张的留置权，进而取回被该自然人留置的物品；如主张留置权的是企业法人，则主要审查其与破产企业之间是否有排除留置权的约定，如已约定排除留置权的，则其在破产程序中主张的留置权不得成立，如未约定排除留置权的，则不管留置权与对破产企业债权是否处于同一法律关系，债权人均可以就其合法占有的破产企业财产主张行使留置权。在实践中，相比较于抵押权、质权的审查，对留置权的审查则要复杂很多，最主要的原因在于很难判断债权人在何时合法占有破产企业财产，如债权人在人民法院受理破产申请的1年之前便合法占有破产企业财产的，则其在破产程序中主张行使留置权应得到支持，但如其在人民法院受理破产申请的1年之内未合法占有破产企业财产，甚至在人民法院受理后管理人接管前才突击占有破产企业财产的，则按《企业破产法》第31条规定，该等留置权应当予以撤销，不应支持债权人所主张行使的留置权。因此，在审查债权人所主张行使的留置权时，除了审查留置合同外（如有），还需要审查债权人与破产企业之间以往的交易合同、以往款项、货物的支付和交付情况，有时还需要向破产企业相关人员进行必要的调查，并整理破产企业财产清单的变动情况等，综合分析相关情况以剔除债权人对不适当占有的破产企业财产所主张的留置权。

④同一动产上同时存在抵押权、质权、留置权时的实现顺序。

所谓"实现顺序"指的并非是对担保债权的现实清偿，而是指在债权核查过程中，先行对各个担保物权的受偿顺序提前予以确定，以免在实施分配时，债权人对担保物权受偿顺序产生争执而拖延破产财产的分配。抵押权实现顺序的确认规则，前已述及，即已办理抵押登记的优先于未办理登记的，登记在先的又优先于登记在后的。动产质权、留置权均要求所担保财产的交付，故对动产质权、留置权而言，均表现为一物一质权或者一物一留置权，而不存在一物上存在多个质权或多个留置权的情形。但在企业"生产设备、原材料、半成品、产品"上，分别存在抵押权、质权、留置权的情况却常有发生。对于这些担保物权实现顺序孰先孰后，《物权法》第239条规定："同一动产上已设立抵押权或者质权,该动产又被留置的,留置权人优先受偿",最高人民法院《关于适用〈中华人民共和国担保法〉若干问题的解释》第79条规定:"同一财产法定登记的抵押权与质权并存时,抵押权人优先于质权人受偿",《物权法》又规定"依抵押合同成立的抵押权,未经登记的,不得对抗善意第三人"。因此,对于破产企业动产上分别存在抵押权、质权、留置权时,各个担保物权的实现顺序可按以下认定:第一顺序:留置权;第二顺序:经登记的抵押权;第三顺序:质权;第四顺序:未经登记的抵押权。

⑤对不适当担保行为的撤销。

《企业破产法》第31条对破产企业实施的可撤销行为进行列举式规定,其中规定,破产企业在进入破产程序前1年内,对没有财产担保的债务提供财产担保的,管理人有权请求人民法院予以撤销。因此,对于债权人申报的担保债权,纵使按照《合同法》《物权法》等相关法律的规定,债权人所申报债权、所主张担保权均告成立,但如果该担保权成立于破产企业进入破产程序前1年内,该担保权也应予以撤销。

从清偿角度看,破产法是一部要求破产企业在其不能清偿所有债务时,以所有财产向所有债权人按法定清偿顺序、按比例公平清偿的法律,破产企业对任何个别债权人的偏颇清偿,都意味着对其他债权人公平受偿权的侵犯。而破产企业对个别债权人的偏颇清偿,不仅适用于破产企业进入破产程序期间,还提前到了破产企业进入破产程序前的一定时间内,以避免破产企业在进入破产程序前对个别债权人进行清偿,使所有债权人在破产程序中的公平受偿权落空。破产企业在进入破产程序前,以其财产为没有担保的债务提供担保的行为,虽然没有发生对个别债权人的实际清偿,但在为个别债权设定担保权后,个别债权人便能优先于其他债权人对担保物享有受偿权,实质上也属于对个别债权人的偏颇清偿。

因此,在核查债权人担保权时,也应留意担保权的成立日期,如成立日期距离人民法院裁定受理破产申请之日不满1年的,便应当撤销该债权人担保权。实践中,因担保权成立的日期相对容易举证证明(留置权除外),人民法院裁定受理破产申请之日也是一个既定法律事实,故如存在在人民法院受理破产申请1年内对没有财产担保的债务提供财产担保的,管理人向担保权人释明将撤销其担保权时,担保权人在这样容易举证的事实面前,加上管理人提起诉讼时,其将承担的诉讼成本,担保权人一般也只能"放弃"行使担保权，管理人只要取得担保权人"放弃"行使担保权的意思表示即可，也并非一定通过起诉请求人民法院撤销设定担保行为。但如果担保权人坚持对担保物行使优先受偿权的，或者担保权人虽"表示"不就担保物行使优先受偿权，但又不配合办理相关的担保登记撤销手续，而这又将影响后续担保物转让过户的，管理人便应当及时提起诉讼，请求法院撤销该等担保行为。

(五) 对拖欠的建设工程款的审查

①建设工程款优先受偿权的属性。

从《企业破产法》第49条、第109条等相关规定看，对破产企业特定财产享有担保权的权利人，对该特定财产享有优先受偿的权利。抵押权、质权、留置权均为针对特定物品的担保权，《担保法》《物权法》对这些担保权均进行了明确规定，因此，抵押权人、质权人、留置权人在破产程序中对破产企业特定物品行使优先受偿权，应无疑问。而在前述几类担保权之外，尚有一类针对债务人特定物的优先受偿权，即建设工程承包人依照《合同法》第286条规定而享有的就建设工程折价或者拍卖的价款优先受偿的权利，是否可在破产程序中行使，尚有争议。

我们认为建设工程承包人对建设工程享有的优先受偿权，性质上为一种法定担保物权，其优先受偿权可以在破产程序中行使：

第一，建设工程承包人对建设工程变现价值享有的优先受偿权为一种担保物权。按"物权法定"基本法理，所有物权，包括物权种类、物权内容，均由法律规定，当事人不能在法律之外创设物权。《物权法》为物权基本法，对各类物权进行了系统规定，但并非在《物权法》之外便无物权。《物权法》也认可其他法律规定的物权，如其第8条规定"其他相关法律对物权另有特别规定的，依照其规定。"因此，并不能认为在《物权法》规定的抵押权、质权、留置权三种担保物权之外，便不存在其他担保物权，只要其他法律规定的担保物权，也应当予以认可。

按《物权法》第170条对担保物权所作的规定，"担保物权"为"担保物权人在债务人不履行到期债务或者发生当事人约定的实现担保物权的情形，依法享有就担保财产优先受偿的权利"，从该定义看，担保物权包括以下要素：(1) 担保物权系为了担保债权而存在，其依附于主债权债务关系，没有主债权债务关系，无法独立成立担保物权，具体而言，没有当事人间债权债务的主合同关系，便没有当事人间设定担保的从合同关系；(2) 担保物为特定物品，非虚拟物品或不能确定的物品；（3）在担保关系中，担保物的核心权能为其变现价值，担保物的占有、使用、收益权能不是担保关系的重点；（4）担保权人对担保物的变现价值，优先于其他债权人受偿。以此与《合同法》第286条规定"发包人未按照约定支付价款的，承包人可以催告发包人在合理期限内支付价款。发包人逾期不支付的……承包人可以与发包人协议将该工程折价，也可以申请人民法院将该工程依法拍卖。建设工程的价款就该工程折价或者拍卖的价款优先受偿"相比较，《合同法》第286条所规定的建设工程承包人对建设工程变现价值所享有的优先受偿权，符合《物权法》对"担保物权"的定义。

第二，建设工程承包人对建设工程变现价值所享有的优先受偿权为一种法定的担保物权。建设工程款及于建设工程变现价值的优先受偿权由《合同法》直接规定，不以当事人间的意思表示为前提。只要建设工程发包人存在欠付承包人建设工程款的情形，承包人即可以依照《合同法》规定行使优先受偿权。实践中也存在建设工程发包人与承包人通过签署协议等形式，排除承包人对建设工程变现价值优先受偿权的情形，该做法属于承包人对自身法定担保权的放弃，正如同抵押权人放弃对抵押物的优先受偿、质权人放弃对质物的优先受偿一样，承包人放弃优先受偿权行为并不违背法律。但不能因建设工程承包人可放弃对建设工程变现价值的优先受偿权，而否定其优先受偿权的法定属性。

②建设工程承包人优先受偿权所指向的"建设工程"范围。

按《合同法》第十六章"建设工程合同"的规定，建设工程合同是承包人进行工程建设，发包人支付价款的合同。但对"建设工程"所涵盖的"工程"范围，《合同法》未再予规定。

按《建设工程质量管理条例》[国务院令（2000）第279号]对"建设工程"所作定义，"建设工程"是指土木工程、建筑工程、线路管道和设备安装工程及装修工程。该定义下的建设工程范围相当广泛，既包括了各类房屋建筑的建造活动，也包括了铁路、公路、机场、港口、矿井、水库、通信线路等专业建筑工程的建造，还包括了线路、管道和设备安装活动。需要注意的是，《建设工程质量管理条例》的上位法《中华人民共和国建筑法》，虽然没有定义"建设工程"，但其对"建筑活动"的范围规定则要比《建设工程质量管理条例》规定的"建设工程"范围小，《建筑法》规定的"建筑活动"为各类房屋建筑及其附属设施的建造和与其配套的线路、管道、设备的安装活动,《建筑法》规定的"建筑活动"均与房屋建筑相关。

最高人民法院《关于建设工程价款优先受偿权问题的批复》[法释（2002）16号]对享有优先受偿权的建设工程范围,规定在了与房屋建设有关的范围内。该批复第一条规定,"人民法院在审理房地产纠纷案件和办理执行案件中……认定建筑工程的承包人的优先受偿权优于抵押权和其他债权",既将适用范围界定在"房地产纠纷案件"中,而不包括铁路、公路、机场、港口、矿井、水库、通信线路等专业建筑工程,也不包括与房地产建筑无关的生产设备安装等工程。该批复中虽然在不同条款分别使用了"建筑工程""建设工程"字样,但因为该批复第一条规定了适用范围,故其他条款中的"建设工程"字眼也只能按第一条规定的范围理解。因此,该批复规定的、可以就建设工程行使优先受偿权的工程款包括两类:一类为因房屋建筑及其附属设施建设而形成的应付工程款;另一类为与房屋、房屋附属设施相配套的线路、管道、设备安装而形成的应付工程款。

随后,最高人民法院《关于装修装饰工程款是否享有合同法第二百八十六条规定的优先受偿权的函复》[（2004）民一他字第14号]对《合同法》第286条规定的可行使优先受偿权的建设工程范围,再进行了解释。该函复认为装修装饰工程也属于建设工程,享有优先权的承包人可以在建筑物因装修装饰而增加价值的范围内优先受偿。该函复系最高人民法院针对福建省高级人民法院《关于福州市康辉装修工程有限公司与福州天胜房地产开发有限公司、福州绿叶房产代理有限公司装修工程承包合同纠纷一案的请示》作出,故该函复所指的装修装饰工程指向的应是房屋建筑物的装修装饰工程,而非其他类别的"装修装饰"。

综上,按最高人民法院作出的相关司法解释,实践中依照《合同法》第286条规定,涉及承包人优先受偿权的建设工程有三类,且均与房屋建设相关:一类为房屋建筑及其附属设施建设工程;另一类为与房屋、房屋附属设施相配套的线路、管道、设备安装工程;还有一类为房屋建筑物的装修装饰工程。实践中鲜见承包人就铁路、公路、港口等土木工程行使优先受偿权,一方面可能是因为迄今为止最高人民法院作出的司法解释所指向的"建设工程"均与房屋相关而均未包括这些工程,另一方面也可能是《合同法》第286条的建设工程款优先受偿权的例外规定——"除按照建设工程的性质不宜折价、拍卖的以外"起了作用,这些建设工程因具有公益属性而被认为"不宜折价、拍卖",承包人因此而不得变现这些建设工程并就变现价值优先受偿。

③享有建设工程款优先受偿权的期限条件。

承包人就建设工程款行使优先受偿权，除要求建设工程款到期、建设工程性质可折价或拍卖外，最高人民法院在其《关于建设工程价款优先受偿权问题的批复》中还规定了承包人行使优先受偿权的期限，即"建设工程承包人行使优先权的期限为6个月，自建设工程竣工之日或者建设工程合同约定的竣工之日起计算"，承包人未在该期限内行使优先受偿权便丧失优先受偿权。

关于上述6个月期间的计算，需要注意两个事项：

第一，建设工程竣工日期。因为《合同法》第286条所规定优先受偿权，是为保护承包人利益所设立，故在建设工程竣工日期、合同约定的竣工日期均存在，但两者不一致时，应以时间在后者为准。广东省高级人民法院在其发布的《关于在审判工作中如何适用〈合同法〉第286条的指导意见》便明确"建设工程竣工之日与建设工程合同约定的竣工之日不一致的，以日期在后的为准。"而对于建设工程何时竣工的问题，最高人民法院《关于审理建设工程施工合同纠纷案件适用法律问题的解释》区分不同情形作出了规定：建设工程经竣工验收合格的，以竣工验收合格之日为竣工日期；发包人拖延验收建设工程，但承包人已经提交竣工验收报告的，以承包人提交验收报告之日为竣工日期；建设工程未经竣工验收，发包人擅自使用的，以转移占有建设工程为竣工日期。一般而言，通过以上规则便可确定建设工程竣工之日，以此确定承包人行使优先受偿权的时间起点。

但实践中存在更为特殊的情况，即承包人承建的建设工程未竣工验收、承包人未提交竣工验收报告、发包人也未使用建设工程的情况，即建设工程未建成便出于各种原因而停止，如房产开发商因资金链断裂而停建某一楼盘、企业因经营调整而停止投建某特定用途的厂房等。而对于建设工程是否最终停建，又没有明确的说法，如发包方可能为了拖延工程款的支付，而告知承包人建设工程以后仍将继续施工；再如承包人为了完成建设工程以保全预期利益，也不愿通知发包方解除施工合同。这样，建设工程便处于未竣工、停滞的状态。此种情形下，关于承包人行使优先受偿权的时间起点，我们认为应当以约定的竣工日期作为时间起点，如承包人未在该约定竣工日期之后的6个月内主张行使优先受偿权的，便丧失优先受偿权。因为法律作此规定用于保护承包人利益的同时，也督促承包人积极行使权利，以免各方当事人在该建设工程之上的法律关系长期处于不确定的状态，避免随着时间的拖延而使建设工程成为"烂尾楼"而将各方当事人陷于其中。承包人明知合同约定的竣工日期，而不在该竣工日期后积极主张行使优先受偿权的，便应承担对其不利的结果。此时建设工程款可能尚未结算，但这并不影响承包人主张行使优先受偿权，况且承包人也可以通过工程审价等方式确定工程款数额。

第二，该 6 个月期间为除斥期间，如果承包人没有在该期间内行使建设工程款优先受偿权，则丧失优先受偿权。那么，在该段期间内，承包人进行了何种行为才属于"行使"了"优先受偿权"？从《合同法》第 286 条及最高人民法院《关于建设工程价款优先受偿权问题的批复》规定看，将建设工程折价或者拍卖，以折价款、拍卖款优先清偿工程款，为承包人"行使优先受偿权"的主要内容。建设工程折价由发包人与承包人协商进行，建设工程拍卖通过承包人提起诉讼、人民法院主导拍卖的方式进行，而无论建设工程折价还是建设工程拍卖均不可能一蹴而就，因此，我们认为承包人在 6 个月内"行使优先受偿权"，指的不全是在 6 个月内完成建设工程折价、拍卖及对承包人清偿的情形，也包括承包人在该 6 个月内主张行使优先受偿权的情形，至于能否在 6 个月能实现建设工程的折价或拍卖，则在所不论。在司法实践中，以承包人在 6 个月内主张优先受偿权而在诉讼中确认承包人享有优先受偿权的判例并不少见，最高人民法院便曾在一个判例中❶，依据承包人曾在 6 个月内以"工作联系单"的方式向发包人主张涉案建设工程的优先受偿权，而认定承包人对涉案建设工程变现价值享有优先受偿权。

如对承包人对发包人的权利进行拆分，其权利可以分为两个层面，一为向发包人催要到期工程款的权利，该权利为一般债权，对比其他债权并无优先性。另一个层面为法律规定的承包人就建设工程变现价值的优先受偿权，该优先受偿权为一种法律规定的特定担保物权。承包人对发包人的债权为主权利，对发包人特定财产——建设工程的优先受偿权为担保属性的从权利。正如债权人可以行使抵押权，也可以放弃抵押权使债权归于一般债权一样，承包人有关优先受偿权的主张，也需要以明确的方式作出。在 6 个月内，如

---

❶ 参见最高人民法院《天成润华集团有限公司、中国核工业华兴建设有限公司建设工程施工合同纠纷二审判决书》［案号：（2012）民一终字第 41 号］，网址：http://www.court.gov.cn/zgcpwsw/zgrmfy/ms/201309/t20130910_156262.htm.

果承包人仅向发包人催要工程款，但没有明确主张优先受偿权，那么可以认为承包人主张了债权，但没有主张行使优先受偿权，6个月之后，按《合同法》第286条规定的规则，承包人便不再享有优先受偿权，其对发包人的工程款债权成为一般债权。

④承包人优先受偿权的优先等级。

按最高人民法院《关于建设工程价款优先受偿权问题的批复》规定，承包人就建设工程的优先受偿权优先于抵押权和其他债权。由此可以明确，在建设工程存在抵押的情况下，抵押权人对于建设工程的优先受偿权劣后于承包人对建设工程的优先受偿权。而建设工程属于不动产，其上不会存在质权和留置权，故无须比较承包人就建设工程享有的优先受偿权是否优先于质权、留置权的问题。

按最高人民法院《关于建设工程价款优先受偿权问题的批复》规定，在建设工程性质上为商品房，且消费者已交付购买商品房的全部或者大部分款项时，承包人就该商品房享有的工程价款优先受偿权不得对抗买受人。即在消费者交付了商品房全部或者大部分款项，但商品房尚未登记在消费者名下时，变现建设工程以清偿相关债权时，承包人的优先受偿权劣后于消费者。对于该规定，结合《物权法》有关物权变动、物权登记公示的相关规定，我们认为可以细分为以下情形：

Ⅰ.消费者已交付商品房全部款项，并已办理房产证的，消费者已经取得商品房物权，该商品房不属于发包人所有，承包人自然不能就该部分商品房行使优先受偿权；

Ⅱ.消费者已交付商品房全部款项或者大部分款项，虽然未办理产权，但已办理预售登记的，因为预售登记为一种物权公示方式，预示消费者将确定的、排他的取得商品房物权，并排除其他任何对该不动产的处分，故已办理房屋预售登记的，也应以认为消费者对相应商品房享有物权为宜，承包人对于该部分商品房不能行使优先受偿权；

Ⅲ.消费者已交付商品房全部或者大部分款项，但未办理产证或者未办理预售登记的，则承包人可就相应商品房行使优先受偿权，但承包人行使优先受偿权时不得对抗消费者因不能取得商品房物权而享有的权利，如消费者按最高人民法院《关于审理商品房买卖合同纠纷案件适用法律若干问题的解释》规定享有的主张双倍返还已付购房款的权利等；

Ⅳ.消费者交付商品房款比例少于50%，且未办理预售登记的，承包人可以就该部分商品房行使优先受偿权，且可以对抗消费者因不能取得商品房物权而享有的权利，至于如何"对抗"、对抗后各方受偿次序如何，最高人民法院《关于建设工程价款优先受偿权问题的批复》未再进一步规定，但从该批复将购房者定性为"消费者"、从消费者权益保护角度给予购房者特别保护的角度看，也不宜因消费者交付款项的多寡而给予消费者过于悬殊的法律保护，故对于该情形，我们认为可以将承包人对该部分商品房的优先受偿权及消费者依法享有的权利按同清偿顺位处理，如该部分商品房变现价值不能清偿承包人、消费者全部债权时，承包人、消费者按比例同等受偿。

⑤承包人行使优先受偿权的债权范围。

按最高人民法院《关于建设工程价款优先受偿权问题的批复》规定，优先受偿的建筑工程价款"包括承包人为建设工程应当支付的工作人员报酬、材料款等实际支出的费用，不包括承包人因发包人违约所造成的损失"。从该规定看，优先受偿的建设工程款为承包人已为建设工程支付或者应当支付的建筑工人报酬、建筑材料款、施工机械使用费等实际支出的费用，而不包括承包人因发包人违约所造成的损失。从《合同法》第113条"当事人一方不履行合同义务或者履行合同义务不符合约定，给对方造成损失的，损失赔偿额应当相当于因违约所造成的损失，包括合同履行后可以获得的利益"的规定看，承包人因发包人违约所遭受的损失主要包括以下3种情形：（1）承包人因发包人违约而按施工合同相关条款计算的违约金、滞纳金等；（2）承包人因发包人违约不能继续建设工程而带来的预期利润损失；（3）承包人因发包人违约不能继续建设工程而致使承包人对其他第三人承担的责任、赔偿的损失等。前述三类"损失"均不在承包人优先受偿权的范围之内，承包人该等损失只能作为一般债权处理。

在建筑业实践中，承包人垫资承建建设工程的情况屡见不鲜，只要承包人垫付的费用属于"建设工程中应当支付的工作人员报酬、材料款等实际支出的费用"的范畴，也应确认承包人就该垫付部分享有优先受偿权。但基于承包人所垫付资金所计算的垫款利息，不属于"为建设工程实际支付的费用"的范畴，故承包人不能就对垫付款利息部分行使优先受偿权。

而对于装修装饰建设工程款的优先受偿范围，最高人民法院《关于装修装饰工程款是否享有合同法第二百八十六条规定的优先受偿权的函复》规定，"享有优先权的承包人只能在建筑物因装修装饰而增加价值的范围内优先受偿"。从建设工程的形成过程看，建设工程是一个持续施工、逐渐累积的物化过程，以商品房为例，商品房即包括了建筑工人对房屋地基、钢结构/框架结构等房屋基础、房屋空间的施工物化过程，也包括装修装饰工人为了房屋的宜居或者居住人的个人爱好而进行的装修、装饰物化过程。从最高人民法院前述规定看，指的应是装修装饰承包人可以就其施工形成的装修装饰物的变现价值行使优先受偿权，其并不参与原有建筑物的物化过程，故对原有建筑物的变现价值不能行使优先受偿权。实务中，当涉及装修装饰工程款优先受偿问题时，可以通过对原建筑物、装修装饰工程分别审价或者分别价值评估的方式，区分原建筑物、装修装饰工程各自的变现价值，以判断装修装饰承包人可以在多大范围内行使优先受偿权。

在美丽华公司破产清算一案中，两家建筑公司分别向管理人申报了债权，并以美丽华公司所欠付款项为建设工程款而主张就所涉建设工程变现价值优先受偿。管理人在调查该两家建筑公司施工范围、工程竣工验收材料、工程款结算材料、法院裁决文书以及以往向美丽华公司主张工程款相关材料后，认可了该两家建筑公司的大部分债权以及对美丽华公司相应建设工程变现价值的优先受偿权。在该案中，该两家建筑公司建设工程款均依法得到了优先清偿。

（六）对担保人所申报债权的审查

在破产企业经营过程中，可能也存在其他单位或个人为破产企业债务提供担保的情形，包括提供抵押物、质物或者信用担保等。按《物权法》《担保法》的规定，这些第三人在代破产企业向债权人偿还债务后，有权向破产企业追偿。在企业进入破产程序后，破产企业对外债务均视为到期，如第三人为破产企业债务提供担保的，债权人除可以按破产法规定向管理人申报债权外，也可以按其与第三人之间有关债务担保的约定要求第三人代破产企业清偿债务。《企业破产法》第124条也明确规定："破产人的保证人和其他连带债务人，在破产程序终结后，对债权人依照破产清算程序未受清偿的债权，依法继续承担清偿责任。"

关于为破产企业债务提供保证或担保的第三人在破产程序中的权利，《企业破产法》第51条规定："债务人的保证人或者其他连带债务人已经代替债务人清偿债务的，以其对债务人的求偿权申报债权。债务人的保证人或者其他连带债务人尚未代替债务人清偿债务的，以其对债务人的将来求偿权申报债权。但是，债权人已经向管理人申报全部债权的除外。"因此，在破产程序开展期间，如第三人已经代破产企业向债权人清偿的，则在代偿范围内，破产企业与债权人之间的债权债务关系终止，第三人在代偿范围内取得对破产企业债权，故在此情形下由第三人申报债权。而在破产程序开展期间，第三人可能仅代偿了部分债务或者尚未代偿债务，如第三人与债权人签订的担保合同可能约定第三人在往后一段时间才承担担保责任或第三人按确定的期数、时间分期代偿债务，这样，在破产程序开展期间，第三人其实还不负有承担担保责任的义务。因此，在破产程序中，也很有可能第三人尚未因代偿债务而取得对破产企业债权，在此情况下，按《企业破产法》的规定，也允许第三人以其将来求偿权申报债权，但如果债权人已经申报所有债权的，则应当不认可第三人所申报债权。简而言之，在这种情况下，如果债权人已经申报所有债权的，则其债权先在破产程序中从破产企业财产获得清偿，清偿不足部分，再要求提供担保的第三人清偿，如果债权人未申报债权的，则应认可第三人申报的所有债权，第三人先行以其将来求偿权从破产企业财产获得清偿，而后再向债权人承担担保责任。这两种方式，本质区别在于谁先获得破产企业清偿。实践中，一般债权人都会申报所有债权，但有时债权人会因为可向担保人主张担保责任而让担保人在破产程序中申报债权。

实践中，不同的第三人分别为破产企业债务提供担保的情况也时常出现，如某第三人以其财产为破产企业债务提供物的担保，而另一第三人则以其信用保证为破产企业清偿债务，此时，在企业破产的情况下，该等第三人均可能以将来求偿权向管理人申报所有债权。虽然《企业破产法》第51条未对该情形进行进一步的规定，但按该法第49条"申报的债权是连带债权的，应当说明"，第50条"连带债权人可以由其中一人代表全体连带债权人申报债权，也可以共同申报债权"，该等负有连带的担保责任的第三人作为连带债权人，向管理人申报债权时，应由其中一人申报债权或者全体共同申报债权。因此，在前述所有负有担保责任的第三人均向管理人申报债权情形下，应视为共同申报债权，至于共同债权在破产程序中获得的分配额，则由所有第三人按比例分配。在前述情况下，可能还存在更为复杂的情形，如提供物的担保的第三人与提供信用保证的第三人在担保责任承担上，存在先后承担担保责任或者在不同范围内承担担保责任的约定，如约定债权人先行就第三人提供的担保物受偿，受偿不足部分再由保证人补足等，在这些情况下，担保物最终可清偿多少债务并不可知、保证人最终承担多少保证责任也不可知。对此情形，我们认为仍应当认定该等第三人为连带债权人为宜，至于该等第三人最终承担担保责任后，其间追偿权如何平衡，由其按照保证合同/担保合同约定或者按照《担保法》规定处理，如保证人最终未承担保证责任，则其在破产程序中获得的分配额属于不当得利，应当返还予其他承担了担保责任的第三人。

在保证人向管理人申报债权的情况下，虽然按《担保法》规定，保证人分为了一般保证人和连带保证人，并将在不同条件下、按不同路径承担保证责任（如一般保证人在债权人穷尽必要方式向债务人追偿后才在债务人未足够清偿范围内承担保证责任，而连带保证人则在债务人未清偿到期债务时便负有代为清偿所有债务的保证责任），但在破产程序中，区分一般保证人和连带保证人并无意义，破产程序本身已经是债权人可向破产企业追偿的最后一次机会，而在破产程序中，其债权必然不能得到完整清偿，即无论一般保证人还是连带保证人都将在破产程序终结后承担保证责任，故在破产程序中，当审核保证人申报的债权时，并不需区分一般保证人或连带保证人。

管理人在审查保证人或者其他连带债务人所申报债权时，主要审查两部分：一部分是债权人是否对破产企业存在还在诉讼时效内的债权，只有债权成立，才有审查保证人或者其他连带债务人对破产企业是否有追偿权的必要；另一部分便是审查前述的保证人或者连带债务人对破产企业是否有追偿权，即保证合同或者其他担保责任是否依法设定、成立。如果两部分都审查无异议的，便应当以债权人对破产企业的债权数额为限，认可保证人或者其他连带债务人申报的债权额。

（七）管理人债权审查与债权人会议债权核查的区别与衔接

管理人对债权的核查工作构成了《企业破产法》下债权核查工作的主要部分，但管理人债权核查完毕后，并非债权核查工作即告结束，人民法院也并不依管理人核查结果裁定确认债权。按《企业破产法》规定，债权人会议享有核查债权的权利；管理人应向第一次债权人会议提交其编制的债权表，由债权人核查债权；债权人、破产企业经核查对债权表上登记的债权无异议的，人民法院才可以裁定确认债权。因此，管理人债权审查工作和债权人会议核查债权的区别在于两者法律后果不同：管理人债权审查工作虽然构成债权核查工作的主要部分，但并不发生最终确认债权的结果；而债权人会议核查债权虽然在多数情况下偏向形式审查，但经债权人会议核查无异议后，人民法院才可以裁定确认债权。由上，也可看出，两者存在前后衔接的关系：

第一，管理人核查债权、编制债权表，是债权人会议核查债权的基础。如没有管理人前期对债权属性的区分、对债权数额的核查，债权人会议无法实现对债权的核查。

第二，债权人会议核查债权是对管理人债权核查工作的递进。债权经债权人会议核查无异议后，人民法院才可以裁定确认债权，被裁定确认的债权才可以参与破产财产分配。如果没有债权人会议对债权的核查，债权就不能得到人民法院的裁定确认，管理人也将难以实施破产财产分配。

第三，债权人会议核查债权是对管理人债权核查工作的监督和复核。在破产程序中，破产企业财产已不足以清偿所有债务，所有债权人均应按法定顺序、按比例清偿，所有不实债权、不应享有优先受偿权的债权，均会损害其他债权的公平受偿权。因此，《企业破产法》赋予债权人核查破产企业所有债权的权限。而债权人会议上，债权人可以询问管理人债权核查有关事项，包括对某债权人某债权的核查根据等，而管理人也应当回答。再者，按《企业破产法》规定，债权表和债权申报材料由管理人保存，债权人有权查阅，如债权人对某笔债权存有异议的，除听取管理人说明外，也可以查阅债权申报材料。因此，债权人会议行使核查债权职权，有利于督促管理人依法、尽责开展债权核查工作。

在美丽华公司破产清算一案中，管理人在核查债权人所申报债权时，使用债权核查联系单（见表2-1）与债权人提前沟通债权核查情况，以为后续编制债权表做好准备。而表2-2则为管理人在该案中编制的债权表。

表2-1

债权核查结果通知

货币单位：人民币，元

债权人				
债权人债权申报情况	本金（求偿权）	损失赔偿（违约金/利息）	其他损失	债权总额	债权性质 普通债权
管理人债权核查结果	本金（求偿权）	损失赔偿（违约金/利息）	其他损失	债权总额	债权性质 普通债权
管理人债权核查结果主要根据				
管理人特别提示	1.本债权核查结果通知，为管理人对申报债权的初步审查意见，最终债权金额以法院裁定为准。 2.债权人收到本通知后，请在《债权核查结果通知回执》中的"债权人对审查结果的意见"一栏中填写意见，如认可管理人审查意见的，请填写"无异议"，并签字盖章；如有异议的，请填写"有异议"，并签字盖章。 3.不管债权人审查结果的意见为"无异议"还是"有异议"，请债权人在接到本债权核查结果通知后，将《债权核查结果通知回执》递交管理人联系方式为：_____ 4.为避免债权人确定对债权人权益造成损害，如债权人对债权审查结果有异议的，请债权人在收到本通知后的5日内向管理人说明异议理由并提供相应证据材料，债权人也可以根据《企业破产法》有关规定向受理破产申请的法院提起债权确认诉讼。

XX 公司管理人
（印鉴）

日期：xxxx 年 xx 月 xx 日

表2-1(续表)

债权核查结果通知 回执

货币单位：人民币，元

债权人				
债权人债权申报情况	本金（求偿权）	损失赔偿（违约金/利息）	其他损失	债权总额	债权性质 普通债权
管理人债权核查结果	本金（求偿权）	损失赔偿（违约金/利息）	其他损失	债权总额	债权性质 普通债权
管理人债权核查结果主要根据					
管理人特别提示	1. 本债权核查结果通知，为管理人对申报债权的初步审查意见，最终债权金额以法院裁定为准。 2. 债权人收到本通知后，请在"债权核查结果通知回执"中的"债权人对审查结果的意见"一栏中填写意见。如认可管理人审查意见的，请填写"无异议"，并签字盖章；如有异议，请填写"有异议"，并签字盖章。 3. 不管填写债权审查结果的意见为"无异议"还是"有异议"，请债权人提交"债权核查结果通知回执"。 管理人联系方式为：___ 4. 为避免债权不确定对债权人权益造成损害，如债权人对债权审查结果有异议的，请债权人在收到本通知后的5日内向管理人说明异议理由并提供相应证据材料，债权人亦可以根据《企业破产法》有关规定向受理破产申请的法院提起破产债权确认诉讼。				
债权人对审查结果的意见					

XX 公司管理人
（印鉴）
日期：xxxx年xx月xx日

表2-2
×××公司破产清算案债权汇总表

序号	债权人名称	申报债权金额（单位：人民币，元）			管理人核查认可债权金额（单位：人民币，元）		
		无财产担保金额	有财产担保金额	合计金额	无财产担保金额	有财产担保金额	合计金额
1							
2							
3							
4							
5							
6							
7							
8							
9							
10							
11							
12							
13							
14							
15							
16							

二、劳动债权调查

（一）劳动债权调查概述

《企业破产法》规定：人民法院审理破产案件应当依法保障企业职工的合法权益；债权人会议应当有破产企业的职工和工会的代表参加；债权人委员会应有一名破产企业的职工代表或者工会代表；劳动债权优先于普通债权、优先于破产企业拖欠的税款受偿；等等。其均表明职工权益在破产程序中应得到足够的重视和优先的保护。破产企业所欠职工工资、补偿金、医疗伤残补助等，均涉及职工个人及其家庭生活，故给予职工权益特别的、优先的保护无可厚非。将职工列于优先保护的地位，也是破产法实践所形成的一般规则，如美国《破产法典》第507条规定，工资、薪水或者佣金具有优先权，受偿次序仅次于"经批准的管理费用"和"针对破产财产的经过评估的酬金和费用"；如法国《商法典》第六卷困境企业第二小节也规定"在开始进行司法重整或者司法清算程序的情况下，由劳动合同产生的债权受劳动法典、民法典所规定优先权的保护"，且"即使存在其他债权，受劳动法典保护的优先权债权，如司法管理人拥有必要的资金的，应由其根据特派法官的裁决，在开始进行司法重整或者司法清算程序的判决宣布后的10日内予以偿还"。

从《企业破产法》第113条规定看，破产法保护的职工权益包括工资，医疗、伤残补助，抚恤费用，社会保险费及补偿金。这些权益均为职工依照劳动法而享有的权益，既包括直接支付职工的工资、经济补偿金及补助等，也包括非直接支付给职工而缴纳至相关政府部门的社会保险费用，因此，以一般用于民商法领域的"债权"来定性这些职工权益，并不是很相宜，但考虑到《企业破产法》将管理人对职工权益的调查规定在"债权申报"一章，故权且以"劳动债权"冠之。

与其他债权人需先向管理人申报债权方得在破产程序中行使权利不同，按《企业破产法》第48条规定，职工并不需就破产企业拖欠的工资等向管理人申报债权，相反，管理人负有主动调查劳动债权的职责。《企业破产法》作此规定，大概是为了避免职工因法律意识淡薄或者文化水平有限等原因未能依法申报债权而遭受权益上的损失；也可能是为了节省职工因申报债权而产生的费用（如聘请律师费用等）。

其他债权人申报债权受期限限制，如债权人未在人民法院确定的债权申报期限内申报债权的，管理人有权就核查其补充申报的债权而收取必要的费用。而管理人调查劳动债权不受期限限制，管理人应尽量翔实调查破产企业拖欠劳动债权情况。当然，管理人也有责任尽快调查清楚劳动债权，以便在有财产可供清偿时，及时向职工清偿。

管理人调查完毕劳动债权后，应列出劳动债权清单并予以公示。职工对清单记载的劳动债权有异议的，可以要求管理人更正，而管理人应当进行复核或者补充调查；如管理人经复核或者补充调查，不按职工异议意见进行调整，而职工仍然有异议的，职工有权向受理破产案件的人民法院提起诉讼。

以下将分别阐述破产清算中的劳动债权调查和劳动债权清偿。

（二）破产企业职工范围

《劳动法》第16条规定"劳动合同是劳动者与用人单位确立劳动关系、明确双方权利和义务的协议。建立劳动关系应当订立劳动合同。"该条规定要求用人单位在与职工建立劳动关系时，应当与职工签订劳动合同，以明确双方权利、义务，保障职工的劳动者权益。但在实践中，却有部分单位以此认为职工和用人单位的劳动关系始于双方间劳动合同的签订，未签订劳动合同便不建立劳动关系，由此导致部分用人单位用工不签订劳动合同，企图逃避承担相关用工义务。对此，劳动部于2005年作出《关于确立劳动关系有关事项的通知》［劳社部发（2005）12号］，明确在用人单位、职工均符合劳动法所规定主体资格情况下，职工在用人单位管理下开展业务并领取报酬的，双方间劳动关系即告成立，而不论用人单位与职工间是否订立书面劳动合同。

2008年实施的《劳动合同法》则在前述规定和实践的基础上，于第7条、第10条分别规定"用人单位自用工之日起与劳动者建立劳动关系""建立劳动关系，应当订立书面劳动合同"。由此，在法律层面明确了"劳动关系"和"劳动合同"间的关系——劳动关系的成立与存续不依赖于书面劳动合同的订立，但用人单位应当与职工订立书面劳动合同以明确劳动关系内容。因此，法律并不否认事实劳动关系的存在，法律给予事实劳动关系中的劳动者同等的保护。故，在企业破产案件中，梳理破产企业职工清单时，除签订劳动合同的人员为破产企业职工外，也包括未与破产企业签订劳动合同但存在事实劳动关系的人员。对于事实劳动关系的判定，可以依照劳动部《关于确立劳动关系有关事项的通知》，从以下几个方面进行综合判断：第一，招聘、录用这些人员的相关记录，如人员登记表、录用通知、董事会

(或其他管理部门)作出的聘请通知等;第二,向这些人员支付工资的凭证或记录,如这些人员现金签领表或银行划款记录等;第三,为这些人员缴纳各项社会保险费的记录,或者委托其他单位为这些人员缴纳社会保险费的协议、文件等;第四,这些人员在破产企业的工作记录,包括考勤记录、工作报告等。

实践中,已具备破产原因的企业一般存在欠付工资或者欠缴社保费的情况,在此情况下,部分职工(有时甚至是所有职工)会通过申请劳动仲裁或向劳动保障行政部门投诉举报的方式,保护自身合法权益。在劳动仲裁审理过程中或者劳动保障行政部门调查过程中,均会收集相关证据材料,以明确职工主体资格、破产企业欠付工资数额等。故对于劳动仲裁裁决书或者劳动保障行政部门决定书中载明的破产企业职工,在劳动债权调查过程中,一般可直接确定为破产企业职工。当然,管理人在调查过程中,如发现破产企业或者相关人员在劳动仲裁、劳动保障行政部门调查中捏造事实、弄虚作假,虚列企业职工的,则应当予以剔除。

此外,劳动合同用工虽然是企业用工的基础形式,但随着劳务派遣制度的广泛应用,企业接受劳务派遣的情形也普遍存在。在劳动关系上,被派遣人员与劳务派遣单位订立劳动合同,建立劳动关系;在用工关系上,劳务派遣单位非实际用工单位,劳务派遣单位通过与用工单位签订劳务派遣协议的方式将劳动者派遣至用工单位,接受劳务派遣的单位为实际用工单位。换言之,被派遣人员与用工单位建立的不是劳动关系,而是用工关系。那么,在企业进入破产程序时,这些与破产企业建立用工关系的人员是否也属于《企业破产法》所保护的劳动者?如果不是,那么破产企业欠付这些被派遣人员的劳动报酬、社会保险费等只能由劳务派遣单位依照劳务派遣协议的约定向管理人申报债权,作为一般债权处理。我们认为,对于该情形应当具体问题具体分析,而分析的关键在于劳务派遣单位与破产企业签订的劳务派遣协议是否就用工的退回和相关责任的承担进行约定。而作此分析之前,有必要先了解以下几条规定:①《劳动合同法》第58条规定:"劳务派遣单位是本法所称用人单位,应当履行用人单位对劳动者的义务";②《劳动合同法》第63条规定:"被派遣劳动者享有与用工单位的劳动者同工同酬的权利";③《劳动争议调解仲裁法》第22条规定:"劳务派遣单位或者用工单位与劳动者发生劳动争议的,劳务派遣单位和用工单位为共同当事人";④《劳动合同法》第59条规定:"劳务派遣单位应当与用工单位订立劳务派遣协议,劳务派遣协议应当约定派遣岗位和人员数量、派遣期限、劳动报酬和社会保险费的数额与支付方式以及违反协议的责任";⑤《劳动合同法》第60条规定:"劳务派遣单位应当将劳务派遣协议的内容告知被派遣劳动者"。从上述相关规定可见,对于劳动者而言,其劳动者权益终将得到保护,不是在劳务派遣单位处实现,就是在用工单位处实现;而对于劳务派遣单位和用工单位而言,两者签订的劳务派遣协议性质上近似民事合同,既可以约定双方间的权利义务,也可以约定双方分别对被派遣人员的义务。因此,在用工单位破产程序中,如果按劳务派遣协议约定,一些劳动者权益应由劳务派遣单位承担,则相应部分应由劳务派遣单位承担,而不列入用工单位拖欠的劳动债权;相反,如果按劳务派遣协议约定,一些劳动者权益应由用工单位承担的,则应由用工单位承担并列入劳动债权清册;而如果劳务派遣协议未约定的,鉴于被派遣劳动者享有与用工单位劳动者同工同酬的权利,故将被派遣劳动者的相关权益列入用工单位拖欠的劳动债权为宜。而对于劳务派遣单位因为用工单位违反劳务派遣协议而可向用工单位主张的违约责任等,则不属于劳动债权范畴,劳务派遣单位可以就此向管理人申报债权,按普通债权处理。因此,如破产企业存在录用劳务派遣人员情形的,则在一些情况下,也应将劳务派遣人员列入破产企业职工清单之列。

另外,在一些破产案件中可能还会涉及退休返聘人员,即破产企业聘请的已达到退休年龄的人员。因《劳动合同法实施条例》第21条规定:"劳动者达到法定退休年龄的,劳动合同终止",因此,企业与达到法定退休年龄的人员无法建立劳动关系,而最高人民法院《关于审理劳动争议案件适用法律若干问题的解释(三)》[法释(2010)12号]则对此作了进一步阐释,其第7条规定:"用人单位与其招用的已经依法享受养老保险待遇或领取退休金的人员发生用工争议,向人民法院提起诉讼的,人民法院应当按劳务关系处理"。因此,企业与达到法定退休年龄人员建立的关系非劳动关系,而为一般民事上的劳务关系。在破产企业聘请外籍人员(包括港澳台人员)的情况下,也需要留意外籍人员是否办理了就业证,按最高人民法院《关于审理劳动争议案件适用法律若干问题的解释(四)》[法释(2013)4号]第14条规定:"外国人、无国籍人未依法取得就业证件即与中国境内的用人单位签订劳动合同,以及香港特别行政区、澳门特别行政区和中国台湾地区居民未依法取得就业证件即与内地用人单位签订劳动合同,当事人请求确认与用人单位存在劳动关系的,人民法院不予支持",因此,对于破产企业与未办理就业证外籍人员所建立的关系也非劳动关系，认定为一般民事上的劳务关系较为妥当。对于退休返聘人员或未办理就业证外籍人员可向破产企业主张的劳务费用，性质上属于普通债权，不属于破产法所规定的位列第一清偿顺位的劳动债权，相应地，他们需要就其可向破产企业主张的劳务费用向管理人申报债权，如未申报的，则不能在破产程序中行使权利。

（三）对各项劳动债权的调查

从《企业破产法》第113条规定看，破产法保护的职工权益包括工资、医疗、伤残补助、抚恤费用、社会保险费及补偿金。每项职工权益均需基于不同规定、不同事实而进行调查：

①破产企业欠付工资。

Ⅰ."工资"的内涵。

工资，也就是职工为企业提供劳动而获得的报酬，"工资"由多个项目组成，特别是在企业绩效管理、福利管理较为规范的情况下，职工所领取的工资组成就较为复杂，其中一般包括了基础工资、绩效工资、加班费、奖金、补贴等。对于"工资"的内涵，统计局于1990年颁布的《关于工资总额组成的规定》作了规定，劳动部又在其1995年颁布的《关于贯彻执行〈中华人民共和国劳动法〉若干问题的意见》作了规定，两者对"工资"内涵所作的规定基本一致，即"工资"一般包括计时工资、计件工资、奖金、津贴和补贴、延长工作时间的工资报酬以及特殊情况下支付的工资等，而不包括：①单位支付给劳动者个人的社会保险福利费用，如丧葬抚恤救济费、生活困难补助费、计划生育补贴等；②劳动保护方面的费用，如用人单位支付给劳动者的工作服（或相应购置费）、清凉饮料费用等；③按规定未列入工资总额的各种劳动报酬及其他劳动收入，如根据国家规定发放的创造发明奖、国家星火奖、自然科学奖、科学技术进步奖、合理化建议和技术改进奖、中华技能大奖等，以及稿费、讲课费、翻译费等。

以上"奖金"指的用人单位是因职工达到或超额完成生产任务、销售任务、创收任务而给予职工的奖励，或者用人单位因职工维持或者减少生产费用、销售费用支出而给予的奖励，或者因职工遵守单位考勤等各项规章制度而给予的奖励。在实务中，一般体现为绩效奖、季度奖、年终奖、考勤奖等。"津贴"指的是用人单位为了补偿职工特殊或额外的劳动消耗而给予的津贴，或者基于职工工龄、技术贡献等情形而给予津贴，在实务中，前者一般体现为高空作业津贴、井下作业津贴、高温作业津贴、夜班津贴等，而后者一般体现为工龄津贴、技术津贴等。"补贴"指的是用人单位为了减少物价波动对职工工资影响或者减少某些特定开支对职工工资影响，而支付给职工的补贴，在实务中，一般体现为住房补贴、交通补贴、通信补贴等。

当然，以上只是说明了"工资"包括了哪些内涵，并不是说每个企业发放给职工的工资均由这些部分组成，具体企业的"工资"包括了哪些部分，和企业所属行业、企业经营效益、企业所实施的规章制度息息相关。有些企业可能给予职工奖金、各类津贴、补贴，而有些企业可能只向职工发放基本工资；有些企业所有职工的工资构成可能较为一致，而有些企业则可能针对不同岗位、不同级别的职工实施不同的工资核算制度。因此，在核算破产企业所拖欠职工工资情况时，应当调查破产企业每位职工工资的构成情况，避免在统计所拖欠职工工资数额时有所缺漏，也避免超付工资。

Ⅱ.对欠付工资期间的确定。

按《企业破产法》规定，不论是企业自行申请破产，还是债权人申请对企业进行破产清算，破产企业均应向人民法院说明其工资支付情况。在实践中，破产企业一般会说明其从何时起欠付工资。而管理人在接管破产企业财务资料后，也可以通过查阅破产企业工资发放相关记录予以复核。

实践中，破产企业停付职工工资时，一般同时停发，但是从企业经营情况恶化到破产原因的具备再到进入破产程序，会历时一段时间，期间企业也会随着经营调整对相关岗位、人员进行分流调整，故也会存在部分职工工资停发、部分职工工资继续发放，或部分职工工资全发、而部分职工工资仅发放部分的情形。因此，管理人接管破产企业后，可要求破产企业法定代表人或者人事部门人员详列破产企业欠付职工工资的具体情况，包括欠付工资的起始年月等，然后再结合破产企业财务资料、相关劳动仲裁裁决书或劳动保障行政部门决定书等予以复核。

而关于应付职工工资期间计算至何时，则应当根据劳动关系解除时间确定，劳动关系何时解除，工资便计付至何时。实务中，有些职工因企业拖欠其一个月或者几个月的工资，便在企业进入破产程序前解除了劳动关系；有些职工则可能一直未与企业解除劳动关系，直至企业进入破产程序也不与企业解除劳动关系。按《劳动合同法》规定，破产企业与职工间的劳动关系自人民法院宣告企业破产之日解除，因此，在企业进入破产程序至企业被宣告破产期间，如职工未与破产企业解除劳动关系的，则应付职工工资期间的时间节点为人民法院宣告企业破产之日。

在破产程序中，关于破产企业与职工间劳动关系的解除，有些职工存在误解，认为劳动关系还存在，管理人或者人民法院、甚至政府便应对其负责，劳动关系解除后，其权益便没有保障。其实，企业进入破产程序后，管理人的立场为公平对待每一位债权人，对于劳动者也是一样的，不会因职工已离职而不闻不问，亦不会因劳动关系还存续而给予这些职工特别照顾。职工也不应认为等企业被宣告破产，其"被动"解除劳动关系了，才可以拿到补偿金，其实在破产企业已存在欠付工资、欠缴社保费用的情况下，职工主张解除劳动关系时同样可以要求管理人依法核算应付经济补偿金。只要消除了这些误解，相当一部分劳动者会选择与破产企业解除劳动关系，毕竟"熬"到人民法院宣告企业破产的最后一刻，并不是最优选择，及时重新择业才是明智之举。当然，这也需要管理人在办案过程中，对破产企业职工进行释明、疏导，消除职工不必要的疑虑。

Ⅲ. 对工资标准的确定。

在正常情况下，对职工工资标准按查明的职工工资各项组成认定即可。但在企业破产案件中，却时常需要对职工工资标准进行调整，因为企业具备破产原因后，一般会停工停产或者部分停工停产，在此情况下，劳动者便不会向企业提供如之前一样天数、时长、内容的劳动。

劳动部在1994年颁布的《工资支付暂行规定》第10条规定："非因劳动者原因造成单位停工、停产在一个工资支付周期内的，用人单位应按劳动合同规定的标准支付劳动者工资。超过一个工资支付周期的，若劳动者提供了正常劳动，则支付给劳动者的劳动报酬不得低于当地的最低工资标准；若劳动者没有提供正常劳动，应按国家有关规定办理。"按该条规定，企业停工停产超过一个工资支付周期的（通常即为1个月），则企业可以按劳动者提供的劳动情况，在原工资标准以下支付工资。

在前述《工资支付暂行规定》的基础上，各方也出台了相关的企业工资支付办法，如上海市在2003年颁布了《上海市企业工资支付办法》，其在第12条规定："用人单位停工、停产在一个工资支付周期内的，应当按约定的标准支付劳动者工资。超过一个工资支付周期的，用人单位可根据劳动者提供的劳动，按双方新约定的标准支付工资，但不得低于本市规定的最低工资标准。"因此，对于上海企业停工停产的，企业可以与职工在原工资标准以下议定新的工资标准，但议定的工资标准不得低于上海市规定的最低工资标准。如2017年度，上海市规定的最低工资为2 300元，企业与职工议定的新工资标准便不得低于2 300元。但在实践中，企业遇一时经营之障碍（如订单减少、生产线调整等）而与职工议定新工资标准的情况时多有发生，而企业面临破产清算境地时却鲜与职工议定新的工作标准，主要原因可能在于企业遇一时经营之障碍时，企业主认为有必要通过调减工资以节省开支，而企业面临破产清算境地时，企业主却多有"破罐子破摔"的心态，一方面，认为与职工议定较低的工资标准并不足以使企业"起死回生"，和职工谈较低的工资标准属于"谈了白谈"；另一方面，企业面临破产清算境地，一般工资都会有发放不及时、未全额发放的问题，这时再要求职工降低工资标准，会促发职工不满情绪。因此，破产清算的企业一般都有停工停产情形，但一般未与职工议定停工停产期间的工资标准。在此情况下，我们认为对于破产企业职工停工停产工资标准，可以按以下方式确定：

第一，如果议定新工资标准的，则以议定的工资标准确定；

第二，如果没有议定新工资标准，而职工提供劳动的，按职工原工资标准及其提供劳动的天数、小时数确定。职工提供劳动的天数、小时数按考勤记录核算；有关职工每天工资数额、每小时工资数额，可按劳动部《关于职工全年月平均工作时间和工资折算问题的通知》［劳社部发（2008）3号］规定折算。如破产企业没有考勤记录的，则职工应提供其工作天数或者小时数的初步证据。如企业认为职工没有提供劳动，而职工也不能提供其提供劳动的初步证据的，则应认为职工未提供劳动为宜。

第三，如果没有议定新工资标准，而职工也未提供劳动的，参照当地规定的最低工资标准确认。需要明确的是，所谓最低工资标准，按劳动部《最低工资规定》规定是指"劳动者在法定工作时间或依法签订的劳动合同约定的工作时间内提供了正常劳动的前提下，用人单位依法应支付的最低劳动报酬"，故在职工未提供劳动的情况下，直接以最低工资标准确定职工工资似有不妥之处。但从《工资支付暂行规定》以及《上海市企业工资支付办法》中以"最低工资标准"作为工资标准的底线看，除了以最低工资标准确定职工工资外，也再没有别的标准可供参考，故上海地区，对于破产企业停工停产期间的职工工资标准，一般按相应年度的最低工资核算。相比较而言，北京市、广东省的规定则较为明确和方便适用，如《北京市工资支付规定》规定"非因劳动者本人原因造成用人单位停工、停业的……用人单位没有安排劳动者工作的，应当按照不低于本市最低工资标准的70%支付劳动者基本生活费"；如《广东省工资支付条例》规定"非因劳动者原因造成用人单位停工、停产……用人单位没有安排劳动者工作的，应当按照不低于当地最低工资标准的80%支付劳动者生活费，生活费发放至企业复工、复产或者解除劳动关系。"因此，关于停工停产期间的工资标准，也需结合地方规定确定。

②破产企业欠付补偿金。

在企业破产程序中，劳动关系的解除一般是因为企业欠付工资、欠缴社会保险费或者被人民法院宣告破产，这些情形下的劳动关系解除，均需核算应向职工支付的补偿金。但在劳动法领域，因为有关"补偿金"的各层级、各种规定纷繁复杂，"补偿金"便成为一个内涵、外延均相当复杂的概念。整理各类有关"补偿金"的法律规定、通知、函复、批复，有关经济补偿金的规定主要来源于《劳动法》《劳动合同法》以及劳动部颁布的《违反和解除劳动合同的经济补偿办法》。《劳动法》《劳动合同法》同属于法律层面，而在劳动关系解除、经济补偿金计付方面，《劳动合同法》对《劳动法》进行了细化规定，并在一些方面进行了拓展，因此，在经济补偿金方面的规定，《劳动合同法》已覆盖了《劳动法》，在适用上，可以以《劳动合同法》规定为准。《劳动合同法》规定的经济补偿金为在解除劳动关系时，企业按职工在企业工作年限及其前12月平均工资而计算所得的应向职工支付的经济补偿金。《劳动合同法》在立法时认为，经济补偿是企业承担社会责任的主要方式之一，在我国失业保险制度建立健全过程中，经济补偿可以有效缓减失业者的焦虑情绪和生活实际困难，维护社会稳定，形成社会互助的良好氛围；并认为经济补偿不同于经济赔偿，不是一种惩罚手段❶。正因为如此，《劳动合同法》未在"经济补偿金"之外再规定"补充经济补偿金"，以避免用人单位所承担社会责任的再扩大。

"补充经济补偿金"规定于劳动部1995年《违反和解除劳动合同的经济补偿办法》，该办法目前仍然有效。该办法第3条规定"用人单位克扣或者无故拖欠劳动者工资的，以及拒不支付劳动者延长工作时间工资报酬的，除在规定的时间内全额支付劳动者工资报酬外，还需加发相当于工资报酬25%的经济补偿金"；第4条规定"用人单位支付劳动者的工资报酬低于当地最低工资标准的，要在补足低于标准部分的同时，另外支付相当于低于部分25%的经济补偿金"；第10条规定"用人单位解除劳动合同后，未按规定给予劳动者经济补偿的，除全额发给经济补偿金外，还须按该经济补偿金数额

---

❶ 全国人民代表大会常务委员会法制工作委员会.中华人民共和国劳动合同法释义[M].北京：法律出版社，2007：174.

的50%支付额外经济补偿金"。由上规定可以看出,"补充经济补偿金"实际上是一种对企业的惩罚措施。

《企业破产法》以巧妙的方式绕开了上述各种"补偿金"的纠缠,其规定应付职工的"补偿金"为"法律、行政法规规定应当支付给职工的补偿金",即明确由劳动部作出的部门规章——《违反和解除劳动合同的经济补偿办法》所规定的"补充经济补偿金"不属于《企业破产法》所规定的"补偿金"。《企业破产法》该规定,其实也是其权衡各方面权益的体现:一方面,《企业破产法》已将劳动债权置于优先于其他债权人受偿的次序,甚至优先于国家应征收的税款,显而易见,如破产企业需清偿的劳动债权越多,下一顺位债权受偿额就越小,如认可"补充经济补偿金",那么在破产企业欠付工资、补偿金的情况下,劳动债权必然增大,按《违反和解除劳动合同的经济补偿办法》规定,欠付的工资将增大25%,欠付的补偿金将增大50%。举例而言,如果破产企业欠付的工资为100万元,增加25%便增加了25万元,如果欠付的经济补偿金为50万元,增加50%补充经济补偿金便增加25万元,劳动债权便整体上增加了50万元。这样,这些本该由下一顺序受偿的50万元,便被职工获得。这样,《违反和解除劳动合同的经济补偿办法》中的"补充经济补偿金"惩罚结果实际由其他债权人承担。在这里,并不是说这些款项被职工获得没有任何合理根据,而是说作为各种合法权益的权衡,不能在给予一项合法权益倾向性保护的时候,过多地侵蚀其他方的合法权益。而另一方面,从职工内部看,在破产财产不足以清偿所有劳动债权的情况下,适用"补充经济补偿金"也有可能造成职工劳动债权的不公平受偿,举例而言,如用于清偿劳动债权的破产财产只有10万元,欠付职工A、B、C各4万元、6万元、10万元,那么A、B、C的受偿比例为50%,A、B、C各获得2万元、3万元、5万元清偿款,假定A、B、C劳动债权中工资均为2万元,其余皆为补偿金,则适用《违反和解除劳动合同的经济补偿办法》中"补充经济补偿金"规则后,A的劳动债权增大为5.5万元($2\times25\%+2\times50\%+4$),B劳动债权增大为8.5万元($2\times25\%+4\times50\%+6$),C劳动债权增大为14.5万元($2\times25\%+8\times50\%+10$),A、B、C劳动债权合计为28.5万元,劳动债权清偿比例为35.087 7%(10/28.5),A、B、C获得的清偿款分别为19 298.25元、29 824.56元和50 877.19元,由此可见,A、B、C的受偿额分别受"补充经济补偿金"不同程度的影响而变化,A和B所获得清偿款均比之前有所减少,而C所获得的清偿款有所增加。而实践中，欠付工资、补偿金较多的职工并不一定因为其拖欠的月份比别的职工长，更大的可能是其为破产企业中工资标准较高的企业管理层人员；欠付工资、补偿金较少的职工并不一定因为其拖欠的月份比别的职工短，更大的可能是其为破产企业中工资标准较低的企业基层人员。换言之，高工资标准职工将依借"补充经济补偿金"效应侵蚀工资标准较低人员的受偿款。同理，如果破产企业不是同时停发工资的（如照常向保安人员、部分留守人员支付工资），则在适用补充经济补偿金的情况下，因继续领取工资而欠付工资数较少的职工，也会因补充经济补偿金的计算而被摊薄受偿额。

③破产企业欠缴社会保险费。

按《劳动法》《劳动合同法》规定，用人单位与劳动者建立劳动关系后，应当依法为职工缴纳社会保险费。社会保险为一总称，其中包括了基本养老保险、基本医疗保险、失业保险、工伤保险和生育保险5种险种，社会保险费也由前述五项社会保险分别对应的社会保险费加总构成。而在社会保险费承担方面，一部分社会保险费由用人单位承担，另一部分则由职工个人承担，个人承担部分由用人单位从职工工资中代扣代缴。如以2017年上海市职工社会保险缴费标准为例，用人单位和个人社会保险费缴纳比例如表2-3。

表2-3 职工社会保险缴纳比例

养老保险		医疗保险		失业保险		生育保险	工伤保险
单位	个人	单位	个人	单位	个人	单位	单位
20%	8%	9.5%	2%	0.5%	0.5%	1%	0.5%～1.9%

需要注意的是，社会保险作为社会保障机制的一方面，其内容、内涵也随着经济发展而变化，并非一蹴而就，如1997年国务院颁布的《关于建立统一的企业职工基本养老保险制度的决定》确立了现今基本养老保险制度，1998年国务院颁布的《关于建立城镇职工基本医疗保险制度的决定》确立了现今的基本医疗保险制度，而现今工伤保险的确立则要推迟至2003年国务院颁布实施的《工伤保险条例》。上述由五个险种构成的社会保险，是目前而言社会保险的完整形式。但在不同省市、针对不同人群职工，则可能实施不同的社保保险制度，如在2011年之前，上海市针对不同人群职工，实施了三种不同类型的社会保险制度：适用于上海市区城镇户籍职工的"城镇

保险"，适用于上海郊区具有上海市户籍职工的"小城镇保险"，以及适用于不具有上海市常住户籍外省市人员的"外来从业人员综合保险"，三种类型社会保险制度下，所涉及的社会保险类别、社会保险待遇、社会保险费率、用人单位和职工的缴费比例均有所不同。2011年，上海市开始实施社会保险并轨的统一，即将"小城镇保险""外来从业人员综合保险"逐步过渡为"城镇保险"，"小城镇保险"向"城镇保险"的过渡期为三年，"外来从业人员综合保险"向"城镇保险"的过渡期为五年。目前，前述过渡期均已届满，"小城镇保险""外来从业人员综合保险"均已被城镇保险所替代。但如破产企业拖欠职工较长时间社会保险费的话，在核算相应欠缴社会保险费时，还是将涉及"小城镇保险""外来从业人员综合保险"这两种制度下的社会保险费计算方式。如一上海破产企业从2013年6月开始欠缴职工社会保险，如其职工应缴社会保险类别原为"小城镇保险"的，核算企业应为其缴纳社会保险时，则应分段核算其适用"小城镇保险"期间欠缴的社会保险费数额及过渡至适用"城镇保险"期间欠缴的社会保险费数额。前述以上海市为例，在核算破产企业欠缴社会保险费时，应当根据当地实施的社会保险制度以及职工所适用的社会保险类别加予确定，不能不加以区别地"一刀切"。

在核算破产企业欠缴的社会保险费时，管理人可以依据《社会保险费征缴暂行条例》的规定，将调查所得的所欠缴社会保险费职工名单、职工欠缴社会保险费期间、职工缴社会保险费基数等信息，提交至相应的社会保险办理中心，由该社会保险办理中心依《社会保险费征缴暂行条例》所规定的职责，核定破产企业应缴社会保险费数额。管理人自行计算应缴社会保险费数额，一方面将不可避免地耗费较长时间和工作量，另一方面（也是更为重要一方面）也可能因不熟悉当地社会保险规定、政策而出现计算错误，而如该错误发生在破产财产分配之后，该错误简直就无法弥补，社会保险办理中心很难接受错误的社会保险费。因此，我们认为，无论如何，管理人在调查破产企业拖欠社会保险费过程中，应当保持与当地社会保险经办机构的沟通，条件允许的，应争取当地社会保险经办机构按《社会保险费征缴暂行条例》协助核定破产企业应缴社会保险费数额，以免出现难以修正的错误。

在核算破产企业欠缴社会保险费时，另一个需要注意的是，《企业破产法》将破产企业欠缴的社会保险费分为两部分，并规定在不同的清偿顺序里面，"应当划入职工个人账户的基本养老保险、基本医疗保险费用"被规定在了与工资、补偿金同等的第一清偿顺序,"应当划入职工个人账户的基本养老保险、基本医疗保险费用"以外的社会保险费用则被规定在了与税款同等的第二清偿顺序。因此,在破产企业的财产不足以清偿所有应缴的社会保险费时,便需要从社会保险费中单独计算出"应当划入职工个人账户的基本养老保险、基本医疗保险费用"的数额,而该部分数额,并不在社会保险经办机构所核定的社会保险费中单独呈现,而按目前实践看,社会保险经办机构也不会按管理人要求或申请将破产企业应缴纳的社会保险费再拆分核算为"应当划入职工个人账户的基本养老保险、基本医疗保险费用"以及其他欠缴社会保险费两部分。从我们与社会保险经办机构沟通情况看,社会保险经办机构普遍认为,社会保险费缴纳时,应作为一个整体缴纳,而不能分为存在前后清偿的两部分来分别缴纳(社保经办机构的该种认识与破产法规定的相悖,也造成了社会保险费补缴时的一个难题,以下将再述及)。这样,管理人便需要自行计算"应当划入职工个人账户的基本养老保险、基本医疗保险费用"。按1997年国务院颁布实施的《关于建立统一的企业职工基本养老保险制度的决定》,"按本人缴费工资11%的数额为职工建立基本养老保险个人账户,个人缴费全部记入个人账户,其余部分从企业缴费中划入",各地方也在此规定的基础上,制定了有关"个人养老保险账户"的规定,如《上海市城镇职工养老保险办法》规定,应当划入个人养老保险账户的养老保险费包括:"(一)个人缴纳的养老保险费;(二)单位缴纳的养老保险费计入个人账户的部分:(1)按在职人员个人缴费基数(不超过上一年度按全市在职人员月平均工资收入150%的部分)的一定比例(企业和自收自支的事业单位为8%,机关、全额预算事业单位为10%,差额预算事业单位为9%)计入的数额,以及(2)按上一年度全市在职人员月平均工资收入的5%计入的数额。"再如《上海市小城镇社会保险暂行办法》规定,"用人单位、征地单位、从业人员按规定缴纳补充社会保险费后,经办机构应当为参加补充社会保险的从业人员、被征地人员建立个人账户。用人单位、征地单位为从业人员、被征地人员缴纳的补充社会保险费和从业人员个人缴纳的补充社会保险费全额记入个人账户"。

而对于应当划入个人账户的基本医疗保险费用,1998年国务院颁布实施的《关于建立城镇职工基本医疗保险制度的决定》规定,"职工个人缴纳的基本医疗保险费,全部计入个人账户。用人单位缴纳的基本医疗保险费分为两部分,一部分用于建立统筹基金,一部分划入个人账户。划入个人账户的比例一般为用人单位缴费的 30% 左右，具体比例由统筹地区根据个人账户的支付范围和职工年龄等因素确定"，各地也在此规定的基础上，对"个人医疗保险账户"进行了规定，如《上海市职工基本医疗保险办法》规定："在职职工缴纳的基本医疗保险费，全部计入本人的个人医疗账户。用人单位缴纳的基本医疗保险费的 30% 左右计入个人医疗账户。用人单位缴纳的基本医疗保险费计入个人医疗账户的标准，按照不同年龄段有所区别……用人单位缴纳的基本医疗保险费计入个人医疗账户的具体标准及其调整，由市人力资源社会保障局会同有关部门研究、论证并报市人民政府同意后公布执行。"而按上海市人力资源与社会保障局发布的《关于本市基本医疗保险 2017 医保年度转换有关事项的通知》，2017 医保年度职工医保个人账户单位缴费计入部分计入标准为表 2-4。

表 2-4 职工医保缴费标准

参保对象		计入标准（元）
在职职工	34 岁以下	175
	35~44 岁	350
	45 岁以上	525
退休人员	74 岁以下	1400
	75 岁以上	1575

由上已可窥见一斑，在破产企业财产不足以清偿所有欠缴社会保险费用情况下，对"应当划入职工个人账户的基本养老保险、基本医疗保险费用"的计算是一项需要结合当地规定、政策进行的复杂、烦琐但同时务必细致、准确的工作❶。

在分别计算出"应当划入职工个人账户的基本养老保险、基本医疗保险费用"和"除此之外的社会保险费用"后，按照《企业破产法》的规定，接下来便是根据破产财产情况按顺序进行清偿，如破产财产不足以清

---

❶ 笔者注：上海市目前已完成了"小城镇保险""外来从业人员综合保险"向"城镇保险"的过渡，而《上海市人民政府关于本市城镇企业职工基本养老金计发办法若干问题处理意见的通知》对"城镇保险"中划入个人基本养老保险账户事项又规定"从 2011 年 1 月 1 日起，个人账户的规模由 11% 调整为 8%，全部由个人缴费形成，单位缴费不再划入个人账户。"故，暂且不论该调整对职工权益的影响，该调整确实在很大程度上减少了"应当划入个人基本养老保险费用"的计算量。

偿同一顺序所有债权的，便按比例清偿。但从我们目前实践经验看，与社会保险经办机构沟通按比例清偿欠缴的社会保险费是一个艰难的过程，从《企业破产法》规定看，在破产财产不足以清偿所有社会保险费用的情况下，"应当划入职工个人账户的基本养老保险、基本医疗保险费用"和"除此之外的社会保险费用"均可以按比例清偿。但从社会保险经办机构的视角来看，《社会保险费征缴暂行条例》第12条规定"社会保险费不得减免"，而关于享受社会保险待遇的条件，也要求参保人员按规定足额缴纳社会保险费，如《上海市城镇职工养老保险办法》第20条规定"享受养老保险待遇的退休人员应当同时具备以下条件：……；（二）单位和本人按规定缴纳养老保险费……"《上海市职工基本医疗保险办法》第23条规定"未缴纳医疗保险费的，职工不能享受基本医疗保险待遇。……应当缴纳而未缴纳医疗保险费的用人单位及其职工，在足额补缴医疗保险费后，职工方可继续享受基本医疗保险待遇"。

总而言之，从《企业破产法》规定看，欠缴的社会保险费可以按比例清偿，而在实务中，按比例缴纳社会保险费往往不被社保机构理解和接受，而即使按比例缴纳了社会保险费，参保人员是否可以按正常缴纳社保费而享受社保待遇也难以确定。2011年新颁布实施的《社会保险法》似乎也意识到了之前《社会保险费征缴暂行条例》所规定"社会保险费不得减免"过于僵化，其在第60条规定"用人单位应当自行申报、按时足额缴纳社会保险费，非因不可抗力等法定事由不得缓缴、减免"，对此，我们认为《企业破产法》所规定的按比例清偿社会保险费便是前述规定的减免社会保险费的法定事由，社保机构应不得拒绝破产企业在其财产不足以清偿所有欠缴社会保险费时所进行的按比例缴纳，也不得因破产企业按比例缴纳参保人员社会保险费而不给予该等参保人员同等的社保待遇。但这确实还需要在实践中进一步探索，包括管理人、社保机构、人民法院及其他相关政府部门。

④破产企业欠付医疗、伤残补助、抚恤费用。

如破产企业职工曾发生工伤的，则在破产程序中，可能还需调查、处理破产企业欠付医疗、伤残补助、抚恤费用事项。按《工伤保险条例》的规定，工伤人员所享有的工伤保险待遇包括医疗期间的工伤医疗费用、停工期间工资、医疗补助金、伤残就业补助金等，如职工因工死亡的，则工伤保险待遇则还包括抚恤金、一次性工亡补助金等。有些工伤保险待遇从工伤保险基金支出，对于该部分，自然不列入破产企业财产清偿范围，但有些工伤保险待遇应由企业承担，如按《上海市工伤保险实施办法》规定，在劳动者遭受5~10级伤残的情况下，在企业与劳动者解除劳动关系时，企业均应当向劳动者支付一次性医疗补助金和一次性伤残补助金，具体数额按不同伤残等级确定，该部分就属于破产企业欠付的医疗、伤残补助，应当列入劳动债权，以破产企业财产清偿。

而按《工伤保险条例》第62条规定，"依照本条例规定应当参加工伤保险而未参加工伤保险的用人单位职工发生工伤的，由该用人单位按照本条例规定的工伤保险待遇项目和标准支付费用"，故，如破产企业存在未为职工缴纳工伤保险而职工发生工伤的情形的，则按规定应从工伤保险基金支出的医疗费、补助金以及按规定本应由企业承担的补助金等，全由企业承担，需要列入劳动债权，以破产企业财产清偿。

除此之外，如存在企业欠缴职工医疗保险费用，使得职工就医时不能享受医疗保险待遇，而只能自己承担所有医疗费用的，则该等职工就医时按规定可从医疗保险基金支付的医疗费用应由企业承担，应当列入劳动债权，以破产企业财产清偿。

⑤其他应当列入劳动债权的项目。

Ⅰ. 住房公积金。

住房公积金制度为一项面向城镇区划、为保障城镇户籍人员住房而设立的制度。按《住房公积金管理条例》规定，"住房公积金"是指国家机关、国有企业、城镇集体企业、外商投资企业、城镇私营企业及其他城镇企业、事业单位、民办非企业单位、社会团体及其在职职工缴存的长期住房储金；职工个人缴存的住房公积金和职工所在单位为职工缴存的住房公积金，属于职工个人所有；住房公积金用于职工购买、建造、翻建、大修自住住房。目前，随着城镇的发展，以及城镇化建设的推进，住房公积金制度已成为一项涵盖范围广泛的制度，而随着房地产市场的持续发展以及人们对住房需求的日益高涨，该项制度也变得与职工的切身权益息息相关，已然成为职工获得住房或者改善住房的保障或有力支持。

以上海市为例，住房公积金缴纳范围也呈现扩大趋势，原需缴纳住房公积金人员局限在具有上海市户籍的人员范围内，而后扩大涵盖及外省市城镇户籍人员，再后用人单位也可以自愿为农村务工人员缴纳住房公积金；原需缴纳住房公积金人员界定在与单位建立劳动关系的在编人员范围内，而后扩大至劳务派遣人员、非在编人员也均在住房公积金缴纳范围内。由此可见，在上海市，住房公积金的缴纳范围并不比社会保险费的缴纳范围小多少，与此相应地，从我们迄今为止接触的所有破产案子看，凡破产企业存在欠缴社会保险费情形的，也必然同时存在欠缴住房公积金的情形。

而企业一旦破产，其欠缴的住房公积金是否应当清偿，如需清偿，则清偿顺位如何，《企业破产法》却未规定。《企业破产法》第113条规定：

"破产财产在优先清偿破产费用和共益债务后，依照下列顺序清偿：（一）破产人所欠职工的工资和医疗、伤残补助、抚恤费用，所欠的应当划入职工个人账户的基本养老保险、基本医疗保险费用，以及法律、行政法规规定应当支付给职工的补偿金；（二）破产人欠缴的除前项规定以外的社会保险费用和破产人所欠税款；（三）普通破产债权。"

由上可见，在立法技术上，《企业破产法》对破产财产清偿对象采取了列举式的规定（而非较为常见的列举式与概括式相结合的立法模式），而其所列举的清偿对象并不包括住房公积金。由此，便有相当的依据可以认为住房公积金不在破产财产的清偿之列。

而在住房公积金立法方面，其对企业破产时如何补缴住房公积金也不明确、不统一，如在行政法规、部门规章层面：最早溯及1996年下发的《国务院办公厅转发国务院住房制度改革领导小组关于加强住房公积金管理意见的通知》，该通知中要求"对宣告破产的企业欠缴的住房公积金，按国家有关规定优先予以偿还"；其后，在1999年，国务院颁布了《住房公积金管理条例》，该条例并未规定在企业破产清算情况下如何清偿住房公积金的情形；至2005年，建设部、财政部、中国人民银行联合下发了《关于住房公积金管理若干具体问题的指导意见》，该指导意见中要求"单位发生合并、分立、撤销、破产、解散或者改制等情形的，应当为职工补缴以前欠缴（包括未缴和少缴）的住房公积金"，但却也未明确住房公积金是否应当优先于其他债权予以补缴。而在前述1996年至2005年，当时施行的破产法规，包括《企业破产法（试行）》、最高人民法院《关于审理企业破产案件若干问题的规定》等法规，均未规定破产财产对欠缴住房公积金的清偿。而在地方立法或者政策层面，各地方也是有所不同：先以上海为例，2006年1月开始生效实施的《上海市住房公积金管理若干规定》规定"单位被撤销、解散或者依法宣告破产时，其欠缴的住房公积金应当依法予以清偿"，而如之前所述，不论是旧的《企业破产法（试行）》还是新的《企业破产法》均未规定破产财产对住房公积金的清偿，而《住房公积金管理条例》也未规定，故其所规定的"依法予以清偿"实则没有相应的"法"作为依据。而在《上海市住房公积金管理若干规定》之外，上海市经委、建委、公积金管理中心等部门于1998年作出的《关于企业拖欠公积金贷款问题的协调意见》，则要求"住房公积金与拖欠的工资、社保列入第一清偿顺序"。再以北京为例，2006年1月开始生效实施的《北京市实施〈住房公积金管理条例〉若干规定》规定"单位撤销、解散或者破产时，应当按照国家和本市有关规定，清偿欠缴的职工住房公积金"，进一步地，2006年4月，北京市住房公积金管理中心颁布的《北京市住房公积金缴存管理办法》规定"单位破产时，应将欠缴职工的住房公积金视为职工工资组成部分纳入破产清偿程序优先清偿"。再如，浙江省《浙江省住房公积金条例》、山东省《山东省住房公积金管理管理》均规定，在企业破产时，将欠缴住房公积金列入第一清偿顺序；而湖北省《湖北省住房公积金管理实施办法》、四川省《四川省住房公积金缴存管理办法》则又都未规定当企业破产时如何对住房公积金进行清偿。

　　由上可见：①《企业破产法》等破产法规（包括最高人民法院作出的司法解释）作为处置企业破产财产的特别法规，均未规定破产财产对住房公积金的清偿；②《住房公积金管理条例》作为住房公积金方面的上位法也并未规定破产程序中对住房公积金的清偿；③目前，将住房公积金列入破产财产第一清偿顺序的，仅散见于地方法规、地方政策，且各地方规定不一。由此，也便造成了破产管理人在实施破产法上的困扰，一方面，如果将破产企业欠缴的住房公积金列入第一清偿顺序，因破产法规没有相应规定，该清偿安排的合法性遭受质疑；另一方面，如果不将破产企业欠缴的住房公积金列入第一清偿顺序，住房公积金方面的法规却又有"依法优先清偿"等模糊规定，一些地方法规甚至有将住房公积金列入第一清偿顺序的明确规定，不将住房公积金列入第一清偿顺位有违反规章、地方法规之嫌，而破产企业职工依法有出席债权人会议的权利，也有依法担任债权人委员会委员的权利，如不将住房公积金列入清偿顺序，则可能发生职工不当干扰破产程序的行为，甚至有可能演化为群体性事件。因此，破产管理人只能小心翼翼地处理，有时需要花费相当多的时间向职工、债权人解释说明。

　　我们认为，住房公积金既然已经成为一项影响广泛的成熟制度，而用人单位在该项制度中又负有缴纳相应部分住房公积金的法定义务，那么破产法规作为处理破产企业财产、概括清理破产企业所有法律关系的特别法，就应当对破产企业如何缴纳欠缴的住房公积金有所规定，进一步地，我们认为，将破产企业欠缴的住房公积金列入第一清偿顺序具有合理性：第一，住房公积金制度宗旨为保障、改善职工住房条件，而该制度实施过程中，确实也通过公积金贷款、提取公积金等方式满足了职工购房需求或装修房屋需求，对于城镇职工而言，"居者有其屋"不失为一种生活保障，而这种保障需求并不逊于养老保险、医疗保险，对一些人而言，住房方面的保障需求甚至要比养老保险、医疗保险更为现实和迫切；此外，住房公积金在保障和改善住房功能之外，已兼具保障职工生活的功能，如按《住房公积金管理条例》规定，职工在离休、退休或者丧失劳动能力并与单位终止劳动关系时，可以提取住房公积金用作生活补贴。第二，目前较多的地方法规或者政策已明确要求将住房公积金列入第一顺序清偿顺序，而当地政府有关部门一般也会适度参与或者监督企业破产案件（特别是国有企业破产案件和涉及维稳工作的企业破产案件），故在目前破产实践中，破产管理人一般已将住房公积金列入第一顺序清偿顺序。第三，按住房公积金制度规定，用人单位和职工分别按职工工资的一定比例缴纳住房公积金，职工缴纳部分，由用人单位从职工工资中代扣代缴，用人单位和职工分别缴纳的住房公积金均归职工个人所有。由此可见，住房公积金制度比之于社保制度，并未设置社会统筹账户（社保制度中，用人单位缴纳的社会保险费绝大部分进入社会统筹账户，只有小部分划入职工个人账户），不论用人单位从职工工资代扣代缴的住房公积金，还是用人单位按法定比例缴纳的住房公积金均进入职工个人住房公积金账户。因此，虽然住房公积金由住房公积金管理中心收缴，但实际上，住房公积金管理中心收缴的住房公积金全额计入职工个人账户，住房公积金制度本质上实为用人单位对职工个人的义务。因此，参照《企业破产法》将划入职工个人账户的基本养老保险、基本医疗保险列入第一清偿顺序，将划入社会统筹的其他社会保险费划入第二清偿顺序的规定，将全划入职工个人账户的住房公积金列为第一清偿顺序具有合理性。

Ⅱ. 为破产企业垫付的工资。

按《企业破产法》规定，其他单位或者个人向破产企业提供借款形成的债权为普通债权，除非破产企业以其财产为该等借款提供担保，否则因借款形成的债权没有被优先清偿的权利。但债权人在破产企业无力支付职工工资或者相关职工安置款项时，借款给破产企业用于支付工资或者安置款，或者债权人直接代替破产企业向职工垫付工资或者安置款时，虽然从法律关系上看，垫款方和破产企业仍然形成了一般意义上的借贷关系或者债权债务关系,但垫付款却具有按照劳动债权优先受偿的属性。

最高人民法院于2009年作出的《关于正确审理企业破产案件为维护市场经济秩序提供司法保障若干问题的意见》规定"有条件的地方,可通过政府设立的维稳基金或鼓励第三方垫款等方式,优先解决破产企业职工的安置问题,政府或第三方就劳动债权的垫款,可以在破产程序中按照职工债权的受偿顺序优先获得清偿。"因此,不论垫付工资发生在企业进入破产程序前还是进入破产程序后,也不论垫付工资一方是政府部门还是任何第三方,只要垫付款项属于《企业破产法》所规定的劳动债权范畴,其垫付款均可在企业破产程序中按劳动债权获得优先清偿。其实该规定并未突破《企业破产法》有关第一清偿顺序的规定,也未作任何扩张性解释,对于破产企业而言,政府部门或者任何第三方垫付前后,其欠付的工资等劳动债权数额不变,只是部分劳动债权由政府部门或者任何第三方垫付了而使受款人由职工变成了垫付人。而因破产企业最终清偿的劳动债权数额不变,也就不存在挤占清偿顺位在后债权人受偿权的问题。事实上,对于垫付工资,我国政府部门已建立了趋于成熟的"企业欠薪保障金"制度,如《上海市企业欠薪保障金筹集和垫付的若干规定》规定"欠薪月数不超过6个月的,(人力资源和社会保障行政部门)垫付欠薪按照实际欠薪月数计算;超过6个月的,按照6个月计算。劳动者获得欠薪垫付的,作出垫付的人力资源和社会保障行政部门就垫付部分取得对企业的欠薪追偿权。"该制度也允许垫付人就垫付款项向破产企业追偿,只是该项制度在较多情况下无法覆盖所有欠付工资,故在一些破产案件中仍然需要其他政府部门或者第三方进行垫付。至于如何判断一项垫款或者借款是否用于支付工资等劳动债权的特定用途,可以通过垫款/借款协议、企业入账凭证的相关记载等直接或者间接的证据进行判断。

Ⅲ.职工尚未报销的办公费用。

在破产案件中,职工以其在办理破产企业事务过程中垫付办公费用为由而要求管理人予以报销的情况时有发生。所谓办公费用,指的是企业工作人员在企业的安排下从事职务活动所产生的费用,一般包括交通费、差旅费、餐饮费、办公用品购置费等。办公费用由企业承担,一般由职工先行向企业预支,而后根据实际发生的费用凭证入账,多退少补;也有不少企业或者职工为简便操作,由职工先行垫付办公费用,而后职工根据实际发生的费用凭证向企业报销。有些企业制定了较为规范的报销制度,而有些企业则没有建立费用报销方面的规章制度,但总体而言,职工在企业安排下从事职务行为所产生的费用，企业均应当予以报销。

而在企业进入破产程序时（即法院裁定受理破产申请之日），有些应予报销的办公费用可能尚未报销。那么，在破产程序中如何处理？

首先，按《企业破产法》规定，企业进入破产程序后，所支出费用分为两类，一类为保障破产程序顺利开展的"破产费用"（包括诉讼费用、公告费用、管理处置破产企业财产费用、管理人执行职务费用、管理人报酬等），另一类为保障破产程序中所有债权人共同利益而形成的"共益债务"（包括管理人继续开展破产企业业务而形成的债务等）。破产费用和共益债务的形成时间及范畴，《企业破产法》均有明确规定，未报销费用形成于人民法院受理破产申请之前，且支付未报销费用，既无益于破产程序的顺利开展，又无益于债权人共同利益，故，对企业在进入破产程序前未报销的办公费用，不能按"破产费用"或"共益债务"支付。

其次，职工垫付企业办公费用，实质上与企业形成"债权债务"关系，该"债权"应可列入《企业破产法》第113条规定的清偿范围处理。我们认为，将该"债权"置于第一顺位的"劳动债权"受偿是合适的：第一，该"债权"性质与企业普通债权不同，按最高人民法院《关于审理劳动争议案件适用法律若干问题的解释（一）》规定，职工向企业追索报销款属于"劳动者与用人单位在履行劳动合同过程中发生的纠纷"，换言之，该"债权"性质上属于劳动债权；第二，比照《企业破产法》"共益债务"规定看，企业进入破产程序后，管理人为持续破产企业营业而形成的办公费用等，可以以破产企业财产随时清偿，再比照最高人民法院《关于适用〈中华人民共和国企业破产法〉若干问题的规定（二）》第16条有关破产企业在进入破产程序前"为维系基本生产需要而支付水费、电费"不属于个别清偿，管理人不得主张撤销的规定看，企业进入破产程序前，虽然已具备破产原因，但企业支付办公费用亦是正当的，因此，相比较之下，将职工未报销办公费用视为普通债权，接受幅度较大的受偿比例调整是不合理的。

基于以上，虽然不能将破产企业拖欠的未报销办公费用作为"破产费用""共益债务"即时清偿，但将该债权作为劳动债权，列入第一清偿顺位受偿是合理的。

⑥不应当列入劳动债权的项目。

Ⅰ.未签订劳动合同的两倍工资及其他惩罚性款项。

为了督促用人单位与职工签订劳动合同，明确双方间的权利义务，《劳动合同法》规定用人单位必须在与职工建立劳动关系后（即用工之日起）的1个月内与职工签订书面劳动合同，如果用工持续期间一直未签订书面劳动合同的，则用工满1年的，视为用人单位与职工缔结了无固定期限的劳动合同，且用人单位应当立即与职工签订书面的无固定期限劳动合同。而对于未签订书面劳动合同期间的用工（包括建立劳动关系1个月后未签订劳动合同以及应当签订书面无固定期限劳动合同而未签订的情形），职工有权要求用人单位支付两倍工资。

显然，"二倍工资"中的其一自然是职工提供劳动而获得的报酬。而"二倍工资"的另一倍工资，"为一种惩罚性的民事赔偿责任"❶，即因用人单位原因未与职工签订书面劳动合同而向职工进行的赔偿，该赔偿数额不以职工遭受的实际损失为限，而直接由法律规定为与不签订劳动合同当月相当的工资。

按《企业破产法》规定，"二倍工资"中的应付劳动报酬属于第一清偿顺位的"工资"，而另一倍工资因属于用人单位对职工的"一种惩罚性的民事赔偿责任"，则不在第一清偿顺位之列，原因主要有两点：第一，该部分款项性质上不属于《企业破产法》规定的工资；第二，在破产程序中以有限财产按法定顺序、按比例清偿债权的规则里，任何原先所规定或者所形成的对企业的惩罚，无论民事的（如此处的二倍工资）、行政的（如罚款）还是刑事的（如罚金），只要置于较为优先的受偿顺序之中，结果都不再是对破产企业的惩罚，而是对在后债权人的惩罚。这与《企业破产法》保护债权人权益的立法本意是相悖的，也正基于此，最高人民法院《关于审理企业破产案件若干问题的规定》第61条规定"行政、司法机关对破产企业的罚款、罚金以及其他有关费用不属于破产债权"；最高人民法院《关于税务机关就破产企业欠缴税款产生的滞纳金提起的债权确认之诉应否受理问题的批复》规定"破产企业在破产案件受理前因欠缴税款产生的滞纳金属于普通破产债权"。

所以，对于"二倍工资"中的用人单位对职工民事赔偿部分，可以比照税款滞纳金的做法，将其列为普通债权。与此情况相同的，还包括以下情况：第一，破产企业违法解除劳动关系而支付两倍经济补偿金。该加倍的经济补偿金已经不再是对职工的"经济补偿"，而是对破产企业的惩罚，该加

---

❶ 全国人民代表大会常务委员会法制工作委员会. 中华人民共和国劳动合同法释义［M］. 北京：法律出版社，2007：275-277.

倍部分不能列入第一清偿顺位，应当列为普通债权。第二，破产企业未足额支付工资、经济补偿金等，劳动行政部门责令限期支付后破产企业仍逾期未支付的，按欠付款项50%以上100%以下标准向职工加付的赔偿金。该加付的赔偿金性质上属于对破产企业的惩罚，不应列入第一清偿顺位，应当列为普通债权。第三，欠缴社会保险费的滞纳金。列入第一清偿顺位的社会保险费为"划入职工个人账户的基本养老保险费和基本医疗保险费"，破产企业欠缴社会保险费而形成的滞纳金不在第一清偿顺位之列，也不属于位列第二清偿顺位的"破产人欠缴的其他社会保险费"，应当列为普通债权。

Ⅱ. 职工借款。

在新《企业破产法》颁布实施之前，破产企业向职工的借款可以视为破产企业拖欠职工的工资获得优先受偿，如最高人民法院《关于审理企业破产案件若干问题的规定》第58条规定："债务人所欠企业职工集资款，参照企业破产法第37条第2款第1项规定的顺序清偿。但对违反法律规定的高额利息部分不予保护。职工在企业破产前作为资本金投资的款项，视为破产财产。"；再如国务院于1994年下发的《国务院关于若干城市试行国有企业破产有关问题的通知》规定"企业在破产前为维持生产经营，向职工筹借的款项，视为破产企业所欠职工工资处理，借款利息按照供款实际使用时间和银行同期存款利率计算。职工向企业的投资，不属于破产债权"。但我们认为新《企业破产法》颁布实施后，对于不适用《国务院关于若干城市试行国有企业破产有关问题的通知》的非列入政策性破产范围的破产企业，其向职工的借款便不能再参照破产企业所欠工资获得优先受偿。

有人认为最高人民法院《关于审理企业破产案件若干问题的规定》为基于《企业破产法（试行）》作出的司法解释，现《企业破产法（试行）》已经失效，该司法解释也已失效，故职工借款优先受偿的规定归于无效❶。但在我国司法实践中，司法解释是否失效是通过相关部门是否作出"废止部分司法解释和规范性文件的决定"进行判断，而非基于其上位法是否失效而进行判断，最高人民法院于2012年作出的《关于税务机关就破产企业欠缴税款产生的滞纳金提起的债权确认之诉应否受理问题的批复》，其中提及"对于破产案件受理后因欠缴税款产生的滞纳金，人民法院应当依照最高人民法院《关于审理企业破产案件若干问题的规定》第61条规定处理"，由此可见，最高人民法院《关于审理企业破产案件若干问题的规定》至今仍然有

---

❶ 吴正棉. 新破产法视野下的职工集资款债权性质分析 [J]. 破产法论坛（第七辑），第279页.

效。但最高人民法院《关于审理企业破产案件若干问题的规定》中有关职工集资款优先受偿的规定是否可以在新《企业破产法》颁布实施后继续适用,只能通过该规定是否因与《企业破产法》及其司法解释规定相冲突而被撤销进行判断。我们认为,《企业破产法》对列入第一清偿顺位的各项债权采取了列举式的规定,职工集资款不论从何种角度,都不可能被解释为企业拖欠的工资、抚恤费或依照法律、行政法规规定应付的补偿金,而《关于正确审理企业破产案件为维护市场经济秩序提供司法保障若干问题的意见》也仅仅规定因垫付工资而形成债权按照劳动债权清偿,现行破产法通过严格的列举、谨慎的解释已经排斥了任何对"工资"的扩大化解释,因此,最高人民法院《关于审理企业破产案件若干问题的规定》中有关职工集资款优先受偿的规定应不能继续适用。换言之,职工借款属于一般债权,没有优先受偿的权利。实践中,从公平角度也易于理解:破产企业为其经营而向职工的借款与其向任何其他方筹借的款项性质上、用途上没有丝毫的不同,向职工筹借款项何以凭借其"职工"身份而"凌驾"于其他债权人之上?当然,如果破产企业对职工"集资款"是克扣应付职工工资而形成的,"职工集资款"便可得优先受偿,而其之所以得优先受偿,并非因其为"职工集资款",而在于其实际上为破产企业克扣、欠付的工资。

至于《国务院关于若干城市试行国有企业破产有关问题的通知》的适用,因《企业破产法》第133条规定:"在本法施行前国务院规定的期限和范围内的国有企业实施破产的特殊事宜,按照国务院有关规定办理。"故,在政策性破产范围内进行的国有企业破产,职工借款优先受偿的规定仍可适用。

⑦对破产企业高管劳动债权的调整。

在调查破产企业拖欠职工工资时,多数情况下会涉及对破产企业高管人员工资的调整。按《企业破产法》第113条规定,破产企业的董事、监事和高级管理人员的工资按照该企业职工的平均工资计算。该规定中的"高级管理人员"范围,如破产企业章程未作规定的,则按照《公司法》的规定,应为"公司的经理、副经理、财务负责人,上市公司董事会秘书和公司章程规定的其他人员"。因此,在破产企业拖欠董事、监事、经理、副经理、财务负责人及其他章程所规定的高级管理人员工资时,需要对这些人员的工资标准进行调整,调整标准统一为企业职工平均工资。在实践中,部分进入破产程序的企业,因未正常经营或者经营管理不规范的原因,董事、监事、高级管理人原聘用或委派期限多已届满，但又未重新选任、委派或者聘用，在此情况下，如原有文件显示为董事、监事、高级管理人员的人员在破产清算程序中主张劳动债权，而又不能提供其非为董事、监事、高级管理人员证明的，则应视为其与债务人原先建立的以"董事、监事、高级管理人员"为职位特征的劳动关系并未终止，管理人应依原聘用、委派等文件将其确定为"董事、监事、高级管理人员"，并依法按企业职工平均工资确定其工资标准。对破产企业董事、监事、高级人员工资标准的调整，应当注意以下事项：

第一，平均工资的适用期间。我们认为，对于破产企业拖欠董事、监事、高级管理人员的工资，不能不区分情况的单一按企业职工平均工资计算，而应考虑破产企业原先的工资发放情况，假如一般职工按正常工资标准发放至当年12月，而董事、监事、高级管理人员按正常工资标准只发放至当年10月，则11至12月拖欠董事、监事、高级管理人工资部分，仍应按其正常工资标准发放。相反，如一般职工按正常工资标准只发放至当年10月，而董事、监事、高级管理人员却按正常工资标准发放至当年12月，则管理人应向董事、监事、高级管理人追回11至12月其未按平均工资标准而多领取的工资。

第二，平均工资的计算。按《企业破产法》的规定，适用于董事、监事、高级管理人员的"平均工资"为"企业职工的平均工资"，此处"企业职工"指的是包括董事、监事、高级管理人员在内的企业所有职工，还是指除董事、监事、高级管理人员之外的其余企业职工，对"平均工资"的计算具有较大的影响，因为董事、监事、高级管理人员工资标准一般较高，可能超过一般职工好几倍，如果将其工资标准作为计算"平均工资"的基础，计算而得的"平均工资"实际上还是将高于其余一般职工的平均工资标准。从《企业破产法》的立法意图看，之所以要将破产企业董事、监事、高级管理人员工资标准调整为"平均工资"，显然是基于企业在他们经营下而进入破产境地而对他们工作的否定评价，因此，我们认为以除董事、监事、高级管理人员之外的企业职工平均工作为董事、监事、高级管理人员的工资标准，更符合立法本意。此外，计算适用于董事、监事、高级管理人员的"平均工资"，前提原因便是他们原有工资标准在破产程序中已不被认可，如在计算过程中，仍引用董事、监事、高级管理人员原有工资标准，也有相违背之处。另外，在计算"平均工资"时，我们认为应当在工资拖欠期间，按每月破产企业拖欠职工工资标准逐月计算适用于董事、监事、高级管理人员的每月工资标准，使适用于董事、监事、高级管理人员的"平均工资"随企业其他职工工资标准变动而变动，先计算每名职工平均工资而后再在此基础上计算"平均工资"不尽客观，因为破产企业人员流动性较大，破产企业拖欠职工工资的期间、拖欠人数并不是齐整划一，在此期间已离开破产企业的职工的工资标准，便不能作为计算这些期间平均工资的基数，举例言之，如破产企业拖欠一般职工工资的期间为2017年3月、4月和5月，3月拖欠30人、4月拖欠20人、5月拖欠15人，那么计算适用于董事、监事、高级管理人员的平均工资时应分别按3月30人、4月20人、5月15人的工资标准计算出3月、4月、5月的平均工资，而不应按30名一般职工的工资标准计算出唯一一个"平均工资"，这样的算法，一般也能贴合《企业破产法》对董事、监事、高级管理人员否定评价的立法意图，因为工资拖欠期间的延展一般意味着企业经营情况的持续恶化，企业整体工资标准也将随之下降，逐月计算所得的平均工资也将逐渐下降。

第三，以平均工资标准对董事、监事、高级管理人员其余劳动债权的核算。在劳动债权中，除拖欠的工资之外，还存在经济补偿金、社会保险费等，而其余劳动债权的核算一般都与工资标准相关，如经济补偿金的计算便是以职工劳动关系解除前12个月的平均工资计算，社会保险费缴纳基数则为上年度职工工资标准。在按前述规则计算出企业职工平均工资后，除对拖欠董事、监事、高级管理人员的工资按职工平均工资计算外，对应付董事、监事、高级管理人员的经济补偿金等，同样应按企业职工平均工资核算。

第四，对董事、监事、高级管理人员按平均工资计算而被调整掉的"工资"的处理。《企业破产法》对此未规定，而2013年最高人民法院《关于适用〈中华人民共和国企业破产法〉若干问题的规定（二）》则对此作出规定，即对于按企业职工平均工资计算的劳动债权与按原工资标准计算的劳动债权的差额，可以按普通破产债权清偿。

⑧劳动债权的公示和异议。

按《企业破产法》的规定，劳动者不必向管理人申报劳动债权，而由管理人在调查劳动债权后，制作清单并向职工公示。劳动债权公示的目的在于让职工及时知道自己以及其他职工劳动债权核算情况，为此，管理人应当在破产企业营业场所公示劳动债权，如破产企业已经没有营业场所或者营业场所已"人去楼空"的,管理人应当以向每位职工发送公示表的方式作为劳动债权公示方式。而为便于职工理解劳动债权的核算情况,管理人制作的劳动债权公示表应当将工资、经济补偿金、社会保险费、医疗补助伤残补助等项分别列明,并适当说明各项的核算依据、计算方式。《企业破产法》未规定劳动债权公示期限,具体由管理人视具体情况决定,一般而言,公示时间长短和破产企业职工多寡相关,与破产企业之前的用工规范程度相关,如职工较少或者之前用工规范、各项劳动债权数额标准有迹可循的,公示时间可以相对短些,职工较多或者用工不规范的,公示时间则应相对长些。

在劳动债权公示中,管理人还应当释明职工所享有的权利,如应当向职工释明如果职工对自己的劳动债权有异议的,职工可以向管理人提出,如管理人拒不调整的,职工可以向受理破产案件的人民法院提起诉讼等。在此之外,职工也有权利就其他职工的劳动债权向管理人提出异议,该点应该也是劳动债权公示的题中之意(就如同债权人会议核查债权一样,债权人除可以就管理人核定的本人债权提出异议外也可以对其他债权人的债权提出异议),该异议权,一则有利于使职工自身的劳动债权不受其他职工错误劳动债权数额的影响(在财产不足以完整清偿所有劳动债权的情况下),一则也有利于受偿顺序在后的债权人获得公平受偿。对于职工对其他职工劳动债权提出的异议,管理人应当予以复核并告知复核结果。

(四)对劳动债权的清偿

对于职工债权的清偿问题,我们认为应当分阶段区别对待,而该阶段划分与企业进入破产程序后的经营情况相关,也与《企业破产法》对破产费用、共益债务优先清偿的规定相关。企业进入破产程序后,可能继续经营,也可能停止经营,在破产企业继续经营的情况下,管理人便需要保留原有大部分职工,而即使破产企业停止经营,管理人也可能出于管理或处置公司资产或者配合办理其他事务的需要而保留一部分原有职工,在前述情况下,在企业进入破产程序后因继续用工而应向职工支付的劳动报酬便属于《企业破产法》规定的共益债务或者破产费用,而对于共益债务或者破产费用,应当以破产企业既有财产随时清偿。

而对于企业进入破产程序前便已拖欠的工资、经济补偿金、医疗伤残补助等,按照《企业破产法》第48条规定,先由管理人进行调查和公示,在职工债权调查完毕的基础上才可能进行对职工债权的清偿。但纵使职工债权已经调查完毕,从《企业破产法》现有规定看,对职工债权的清偿似乎也不能独立在"破产财产分配方案"之外:首先在破产程序中,可以以破产企业财产随时清偿的款项只有在企业进入破产程序后产生的破产费用和共益债务,其他债权均不得擅自以破产企业财产个别清偿,即使清偿,也属于无效行为,因此,对于企业在进入破产程序前便拖欠的职工债权,不得随时清偿;其次,在《企业破产法》的规定体系中,其对处于不同破产程序阶段的破产企业财产给了不同的称谓,如在企业进入破产程序而未被人民法院宣告破产期间,其财产被称为"债务人财产",而在企业被人民法院宣告破产后,其财产被称为"破产财产",虽然不管是"债务人财产"还是"破产财产",所指向的财产范围可能相差不是很大,但结合《企业破产法》第61条有关债权人会议审议"破产财产分配方案"的职权来看,两种不同的财产称谓却带来截然不同的法律后果:只有在成为"破产财产"后,才得以审议"破产财产分配方案",在破产企业财产还属于"债务人财产"时,并不存在审议并分配"债务人财产"的条件,由此,可以推论出《企业破产法》对财产的分配一个内在逻辑,即人民法院宣告企业破产之后才可以审议"破产财产分配方案"。如果按此逻辑,对企业进入破产程序前便已拖欠的职工债权的清偿,只能置于"破产财产分配方案"之中,交由债权人会议审议并经人民法院裁定认可后方可分配。这种做法,在程序上没有问题,实践中也较多按此实施对职工债权的清偿。

  但前述做法在实践中有可能会产生问题,因为对于一些较复杂的破产案件,从企业进入破产程序到被宣告破产及至确定"破产财产分配方案",一般意味着之前需要经历破产企业财务审计、人民法院破产宣告、破产财产评估拍卖、破产财产分配方案审议等环节,换言之,如按此流程,需要经历为时不短的时间才能清偿劳动债权。而破产企业欠付职工工资却将严重影响职工生活的方方面面,在某些情况下,职工也可能因为迟迟不能得到清偿而对破产清算工作产生质疑,进而干扰、影响破产清算工作。在此情况下,便可考虑运用《企业破产法》第61条第(十一)项有关人民法院可以确定债权人会议行使其他职权的规定,在破产企业尚未被宣告破产前,向债权人会议说明职工债权的有关情况,要求债权人会议先行审议提前清偿职工债权事宜。如债权人会议审议通过了该等提前清偿职工债权的方案,管理人便可依此提前清偿职工债权。但如债权人会议未审议通过该等议案的,则人民法院并没有强制予以裁定认可的权力(人民法院对债权人会议未审议通过的破产财产分配方案具有强制裁定认可的权力,但此时审议未通过的并非破产财产分配方案,故人民法院不能强制予以裁定认可),此时,也只能在宣告企业破产后,再结合《企业破产法》有关审议"破产财产分配方案"的规定解决对职工债权的清偿问题,如情形紧迫的,则可考虑寻求第三方先行垫付劳动债权。而从我们目前所承办的破产案件看,只要劳动债权合法、清晰、明确,债权人会议对提前清偿劳动债权一般不会有太多异议。当然,需要说明的是,在破产程序中,并非千方百计要使劳动债权在时间上提前于其他债权人受偿,而是因为职工债权受偿顺位本优先于其他债权,在职工债权调查无异议的情况下,对其优先清偿并不侵犯劣后顺位债权人的利益,而更重要的是在一些具体的破产案件中,及时解决职工问题有助于化解职工抵触情绪,有助于取得职工对破产清算工作的支持,如协助取回破产企业财产、协助调查破产企业财务情况等,从而有助于促进破产工作的进展,使得所有债权人整体上受益。

另外,需要注意的是,在对劳动债权公示时,职工可以对有异议的劳动债权提出异议,但职工未在要求的异议期内提出异议或者提起诉讼的,却也并不绝对意味着职工对劳动债权没有异议,有些职工可能会在劳动债权清偿阶段才提出异议。而因为《企业破产法》并未规定公示期间未提异议即视为默认的类似规则,故,尽管职工在公示期后才提出异议,管理人仍需要予以处理。因此,为了确保对劳动债权提前清偿的顺利进行,也为了确保清偿情况和债权人会议所审议的情况一致,在将劳动债权提前清偿方案提交债权人会议审议或者人民法院裁定认可之前,最好取得每位职工对其劳动债权的确认文件。管理人也可以要求职工在该确认文件中填写其领受清偿款的银行账户等信息,方便管理人在执行劳动债权分配方案时,进行相应的分配、划付。

(五) 对新破产法公告前拖欠劳动债权的清偿

按《担保法》《物权法》的规定,担保权人可对担保物变现价值行使优先受偿权,该规则在《企业破产法》里也同样适用,《企业破产法》第109条便规定:"对破产人的特定财产享有担保权的权利人,对该特定财产享有优先受偿的权利"。但《企业破产法》却在第132条规定中,基于一定的情形,对该优先清偿规则进行了调整。该第132条规定:"本法施行后,破产人在本法公布之日前所欠职工的工资和医疗、伤残补助、抚恤费用,所欠的应当划入职工个人账户的基本养老保险、基本医疗保险费用,以及法律、行政法规规定应当支付给职工的补偿金,依照本法第113条的规定清偿后不足以清偿的部分,以本法第109条规定的特定财产优先于对该特定财产享有担保权的权利人受偿。"《企业破产法》在2006年8月27日公布,故对于在2006年8月27日之前形成的列入第一清偿顺位的劳动债权,在破产企业一般财产无法完整清偿时,可以以破产企业用于担保特定债权的担保物变现价值予以清偿,清偿剩余部分再清偿担保债权。该条款的制定过程颇有争议,而其根源在于当职工权益与担保物权两种权利发生冲突时的倾向保护问题,在《企业破产法》立法过程中,"一种意见认为,为了保障职工的基本生活需要,对破产企业所欠的职工工资和社会保险费用等应在破产财产中优先受偿,特别是在破产企业多数财产都已用于抵押担保的情况下,将破产企业所欠的职工工资和社会保险费用放在有担保的债权之后实际上难以得到清偿,应将其提到有担保的债权之前清偿。另一种意见不赞成将破产企业所欠的职工工资和社会保险费用等放在有担保的债权之前清偿,认为这将会使担保权人的担保权落空,动摇担保制度的基础,危害交易安全,也会使困难企业更难得到贷款。"❶" 随后,一个折中方案认为"对破产法公布前企业拖欠的职工工资等费用,作为历史遗留问题,采取一些特殊措施较为彻底地解决,是必要的。由于这部分历史欠账已是一个定量,其优先于有担保的债权受偿可能带来的风险基本上是可预期、可控制的。对破产法公布后新形成拖欠的问题,应当积极研究治本之策,通过进一步完善有关劳动和社会保障制度建设,加大执法力度等加以解决,不宜在破产法中规定这部分拖欠也在有担保的债权前优先受偿"❷,目前的《企业破产法》第132条规定即由此而来。

对《企业破产法》第132条的适用,需注意两点:第一,可用特定担保物优先清偿的劳动债权,仅局限于形成于2006年8月27日之前的、位列第一清偿顺位的劳动债权,在2006年8月27日之后形成的劳动债权或者在2006年8月27日之前拖欠的位列第二清偿顺位的社会保险费,均不得用特定担保物优先清偿。第二,当破产企业存在多项特定担保物时,应当由该多项担保物按各自变现价值在担保物总变现价值的比例分摊形成于2006年8

---

❶ 全国人民代表大会常务委员会法制工作委员会. 中华人民共和国企业破产法释义 [M]. 北京:法制出版社,2007:319.

❷ 全国人民代表大会常务委员会法制工作委员会. 中华人民共和国企业破产法释义 [M]. 北京:法制出版社,2007:322-323.

月 27 日之前的劳动债权，而不应由某项担保物独立承担或者要求变现价值较大的担保物承担较大份额，例如，假设某破产企业形成于 2006 年 8 月 27 日之前的劳动债权有 50 万元，用破产企业一般财产清偿后尚余 30 万元未得清偿，此时，按《企业破产法》第 132 条的规定，可以以担保物优先清偿该未得清偿的 30 万元劳动债权，如破产企业有房产和机器设备两项资产，且分别抵押、质押给不同债权人的，如房产变现价值为 200 万元，机器设备变现价值为 100 万元，则房产变现价值部分应承担的劳动债权为 20 万元（计算方式：200 万元/300 万元×30 万元），机器设备变现价值部分应承担的劳动债权为 10 万元（计算方式：100 万元/300 万元×30 万元）。

应该说，《企业破产法》第 132 条规定本身便是权宜之计，随着时间的推进，以及劳动者权益保护的日益完善，该条款在破产实践中运用的概率将越来越小，逐渐地，担保权人在《企业破产法》中的担保权利也将与《担保法》《物权法》规定的担保权利基本一致。

在美丽华公司破产清算一案中，管理人经调查，确认美丽华公司欠付 117 名职工权益，其中既包括与美丽华公司签订劳动合同的职工，也包括与美丽华公司构成事实劳动关系的职工；既包括在职职工，也包括美丽华公司进入破产程序前便已离职的职工；既包括通过社会招聘录用的职工，也包括"征地工"和原"国企职工"；既包括企业一般职工，也包括应按《企业破产法》规定调整工资标准的高级管理人员。而调查过程中涉及的劳动债权即包括了拖欠的工资也包括了应付职工的经济补偿金、医疗补助、未报销费用以及应缴纳社会保险费、住房公积金等，最终经调查确认的劳动债权数额合计达几百万元之巨，其中还有部分劳动债权形成于《企业破产法》公布之日（2006 年 8 月 27 日）之前。虽然美丽华公司劳动债权核算过程涉及的人员、债权构成、数额复杂烦琐，但劳动者按照《企业破产法》以及《劳动合同法》等相关规定所享有的权益，还是在本案中依法得到了保护。在本案中，管理人制作的劳动债权公示表如表 2-5 所示，管理人制作的劳动者确认劳动债权文书如表 2-6 所示。

表2-5

×××公司劳动债务权公示表

单位：人民币，元

序号	姓名	在职时间	工资总额（税前）	经济补偿金	社会保险费 单位承担	社会保险费 个人承担	住房公积金 单位承担	住房公积金 个人承担	已领取金额	医疗、伤残补助	抚恤费用	备注
1												
2												
3												
4												
☆5												
☆6												
☆7												
☆8												
☆9												
☆10												
☆11												
☆12												
☆13												
☆14												
☆15												
☆16												
☆17												
☆18												
☆19												
☆20												
☆21												
☆22												
☆23												

表 2-5（续表）

附注：

一、计算规则

1. 关于工资

（1）××公司拖欠职工工资的月份分别为 2007 年 4 月、5 月、6 月、10 月、11 月、12 月，2008 年 2 月，及 2008 年 5 月起至今，其中 2008 年 1 月、3 月、4 月，征地工资未发放；

（2）××公司自 2008 年 9 月起停工停产，对于××公司停工停产前拖欠的职工工资，按当时××公司计发的工资标准计算；停工停产后拖欠的职工工资，根据《上海市企业工资支付办法》等有关法律规定，按上海市社保局发布的上海市月最低工资标准计算。

2. 关于社会保险费

（1）上表中标注"☆"表示该职工缴纳城镇保险；"○"表示缴纳小城镇保险；"△"表示缴纳外来人员综合保险；

（2）按《上海市城镇职工养老保险办法》《上海市小城镇社会保险暂行办法》《上海市外来人员综合保险暂行办法》的有关规定，缴纳城镇保险的职工、小城镇保险和外来人员综合保险均由用人单位承担；

（3）按《上海市企业职工最低工资规定》有关规定，最低工资中不包括劳动者个人承担的社会保险费，即上表中，职工工资标准低于当年度上海市社保局发布的上海市月最低工资的，职工最低工资应承担的社会保险费由××公司承担。

3. 关于住房公积金

按《上海市企业职工最低工资规定》有关规定，最低工资中不包括职工个人承担的住房公积金，即表 2-5 中，劳动者工资标准低于当年度上海市社保局发布的上海市月最低工资的，劳动者应承担的住房公积金由××公司承担。

4. 关于经济补偿金

按《中华人民共和国劳动合同法》有关规定，经济补偿金按职工在××公司工作的年限计算，每满一年支付一个月工资；六个月以上不满一年的，按一年计算；不满六个月的，向劳动者支付半个月工资。前述工资标准按职工劳动关系解除或者终止前十二个月的平均工资计算。

二、关于异议登记

职工对上表记载有异议的，可在本表公示后的七天内，以书面形式向管理人提出（地址：_____；邮编：_____；联系人：_____；联系电话：_____），并提供相关证据材料。

三、关于代扣代缴

对于职工个人应缴纳的税款、社会保险费、住房公积金，用人单位根据《中华人民共和国所得税法》《住房公积金管理条例》《上海市社会保险征缴实施办法》等有关法律规定，从发放给职工个人的工资中代扣代缴。

四、关于医疗费用报销

因××公司大缴、少缴职工社会保险，导致职工就医时不能享受医疗保险待遇的，对于职工所支付医疗费用中的属于医保报销范围部分，由××公司承担；报销时，职工需提供医疗费用发票原件。

××公司管理人（印鉴）

日期：××××年××月××日

表2-6

×××公司破产清算一案
职工个人劳动债权明细表

单位：人民币，元

姓名	工资总额（税前）	经济补偿金	医疗费用	伤残补助	代扣个人所得税	社会保险费总额		公积金总额		已领取金额	实领金额
						单位承担	代扣个人承担部分	单位承担	代扣个人承担部分		

特别告知：

1. 上表为×××公司应向职工支付（或应由职工享有）的所有权益。
2. 职工核对上表各项数额无异议后，请签署确认，并将本表及职工本人身份证复印件、本人银行卡复印件寄回管理人（地址：_____；联系人：_____；联系电话：_____；邮编：_____）；管理人收到职工寄送的前述材料后，将尽快安排付款清偿。

职工确认：

1. 经核对上表各项数额，对上表所列各项数额无异议。
2. 提供以下银行账户为职工本人受领上表所列"实领金额"的银行账户：
   开 户 行：_____；
   开户银行：_____；
   账 户：_____；

职工签名：
日　　期：

第三章　上海金源国际经贸发展有限公司破产清算案

第一节　案情简介

上海金源国际经贸发展有限公司（以下简称"金源公司"）成立于2000年1月，注册资金1亿元，主要经营各类商品及技术的进出口以及境外机电工程和境内国际招标工程。2009年6月，浙江省绍兴市中级人民法院受理了纵横控股集团有限公司、绍兴纵横高仿真化纤有限公司、浙江倍斯特化纤有限公司、绍兴纵横聚酯有限公司、浙江星河新合纤有限公司、绍兴市涌金纺织有限公司六家公司合并重整一案。而纵横控股集团有限公司等六公司为金源公司国内最大的合作伙伴，金源公司在为其办理纺织原料等产品进出口代理业务中，垫付了大量货款、银行费用，同时也形成了对该六公司大额的应收款。在该六公司合并破产重整一案中，共核查确认了金源公司6.14亿元的债权。2009年12月，绍兴市中级人民法院裁定批准了纵横控股集团有限公司等六公司破产重整计划；按重整计划，金源公司债权按28%的比例受偿。

因受纵横控股集团有限公司等六公司破产重整的影响，金源公司资金链断裂。与此相关，金源公司另外开展的其他业务也受到了影响，如当时金源公司参与的向阿根廷出口160辆铁路客车和24辆铁路机车项目，金源公司与其他国内企业组成联合体中标的伊朗315辆地铁车辆项目以及金源公司与伊朗企业组成联合体中标的出口伊朗70辆客车机车项目等，合作方均因资金链断裂及合作伙伴对金源公司履约能力的质疑而最终退出这些项目。而随着金源公司资金链断裂以及其他经营事务的逐渐停滞，金源公司债务危机爆发，银行等债权人纷纷启动诉讼程序追索债权并轮候查封金源公司银行存款、房产、有价证券等所有资产，职工工资也不能按时支付。举步维艰的金源公司最终选择向人民法院申请破产清算，上海市青浦区人民法院经审查于2011年6月受理了金源公司破产清算申请。

金源公司管理人成立后，即刻着手金源公司财产的调查、清理工作，包括申请相关法院中止执行金源公司房产、解除对金源公司财产的查封，要求金源公司负责人、财务人员配合整理金源公司财产清单，接管金源公司财产，向金源公司债务人追索债权等。同时，管理人也按破产法的规定，接受和核查债权人所申报债权，调查金源公司拖欠职工工资情况，核实金源公司负债情况等。在开展这些工作的基础上，金源公司第一次债权人会议在2011年9月召开，该次债权人会议审议通过了金源公司财产管理方案；金源公司第二次债权人会议在2011年12月召开，该次债权人会议审议通过了金源公司破产财产变价方案和提前清偿劳动债权方案；第三次债权人会在2012年9月召开，该次债权人会议审议通过了金源公司第一次破产财产分配方案。管理人亦按债权人会议审议通过的相关方案，对金源公司财产进行了相应的管理、变价和分配。

在实施金源公司第一次破产财产分配之时，金源公司尚有部分财产未收回，如在浙江纵横集团有限公司等六公司合并破产重整一案中，浙江纵横集团有限公司尚有1 600多万元的清偿款未清偿；如对大连某公司也还有700万元左右应收款未收回。在实施金源公司第一次破产财产分配之后，管理人继续通过诉讼等方式追收金源公司财产，截至2015年9月，管理人方才完整收回金源公司财产。随后，管理人亦承接第一次破产财产分配方案，再制订了第二次破产财产分配方案，将后续收回的所有金源公司破产财产完整分配给债权人。

第二节 法律实务解析

一、执行中止与保全措施解除

破产法的宗旨为概括解决破产企业所有法律关系，而其实质在于将破产企业所有财产按法定的顺序和确定的比例向债权人清偿。因此，在破产程序中，禁止向个别债权人清偿；如进行了个别清偿，则该清偿行为无效，受偿人必须向管理人交还受偿财产。以向个别债权人清偿债务为目的的、以破产企业财产为执行标的的强制执行措施，也在禁止之列；因此，有关破产企业财产的所有保全措施应当解除，执行程序应当中止。

前述保全措施、执行行为即包括法院采取的对破产企业财产的保全措施和执行行为，也包括行政机关对破产企业财产采取的保全措施和执行行为。为避免企业进入破产程序后，因为其他法院或行政机关对企业破产情况的不知情而继续查封或者执行破产企业财产，管理人应当及时通知相关法院、行政机关解除保全措施，将破产企业财产交由管理人接管。在实践中，有些法院认为在受理破产申请的法院裁定宣告企业破产后才需解除保全措施，在法院受理破产申请至裁定宣告破产期间应保持财产保全措施。该观点可能与《企业破产法（试行）》存在关联，在《企业破产法（试行）》规定下，破产企业自行申请破产的，法院受理破产申请即宣告企业破产，故有些法院（法官）可能认为法院宣告企业破产时破产程序才正式启动，才有解除财产保全措施必要；如法院还未宣告企业破产的，则企业是否"破产"还未确定，还不可以解除查封或中止执行。但按《企业破产法》规定，法院裁定受理破产申请即标志着企业正式进入了破产程序，自此所有破产企业财产便由管理人管理和处分，且由债权人会议专门审议财产管理方案，执行法院基于个别债权人申请而对破产企业财产进行的查封、执行自然应当中止。在实践中，有些工商部门认为解除保全措施（如解除对破产企业涉案场所的查封）将影响其案件的查办，该观点与其对破产管理人职权不甚了解相关。管理人作为无利害关系的中立方，接管破产企业系为了概括了结破产企业对外法律关系，其中自然包括与工商管理部门的未了结事项；管理人接管破产企业场所不但不会影响工商管理部门办案，相反将协助工商管理部门查明相关案件事实。

相关法院或者行政机关在法院裁定受理破产申请后，强制执行破产企业财产的，最高人民法院《关于适用〈中华人民共和国企业破产法〉若干问题的规定（二）》第5条规定，"采取执行措施的相关单位应当依法予以纠正。依法执行回转的财产，人民法院应当认定为债务人财产"。故，采取强制执行措施的单位，应当将强制执行所得的财产交还管理人；如已交付相关债权人，则应当向相关债权人取回并交还管理人。

相关法院或者行政机关在法院裁定受理破产申请前，强制执行破产企业财产的，最高人民法院《关于适用〈中华人民共和国企业破产法〉若干问题的规定（二）》第15条规定，"债务人经诉讼、仲裁、执行程序对债权人进行的个别清偿，管理人依据企业破产法第三十二条的规定请求撤销的，人民法院不予支持。但是，债务人与债权人恶意串通损害其他债权人利益的除外"，相关法院或者行政机关执行破产企业财产对个别债权进行的清偿有效，管理人不可以以相关法院或者行政机关在执行时破产企业已具备破产原因为由，而主张撤销。

在金源公司破产清算一案中，当人民法院受理金源公司破产申请之时，金源公司所有重要财产，包括房产、有价证券等均被多家法院轮候查封，有些法院已开始委托拍卖金源公司房产。为此，管理人成立后，即刻向这些法院申请中止执行金源公司财产并解除对金源公司财产的查封。而后，相关法院也停止了对金源公司财产的执行，并陆续解除了对金源公司财产的查封。

谈及以上，可以比较一下其他国家的有关规定，或许可以给我们更多的借鉴：

美国破产法的自动冻结制度

《美国破产法》第362条（a）款规定，自愿或者强制破产申请一经提出，债权人所有的债权收取行为应当停止；破产申请一旦提出，就产生冻结的效力。该款分列了八类属于被冻结的行为，包括：

（1）对债务人实施或继续实施（包括启动和借助于某种程序）司法上的或行政上的行为，或其他在破产案件开始之前或之后启动的针对债务人的诉讼程序或其他程序；或者追讨破产程序开始前已经存在的债权的行为。

（2）就清算申请提出前法院已作出的付款判决，针对债务人或者债务人的特定财产实施的任何强制执行行为。

（3）任何旨在占有或者控制全部财团财产或者部分财团财产的行为。

（4）任何针对财团财产创设、完善或执行担保权的行为。

（5）任何对产生于破产申请之前的债务追加创设、完善或执行担保权的行为。

（6）任何催讨、征收或实现破产案件开始之前产生债权的行为。

（7）债权人将其破产程序开始之前对债务人的负债与其债权进行抵销的行为。

（8）在税收法院启动或者继续进行有关债务人财产的税务诉讼程序。

而该条（d）款则规定在自动冻结下，一些利益受损的利害关系人可以向破产法院请求给予免于冻结的救济，救济的方式可以包括终止、废除、变更或调节冻结。而申请给予免于冻结的理由为：（1）因为某种原因，对当事人在被冻结财产中的利益缺乏充分保护；（2）债务人对此财产不存在权益；（3）此财产对有效的重整来说并非必要。在这之外，《美国破产法》第549条又规定了自动冻结制度的两种例外情形，即在该两种情形下，有关债务人破产财团财产的收取可以有效：（1）在强制破产案件中，从申请提出到破产托管人对待履行合同的承担作出决定这段时间内，能产生新价值的转让行为；（2）善意购买人对破产的发生不知情情况下购买不动产的行为。

除法院裁定免于冻结的情形或者属于法定的自动冻结例外情形，任何违反冻结的行为或事件自始无效。"任何人只要违反冻结，则该行为或者事件本身对于债务人和其他受此规则保护的人，缺乏任何法律效力，就如同该行为或事件从未发生一样。"❶

违反冻结的行为除自始无效外，行为人还将承担损害赔偿，第362条（h）款规定"任何因故意违反本条规定之冻结的行为而受到损害的个人将会获得实际的损害赔偿金，包括损失和律师费，同时在适当的情况下，可以获得惩罚性赔偿金"。

以上便是《美国破产法》自动冻结制度的主要内容。不难看出，其最大的特点在于冻结的时间始于破产申请提出之时，而不是法院裁定受理破产申请之时。换言之，申请人在向法院提交破产申请后，便自动获得破产保护，任何人不得再对其实施债权催讨行为。从实践上看，自动冻结很明显可以带来两个好处。一个是对债务人而言，债务人在其经营难以维系往往也是最煎熬的时候，其一方面要费尽心力制订一些经营方案或者融资方案以自救，另一方面又将不得不时时面对来自不同债权人的催讨。而这样的债权催讨又将影响经营方案的实施或者融资方案的谈判和执行，甚至有些债权人会以破坏经营方案或者破坏投资者引进为要挟，要求债务人必须清偿其债务。这样的状态无疑将使债务人如坐针毡。在自动冻结制度下，债务人提交破产申请后，纵使法院还未最终裁定受理，债权人任何的债权收取行为便已被禁止，债务人得以喘息休整。自动冻结的另一个好处是，对债权人而言，债务人陷入破产境地之时，债务人财产理应按破产法的规定清偿债权，但部分债权人出于保全自己债权的考虑，将通过各种手段获得优先的清偿或占据优先的受偿次序。自动冻结制度将使所有债权人的债权按破产申请递交之时的现状、数额、属性固定下来，避免个别债权人哄抢债务人财产或者与债务人串通获得债权清偿上的优势。这样也就保护了其他债权人依照破产法所应享有的权益。

虽然我国《企业破产法》没有"自动冻结"的提法，也没有与"自动冻结"相类似的大段规定，但在我国司法语境下，其第16条"人民法院受理破产申请后，债务人对个别债权人的债务清偿无效"的规定，还是可以很直接地让债权人理解为所有针对债务人、债务人财产的催讨行为应当停止。但从前述规定也可以明显看出与美国自动冻结制度的最大的不同点：停止债权收取的时

---

❶ 韩长印. 美国破产法[M]. 北京：中国政法大学出版社，2003：155.

间是在法院裁定受理破产申请后,而不是债务人或者债权人提出破产申请时。

那么,在我国,从提交破产申请到法院裁定受理破产申请的期限为多久?按《企业破产法》第10条的规定,债务人自行申请破产清算的,期限为15日;债权人对债务人提出破产申请的,期限为22日;情况特殊的,经上一级人民法院批准,可以延长15日。因此,从提交破产申请到法院裁定是否受理的期限,债务人自行申请的情况下,最长为30日;债权人对债务人提出破产申请的情况下,最长为37日。由此看来,我国"冻结"制度与美国自动冻结制度相比较,美国的自动冻结制度最多也就提前37日冻结债权人的债权催讨行为。但实际情况并非如此。法院审查是否受理破产申请的期限大多超过了37日,有的需要几个月的时间,有的则需要半年甚至更长的时间。这样,法院受理破产申请后冻结还是自提交破产申请时"自动冻结",差别就明显了。对于债权人而言,法院未裁定受理破产申请期间的债权收取行为不被禁止,其大可在该段时间内尽力收取债权,最多在受理破产申请后被认为可撤销的行为而被撤销;但可撤销行为又与法院裁定受理破产申请之日相关,可撤销的行为多被限定在裁定受理日之前1年内或半年内实施的行为。这样,如法院迟迟未裁定受理破产申请,则债权人冒险收取的债权则可能变得有效,不会被撤销。

此外,最高人民法院《关于适用〈中华人民共和国企业破产法〉若干问题的规定(二)》第15条有关债务人在经法院裁定进入破产程序前经诉讼、仲裁、执行程序对债权人进行的个别清偿为有效清偿的规定,则在一定程度上助长了债权人在法院裁定受理破产申请前突击截取债务人财产的动机。在针对债务人财产的执行案件已统一由某法院管辖而该法院恰好为审查破产申请的法院时,则执行法官可能因已知悉债务人提交破产申请而停止对债务人财产的执行。但如果债务人财产较多且涉诉案件分布在多个地方的法院的,则前述规定对债权人而言是个巨大的诱惑:如果其突击执行到债务人财产,那么其债权就不必进入破产程序受偿,不必接受分配比例的调整。因此,掌握债务人财产线索的债权人,只要条件允许,定然抢先向法院申请执行债务人财产。只要强制执行到债务人财产,不管多少,都是自己的,不会被撤销取回而供其他债权人分享。从这个角度看,我国破产法有关从法院裁定受理破产申请起禁止个别清偿的规定,比之于美国破产法自债务人或者债权人提交破产申请即禁止个别清偿的规定,在保护债权人公平受偿上稍显不足。

综合以上,我们认为,如果法院严格按照《企业破产法》规定的期限审查破产申请,则美国的自动冻结制度和我国的冻结制度,原则上、大概率上不会对破产债权的公平清偿造成冲击。但如果法院超期甚至无时间表地审查破产申请,则美国自动冻结制度的优势便体现出来,其制止了审查期间债务人财产的流失,锁定了债务人财产的完整性,确保了以后对破产债权的公平清偿。

德国破产法、日本破产法对强制执行形式下个别清偿的撤销

《德国破产法》第 141 条规定:"撤销不因已为该法律上的行为取得可执行的债务名义或因行为系由于强制执行所致而排除。"❶

《日本破产法》第 165 条规定:"对于就拟否认的行为具有执行力的债务名义存在时,或者其行为系基于执行行为时,不妨碍否认权的行使。"❷

从以上规定看,在德国、日本,在债务人具备破产原因后,以强制执行的形式将债务人财产清偿个别债权人的,属于可撤销的偏颇清偿行为。破产管理人均可以主张予以撤销,向个别债权人取回财产,将财产重新纳入破产企业财产范畴。撤销偏颇清偿行为的意义在于,在企业具备破产原因时其已不能完整清偿所有债权,限制债务人向其中个别债权人清偿,可以维护其他债权人的公平受偿权。在企业具备破产原因时,无论其主动向部分债权人清偿债权,还是部分债权人通过强制执行手段获得债务人财产,结果都是在部分债权人债权得到满足时侵犯其他债权人的公平受偿权。因此,德国破产法、日本破产法均明确规定即便债权人通过执行手段获得债务人财产,但只要属于可撤销、可否认的偏颇清偿行为,都可以予以撤销、否认,而不受"强制执行"这样的合法形式所限制。

我国有关债务人对个别债权人偏颇清偿的规定,在《企业破产法》第 32 条。其规定:"人民法院受理破产申请前六个月内,债务人有本法第二条第一款规定的情形,仍对个别债权人进行清偿的,管理人有权请求人民法院予以撤销。但是,个别清偿使债务人财产受益的除外。"从该规定看,在法院受理破产申请的 6 个月内,具备破产原因的债务人向个别债权人进行清偿的,管理人都可以申请予以撤销,而不论清偿的方式、手段。由此,从《企业破产法》保护所有债权人的公平受偿权的宗旨看,似乎即使债权人通过法院强制执行的方式取得债务人财产,只要该取得是在法院受理破产申请前的 6 个月内而债务人又具备破产原因,管理人就可以请求法院撤销该清偿行为。

但在实践中碰到的问题要复杂和现实得多,下面以金源公司破产清算中

---

❶ 李飞. 当代外国破产法 [M]. 北京:中国法制出版社,2006:61.
❷ 李飞. 当代外国破产法 [M]. 北京:中国法制出版社,2006:785.

碰到的情况为例:

上海市青浦区人民法院在2011年6月裁定受理金源公司破产清算申请,而金源公司因受浙江纵横控股集团有限公司等六公司合并破产重整的影响,自2009年12月便无力清偿债务,具备了破产原因。在纵横控股集团有限公司等六公司合并破产重整中,金源公司对其6.14亿元债权按重整方案获得28%的清偿,清偿额为人民币1.72亿元。同样,在纵横控股集团有限公司等六公司合并破产重整中,纵横控股集团有限公司作为金源公司的保证人为金源公司向债权人清偿了1.5亿元。纵横控股集团有限公司代金源公司向债权人清偿1.5亿元后,立即起诉金源公司,要求金源公司返还1.5亿元,同时向绍兴市中级人民法院申请冻结金源公司在纵横控股集团有限公司等六公司合并破产重整一案中的1.5亿元受偿款。2011年1月,绍兴市中级人民法院作出的金源公司向纵横控股集团有限公司清偿1.5亿元的判决生效。随后,纵横控股集团有限公司向绍兴市中级人民法院申请强制执行。2011年2月间,纵横控股集团有限公司重整人分三次将应付金源公司的1.5亿元清偿款交付至绍兴市中级人民法院,绍兴市中级人民法院也随即将款项划付纵横控股集团有限公司。

从前面介绍的案情看,纵横控股集团有限公司既是应付金源公司1.72亿元清偿款的债务人,又是对金源公司享有1.5亿元债权的债权人,双方互付到期债务。而从清偿结果看,金源公司在纵横控股集团有限公司等六公司合并破产重整中的1.5亿元受偿款被强制执行而消除,纵横控股集团有限公司对金源公司的1.5亿元债权经由绍兴市中级人民法院的执行获得了清偿。金源公司在2011年6月进入破产程序,其在纵横控股集团有限公司等六公司合并破产重整中的1.5亿元于2011年2月被强制执行,即该1.5亿元是在金源公司进入破产程序前的6个月内、在具备破产原因的情况下被强制执行的。诚然,纵使金源公司管理人向法院申请撤销该个别清偿,取回被执行的1.5亿元,纵横控股集团有限公司还是可以依据《企业破产法》以其对金源公司享有1.5亿元债权而主张抵销。但这种情况毕竟是少数情况,实践中,绝大多数的情形还是债权人对破产企业享有债权并通过法院执行取得破产企业财产。引用这个例子的重点在于探讨,如果法院的强制执行行为是可以撤销的,那么金源公司管理人该如何申请撤销。

首先,是否可以适用《民事诉讼法》的执行回转规则?《民事诉讼法》第233条规定:"执行完毕后,据以执行的判决、裁定和其他法律文书确有错误，被人民法院撤销的，对已被执行的财产，人民法院应当作出裁定，责令取得财产的人返还；拒不返还的，强制执行。"从该规定看，进行执行回转的条件为"据以执行的判决、裁定或者其他法律文书确有错误，被人民法院撤销的"。从前述引用的例子看，绍兴市中级人民法院基于纵横控股集团有限公司在破产重整过程中作为保证人代金源公司向债权人清偿的债务而判决支持纵横控股集团有限公司对金源公司的1.5亿元债权并无不当，该判决没有错误，因此也就没有适用执行回转的条件。而从执行回转的规定也可看出，执行回转是与撤销截然不同的一套机制，可以说，通过执行回转取回破产企业被执行的财产并非破产法意义上的撤销，而是法院系统对错误裁决所导致后果的一种纠正。

其次，是否可以按《民事案件案由规定》中的"破产撤销权纠纷"诉由提起起诉？按我们的理解，虽然破产法对管理人可以行使的撤销权的情形进行了罗列，但破产法所规定的撤销权并非与其他民商法上的撤销权相独立、相区别，而是民商法上的撤销权在企业进入破产程序的变形和扩张，本质上都是为了保全权益。其区别在于：其他民商法上的撤销权保全的是个别单位或个人的权益，破产法上的撤销权保全的是破产企业所有债权人的债权；民商法上的撤销权因仅保护特定债权人利益而适用情形较为有限，而破产法上的撤销权则因为了扩大保护所有债权人的利益而衍生出了较多的适用情形。既然如此，那么，管理人在破产程序中行使的撤销权，就如同民商法中的撤销权，撤销的应当为民事主体之间的民事行为，即发生于债权人和破产企业之间的有损于其他债权人公平受偿的民事行为。个别债权人获得偏颇清偿时，管理人行使的撤销权，被告应为得到偏颇清偿的人。但当个别债权人获得的偏颇清偿是通过法院强制执行形式进行时，债权人和破产企业间的清偿行为就不单单是一种民事行为，至少在形式上表现为法院的司法行为。如果通过法院的民事审判庭的审理撤销一项民事行为是易于理解的，那么通过法院的民事审判庭的审理撤销一项法院的司法行为便显得和现有体系格格不入；在所涉及的司法行为为上级法院作出或跨省市的其他法院作出时，这样的格格不入就显得更为突兀。如在前述案例中，如管理人向上海市青浦区人民法院申请撤销纵横控股集团有限公司1.5亿元的受偿行为，对于管理人而言，需要考虑撤销的到底是民事行为还是法院的司法行为、被告是纵横控股集团有限公司还是绍兴市中级人民法院；而对于上海市青浦区人民法院而言，则需要考虑是否需要审查绍兴市中级人民法院的执行行为、如审查则可以给出何种方式的结论、如何与绍兴市中级人民法院工作衔接等。故，当时管理人认为难以适用《企业破产法》第 32 条行使撤销权而向纵横控股集团有限公司取回经由绍兴市中级人民法院执行的 1.5 亿元。

至 2013 年 7 月，最高人民法院颁布的《关于适用〈中华人民共和国企业破产法〉若干问题的规定（二）》对该问题给出了最终答案——管理人不能根据《企业破产法》第 32 条规定撤销经法院强制执行的对个别债权人的清偿。而从该解释以及与之相关联的第 5 条解释也可明确，对于法院的强制执行行为的"撤销"，不属于《企业破产法》规定的管理人行使撤销权的范畴，管理人不需要再纠结于如起诉被告是债权人还是法院、撤销的是债权人受偿行为还是法院执行行为等问题，管理人需要做的仅是在发现赖以执行的裁决已被撤销时要求执行法院"执行回转"，或者在发现赖以执行的裁决是破产企业与债权人恶意串通时申请再审以期纠正（性质上也属于"执行回转"范畴）。

虽然，目前而言，对于企业进入破产程序前 6 个月内经法院执行的财产不可追回，已经盖棺定论，但客观上该解释确实损害了其他债权人的公平受偿权，而且在一定程度上鼓励了债权人通过执行程序哄抢破产企业有限的财产。而有时该解释在实践上也会显得矛盾：同样合法的债权，没有通过法院强制执行的个别清偿被撤销了，而借着法院强制执行形式的个别清偿却不会被撤销。有可能最高人民法院作出的该司法解释，也是在经过衡平后没有办法的办法：第一，《企业破产法》《民事诉讼法》没有明确禁止或者限制该期间的强制执行行为，最高人民法院不能超出《企业破产法》《民事诉讼法》，禁止人民法院在该期间内的执行行为；相应地，在《企业破产法》第 19 条明确规定法院受理破产申请后应当中止执行的情况下，该司法解释便跟进解释未中止执行而执行所得的财产，应当执行回转。第二，如将法院的强制执行行为划入《企业破产法》第 32 条规定的可撤销行为，撤销权将由管理人行使，是否可撤销将最终由受理破产申请的法院裁决。通过民事诉讼的方式审查并推翻法院的强制执行行为，难以被我国现有的民事诉讼制度所接受，事实上也难以审理这样的诉讼。第三，需要兼顾司法执行的权威性和终极性，无论如何，在法院的强制执行案件中，被执行人恰好具备破产原因的应属少数。

但是，部分债权人将利用这个漏洞或者间隙，突击执行破产企业财产，却又是一个难以回避的问题。为解决这个困境，只能从源头上入手，如通过修订《企业破产法》，作出类似《德国破产法》《日本破产法》的规定。当然，这还需要结合我国有关民事撤销、执行回转的司法实践，如将现有《企业破产法》

第 32 条修订为"人民法院受理破产申请前六个月内,债务人有本法第二条第一款规定的情形,仍对个别债权人进行清偿的,管理人有权请求人民法院予以撤销。债务人对个别债权人的清偿,是经诉讼、仲裁、执行程序进行的,管理人可以申请执行机关执行回转债务人所清偿财产",便可以限制债权人在企业已具备破产原因时抢先执行企业财产,影响其他债权人的公平受偿权。在民事诉讼法上,其实已经可以看到与之相关的尝试,如最高人民法院《关于适用〈中华人民共和国民事诉讼法〉的解释》[法释(2015)5号]第 513 条规定:"在执行中,作为被执行人的企业法人符合企业破产法第二条第一款规定情形的,执行法院经申请执行人之一或者被执行人同意,应当裁定中止对该被执行人的执行,将执行案件相关材料移送被执行人住所地人民法院。"就此,最高人民法院还于 2017 年 1 月 20 日发布了《关于执行案件移送破产审查若干问题的指导意见》,以希望上述司法解释中有关"执行转破产"的规定可以落地。但实践效果如何,是否可以通过该方式限制债权人对已具备破产原因企业财产的执行,还尚待观察。

二、对未履行完毕双务合同的履行

企业经营是一个持续的过程,并不会因企业进入破产程序戛然而止。在金源公司破产清算一案中,在人民法院裁定受理破产申请之时,金源公司虽然已经停止了经营,但对外存在一些双方均未履行完毕的合同。这些合同继续履行与否,按《企业破产法》的规定,由管理人决定。按《企业破产法》第 18 条的规定,双务合同解除与否存在以下情形:

(1)管理人通知解除合同。管理人在接管破产企业后,经了解合同履行情况后,认为不需要继续履行合同的,管理人可以通知对方解除合同。管理人对于该合同的解除权,源于破产法规定,属于管理人享有的法定解除权,管理人行使该解除权不受双方是否存在违约情形、合同是否约定解除情形的影响。该双务合同自管理人通知解除后解除;合同解除后,对方可以以合同解除给其造成的损失向管理人申报债权。

(2)合同视为解除。管理人在接管破产企业后,合同相对方可以催告管理人继续履行合同;在催告后 30 日内,管理人没有回复的,视为合同解除。而在法院裁定受理破产申请后的 2 个月内,管理人未通知对方当事人继续履行的,也视为合同解除。此外,管理人决定继续履行合同,对方要求管理人提供相关履约担保,而管理人未能提供的,也视为合同解除。上述情形下的合同解除，系源于破产法的直接规定，属于一种法律事实。

（3）管理人通知继续履行合同。管理人认为有必要继续履行合同的，可以通知对方当事人继续履行合同，而对方当事人也应当继续履行。

在双务合同继续履行或解除的上述情形中，有些细节，需要加以注意：

第一，未履行完毕双务合同的范围。实践中，未履行完毕合同的情形多种多样，包括债务人履行完毕但对方当事人未履行完毕的合同，也包括对方当事人履行完毕而债务人未履行完毕的合同，还包括债务人和对方当事人均未履行完毕的合同。《企业破产法》第18条规定的双方均未履行完毕的合同，指的是最后一种情形。对于债务人一方或者对方当事人一方已经履行完毕的合同，不属于第18条所规定"未履行完毕双务合同"的范围。而其中，最关键的一点就是如何判断合同一方或者双方是否已经履行完毕。按《合同法》第60条的规定，"当事人应当按照约定全面履行自己的义务"，同时"当事人应当遵循诚实信用原则，根据合同的性质、目的和交易习惯履行通知、协助、保密等义务"，因此，当事人在履行合同时，即应当按合同约定全面履行自己的义务，同时也要履行通知、协助、保密等合同附随义务。从履行目的上看，当事人履行随附义务是为了完善或者维护合同所约定标的给付效果，从该点上看，我们认为，当当事人已经完成了合同所约定的标的给付，或者完成与合同标的相应对价的支付，便应该认为该当事人已经履行完毕，不宜以该当事人未履行或未适当履行通知、协助等附随义务而认为其未履行完毕。由此，我们认为，判断合同当事人是否已经履行完毕的标准，是合同当事人是否按照合同约定完成标的的给付、是否按照合同约定完成对价的支付，如买卖的货物是否已完整交付、货款是否已完整支付，再如租赁物是否如约交付、租金是否足额支付等，而不能以一些附随义务尚未履行而认为合同尚未履行完毕。做此限定，在实践中具有现实意义。举例而言，在债务人已经对已支付大部分货款、合同相对方已交付货物但尚未按合同约定提供合格证、原产地证明、说明书或销售发票等附随义务的采购合同中，如管理人决定停止债务人营业，债务人在该份采购合同中采购的货物将失去价值；如管理人可以以合同相对方尚未按合同约定履行附随义务而认为该合同属于双务合同，进而主张合同解除，则管理人不仅可以从对方取回已支付的大部分货款，且可以将债务人不需要的且需要耗费保管费用的货物返还合同相对方，故解除合同对债务人而言将是有利的选择。然而，合同相对方将由此遭受重大损失，其不仅不能得到货款，还将承担货物贬值的损失及货物保管或二次销售的费用，而其损失只能以申报债权的方式向管理人主张，而其债权一般而言也只能获得部分清偿。因此，虽然《企业破产法》鼓励管理人增值、保值债务人财产，但在管理人决定双务合同是否继续履行上，应当适当限制管理人解除权。管理人只能在双方均未完成合同主义务的情况下才能拥有是否解决合同的选择权；在双方任何一方已经完成合同主义务的情况下，管理人便不能再行使解除权，以免管理人在保值、增值债务人财产时，过度损害合同相对方利益。

第二，对于双方均未履行完毕的双务合同，在管理人决定继续履行合同时，对方当事人应当继续履行，而不能以合同约定的合同解除条件已成就或者破产企业已根本违约为理由抗辩。在一些合同中，可能存在"本合同在一方进入破产程序时解除"的类似约定，从《合同法》的角度看，该约定属于双方当事人约定的合同解除条件，并无不妥。而在债务人严重迟延支付相关款项的情况下，从《合同法》的相关规定看，可能也可以将债务人的行为视为根本违约，进而使合同相对方享有解除合同的权利。但从《企业破产法》第18条规定"管理人决定继续履行合同的，对方当事人应当履行"的规定看，在一方当事人进入破产程序后，合同解除或继续履行决定权由管理人行使；管理人决定继续履行的，对方当事人便应当履行，而不能依照合同约定或者《合同法》有关规定对抗管理人的要求。因为，《企业破产法》考虑的是"管理人应当按照有利于使债务人财产最大化的原则，行使决定继续履行或者解除的选择权"。[1] 换言之，在考虑双务合同是否继续履行时，《企业破产法》考虑更多的是债务人财产最大化以及与之相关破产程序中广大债权，而不是单单考虑交易对方在合同中的权益。

第三，在管理人决定继续履行合同时，对方当事人有权要求管理人提供担保；管理人不提供担保的，视为合同解除。《企业破产法》在赋予管理人决定是否继续履行双务合同权利的同时，也给了对方当事人权益保障。在管理人决定继续履行双务合同时，对方当事人有权要求管理人提供担保，这可以说是《合同法》第69条所规定"不安抗辩权"[2] 在破产程序中的延续。企业进入破产程序，即意味着破产企业丧失了完整清偿债务的能力。故《企

---

[1] 全国人民代表大会常务委员会法制工作委员会. 中华人民共和国企业破产法释义 [M]. 北京：法制出版社，2007：34.

[2] 《中华人民共和国合同法》第69条规定："当事人依照本法第六十八条的规定中止履行的，应当及时通知对方。对方提供适当担保时，应当恢复履行。中止履行后，对方在合理期限内未恢复履行能力并且未提供适当担保的，中止履行的一方可以解除合同。"

业破产法》赋予对方当事人"不安抗辩权",对方当事人有权要求管理人提供担保,以换取其对合同的继续履行。但管理人应当在多久的时间内向对方当事人提供担保,以及提供何种类型、何种程度的担保,《企业破产法》未进一步规定。对于管理人何时向对方当事人提供担保,我们认为可以参照对方当事人催告管理人决定是否继续履行合同的 30 日催告期:当管理人通知对方当事人继续履行合同时,对方当事人可以催告管理人在 30 日内提供担保;管理人迟延提供的,即视为管理人未能提供担保,合同解除。而对于管理人提供何种程度的担保,我们认为应当以可以保全对方当事人继续履行的预期利益为限,而不包括之前破产企业因违约等原因应向对方当事人承担的责任。实践中大量存在的情况是:企业在正式进入破产程序时,合同一般因破产企业的迟延付款等违约行为而停止履行,而伴随着违约情形的持续,截至进入破产程序时,破产企业一般已需向对方单位支付一笔为数不少的违约金。管理人决定继续履行双务合同,目的在于取得合同预期利益;而随着合同的继续履行,也理应保全对方当事人于合同中的预期利益。因而,管理人以对方当事人合同预期利益为限提供担保是适宜的,如管理人提供的保全还需覆盖对方当事人违约责任方面的主张,则将抵消甚至抹去破产企业于合同中的预期利益,也将构成对该当事人的既有债权的偏颇清偿。举例言之,假如继续履行一份合同,管理人将需继续支付对方当事人 50 万元的对价,那么管理人提供的适合担保便是确保对方当事人可以得到该 50 万元对价,而不是在保全该 50 万元对价之外还需确保兑现对方当事人可以向破产企业主张的其他权利。管理人所提供的担保可以是财产抵押、应收账款质押等。一旦管理人提供了足以保全对方当事人合同预期利益的担保,对方当事人便应当继续履行合同。如对方当事人仍拒绝履行合同,管理人可以代表债务人提起诉讼,要求对方继续履行合同并承担相关违约责任。

第四,管理人决定继续履行合同或者提供担保,应当经过法院或者债权人委员会同意。按《企业破产法》的规定,在第一次债权人会议召开之前,由管理人决定是否继续破产企业的营业;而在第一次债权人会议时,再由债权人会议决定是否继续破产企业的营业。❶ 如管理人决定继续营业一般也就

---

❶ 《企业破产法》第 25 条规定:"管理人履行下列职责:……(五)在第一次债权人会议召开之前,决定继续或者停止债务人的营业……。"
《企业破产法》第 61 条规定:"债权人会议行使下列职权:……(五)决定继续或者停止债务人的营业……。"

意味将继续履行未履行完毕的合同,这样看,似乎管理人可以单方决定是否继续履行双务合同。但情况却非如此,因为按《企业破产法》第69条的规定,管理人履行破产企业和对方当事人均未履行完毕的合同及在破产企业财产上设定担保的,应当及时报告债权人委员会;未设立债权人委员会的,管理人应当及时报告人民法院。我们认为此处的报告为事前报告,是需要经得同意的报告,而并非泛泛的、告知性质的报告。如果管理人未经债权人委员会或人民法院同意,擅自履行未履行完毕的合同并提供了担保,则该履行行为及履行结果是否受法律保护将受到质疑;而在该合同继续履行过程中,造成债务人预期利益减少甚至遭受损失的,则管理人便可能需要就此承担责任。

三、对破产企业财产的管理、处分

(一) 管理人、法院、债权人会议、债权人委员会对破产企业财产管理、处分的权限

债权人会议召开前后破产企业财产的管理、处分过程如图3-1所示。

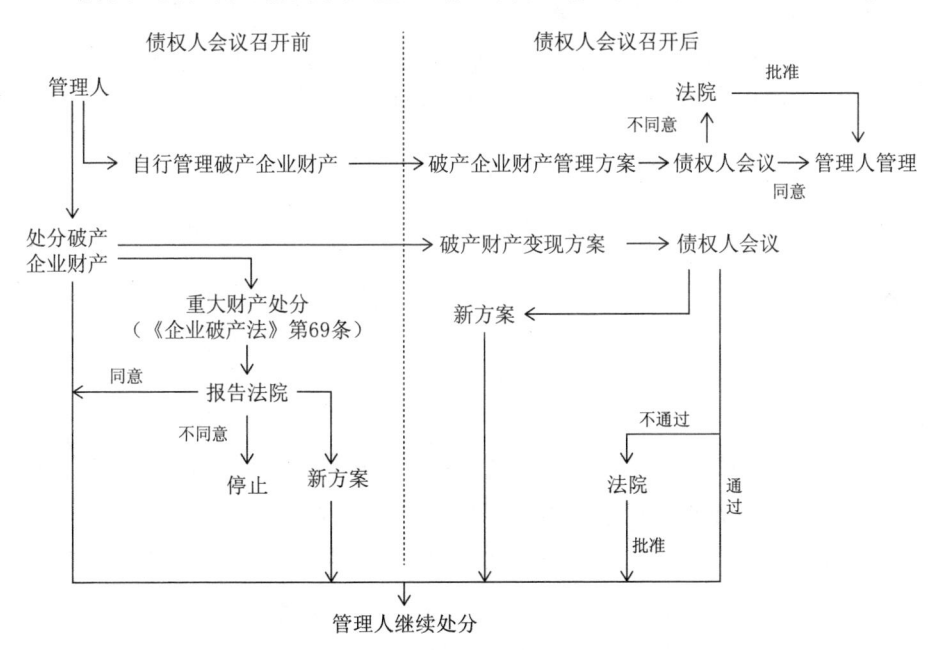

图3-1 破产企业财产的管理、处分

在破产程序中,对破产企业财产的管理和处分,无疑是至关重要的事项;处理得当,可使破产企业财产保值、增值,使债权人获得更多的清偿;

处理不当，则将使破产企业财产贬损，降低债权人的受偿比例。可以说，该事项和破产程序中的债权核查，构成了破产程序核心，所有破产清算工作都是围绕这两方面展开。关于债权如何核查，按《企业破产法》的规定，管理人、法院、债权人会议在其中的分工较为明确，相对容易掌握。但在涉及破产企业财产管理和处分时，因为《企业破产法》既规定了债权人会议审议财产管理方案、变价方案的权利，也规定了管理人、法院、债权人委员会在管理和处分破产企业财产的一些权利，使得债权人会议、管理人、法院、债权人委员会之间对于管理和处分破产企业财产的权利界限相对模糊了，因此，在讨论如何对债务人财产进行清理前，有必要先梳理管理人、法院、债权人会议、债权人委员会各自在管理和处分破产企业财产方面的权限。

有关管理人管理和处分破产企业财产的规定，《企业破产法》针对不同情况进行了较多的规定。第17条第1款规定："人民法院受理破产申请后，债务人的债务人或者财产持有人应当向管理人清偿债务或者交付财产。"第36条规定："债务人的董事、监事和高级管理人员利用职权从企业获取的非正常收入和侵占的企业财产，管理人应当追回。"第37条第1款规定："人民法院受理破产申请后，管理人可以通过清偿债务或者提供为债权人接受的担保，取回质物、留置物。"而最概括性的规定，在于《企业破产法》有关管理人职责规定的第25条，其规定管理人职责包括"管理和处分债务人的财产"。

由此可见，《企业破产法》授予了管理人较为广泛的管理和处分破产企业财产的权限。换言之，如果《企业破产法》未在涉及破产企业财产管理和处分方面作出另外的规定，那么管理人便可依照忠实、勤勉原则，行使对破产企业财产的管理权和处分权。由此，我们认为，《企业破产法》中有关法院或者债权人会议、债权委员会在管理和处分破产企业财产的规定，便是针对一些特殊情况而对管理人所实施管理行为或处分行为的限制，以督促管理人正当、有效、价值最大化地管理处分破产企业财产。

下面将法院、债权人会议、债权人委员会在管理和处分破产企业财产的权限放在一起讨论，是因为相对于管理人具体的、细致的财产管理工作和处分工作而言，他们承担的权限均侧重于对管理人的监督。

不得不说，在《企业破产法》颁布实施之前，法院承担了较多企业破产实务工作，其中也包括对破产企业财产的管理和处分工作。最为主要和直接的原因或许在于《企业破产法（试行）》第24条规定"清算组对人民法院负责并且报告工作"。从该规定看，人民法院是破产程序的主导者，而清算组似乎是人民法院在破产程序中的具体实施者；形象地比喻清算组与人民法院的关系好似"打工者"和"老板"关系，"打工者"负责处理具体事务，处理结果对"老板"负责。这种格局下，在处理具体事务时，"打工者"自然倾向于事先向"老板"请示，听取"老板"意见。最高人民法院《关于审理企业破产案件若干问题的规定》也意识到了这种"角色"定位的不适当，并试图在其第51条以新的视角阐释清算组与人民法院的关系，如其在援引《企业破产法（试行）》第24条"清算组对人民法院负责并且报告工作"的规定之后，规定清算组"接受人民法院的监督""人民法院应当及时指导清算组的工作，明确清算组的职权与责任，帮助清算组拟订工作计划，听取清算组汇报工作"，试图以此明确法院的职责在于对破产工作进行指导和监督，而非对具体破产工作的决定和实施。但实务中，还是避免不了清算组在处理破产工作时"早请示""晚汇报"，这样大多事务实际上还是由法院决定，在涉及破产企业财产管理或者处分等涉及实体权利时更是如此。在《企业破产法（试行）》中，债权人会议所享有的职责较为有限，并未明确规定对清算组工作的监督，也没有规定"债权人委员会"这个机构，债权人委员会的监督权就更无从谈起了。《企业破产法》颁布实施后，不再有"管理人对人民法院负责"的类似表述，而表述为"管理人依照本法规定执行职务，向人民法院报告工作，并接受债权人会议和债权人委员会的监督"。该规定，一方面明确规定管理人应积极主动履行管理人职责，另一方面明确规定管理人需就其职务执行情况向法院报告，受债权人会议和债权人委员会监督。因此，总体上可以认为《企业破产法》所规定的管理人和法院、债权人会议、债权人委员会间的关系为实施者和监督者的关系。

在管理和处分破产企业财产方面，《企业破产法》规定了法院、债权人会议、债权人委员会所享有的一些职权。第61条规定了债权人会议享有审议财产管理方案、财产变价方案的权利。第65条规定了法院在债权人会议未审议通过财产管理方案或财产变价方案时的批准权。第69条规定了法院或债权人委员会在管理人实施重大财产处分时的批准权。法院、债权人会议、债权人委员会行使这些权限，仅是为管理人管理或处分破产企业财产确定一定的方式或方法，而并不是取代管理人直接管理或者处分破产企业财产。但法院、债权人会议、债权人委员会享有的该种权限，一般都是破产程序开展到一定阶段、破产事务涉及重大事项时才行使。在债权人会议未召开审议或者法院未批准破产企业财产管理或变价方案之前，只要所涉及的财产处分行为不属于《企业破产法》第 69 条规定的范围，相关的财产管理和处分，便由管理人按忠实、勤勉的原则进行。

法院或者债权人委员会依照《企业破产法》第 69 条规定的对管理人重大财产处分行为的监督权，到底是事前监督还是事后监督，并不是很清晰，只是要求"管理人实施下列行为，应当及时报告债权人委员会；未设立债权人委员会的，管理人实施前款规定的行为应当及时报告人民法院"。由此有人认为这种监督是事后监督，只要向法院或者债权人委员会通报、报备即可。但如前所述，我们认为此处的"及时报告"应是事前的、需取得法院或者债权人委员会同意的报告。具体原因如下：

第一，管理人对破产企业重大财产的处分，包括处分破产企业不动产、对外借款、设定担保等，最终都将在较大程度上影响对债权人的清偿；如果是事后报告，将于事无补，管理人与其他善意第三方已经进行的交易不可能因法院、债权人会议提出异议而被撤销或者终止。

第二，管理人对破产企业进行的重大处分所涉及的财产，可能已经构成了破产企业财产变价的全部或者核心。如对于房地产企业而言，土地、房屋等不动产权益可能是其所有的财产；对于矿产资源企业而言，探矿权、采矿权可能是其所有的财产；而对于从事电子商务的企业而言，库存则可能是其所有的财产。如果第 69 条规定的"及时报告"为事后报告，即意味着管理人可以径行变价破产企业的所有财产或者核心财产，这便实际上架空了法院或者债权人会议对破产企业财产变价方案的决定权，与破产法规定的精神相违背。

第三，法院或者债权人委员会是作出同意与否的适合主体。法院对管理人的监督不言而喻，严格地说，从指定管理人到管理人职务解除，管理人的工作都应当在法院的监督之下，管理人对破产企业财产进行的重大处分更应当受到法院监督；而法院作为破产程序这种特殊司法程序的主导者，在债权人会议对财产如何管理、如何变价无法形成多数表决时，还享有最终的决定权。因此，在债权人会议或债权人委员会缺位的情况下，由法院对管理人的重大处分行为作出同意与否的意见是适当的。而在已经成立债权人委员会的情况下，债权人委员会便为债权人会议闭会期间的常设机构，其由债权人会议推选的债权人代表组成，可以代表所有债权人权益；故由其行使类似债权人会议审议财产变价方案的权利，对管理人重大财产处分行为作出同意与否的意见也是适当的。

第四，对于管理人拟实施的重大财产处分行为，有时候来不及提交债权人会议审议，便需要由法院或者债权人委员会审时度势、当机立断。如按《企业破产法》规定，第一次债权人会议在法院确定的债权申报期届满后15日内召开，如果法院确定的债权申报期限是最长的3个月，即意味着第一次债权人会议将在3个月后召开，而在这3个月内管理人很有可能有必要实施第69条所规定的重大财产处分行为，此时便应当由法院（第一次债权人会议还未开，债权人委员会便未成立）及时作出是否同意管理人实施重大财产处分的意见。又如，在破产企业继续营业的情况下，为继续开展营业而取得预期收益，有时需要对外借款以维持必要的开支，有时需要为交易方提供必要的担保以换取交易等，此时便需要法院或债权人委员会及时作出是否同意管理人实施该行为的意见。

其他一些国家的立法，一般也是在原则上赋予管理人广泛管理权、处分权的同时，适度保持法院或者债权人会议（债权人委员会）对一些重大财产处分行为的批准权。如《美国破产法》第361条c（1）规定托管人"无须通知或者听证，便可在正常业务范围内进行交易，包括对财团财产进行使用、出售或者出租"，但该条b（1）则规定对于非正常业务范围内的交易，应当经通知及听审之后方可进行使用、出售或出租。而对于"非正常业务范围内的交易"的范围，从判例上看，一般包括出售破产企业关键资产或者全部资产以及将可能影响重整或者债权受偿顺序的交易行为。❶ 再如《德国破产法》第160条规定"1. 破产管理人在准备实施对破产程序特别重要的法律行为时，应当征得债权人委员会的同意。未设立债权人委员会的，应当征得债权人会议的同意。2. 在下列情形，尤其必须征得本条第1款规定的同意：（1）出让企业或者一项营业、出让整个仓库、直接出卖不动产标的、出让债务人在另一企业持有的股份、出让取得定期收入的权利；（2）接受将使破产财产增加重大负担的贷款；（3）进行或开始进行具有重大争议价值的法律争议诉讼、拒绝接手进行此种法律争议、为调解或避免此种法律争议而缔结和解或者仲裁协议。"❷ 再如《日本破产法》第78条规定："在作出破产程序开始的决定后，管理以及处分属于破产财团的财产的权利，专属于法院所选任的破产财产管理人。破产财产管理人在进行下列行为时，必须取得法院的许可：1. 关于不动产的物权、应当登记的日本船舶或外国船舶的自主出售；

---

❶ 韩长印. 美国破产法 [M]. 北京：中国政法大学出版社，2003：180-187.
❷ 李飞. 当代外国破产法 [M]. 北京：中国法制出版社，2006：67.

2. 矿业权、渔业权、专利权、实用新型权、外观设计专利权、商标权……著作权或者著作相邻权的自主出售；3. 营业或者事业的转让；4. 商品的整体出售；5. 借款……14. 回赎别除权标的物；15. 法院指定的其他行为。"❶

从目前我们办理的破产案件看，法院对如何适用《企业破产法》第69条存在不同理解。当法院收到管理人提交的《企业破产法》第69条重大财产拟处分报告时，不同法院的处理方式各有不同：有的法院会以复函的形式回复管理人的报告，表示同意或不同意，或者提出一些财产处置中的注意事项；有的法院不以书面形式回复管理人，但会通过电话告知管理人法院的看法；而有的法院则不对管理人提交的报告作出反馈。总体而言，法院反馈意见分为两个方向：一类是同意管理人处置破产企业重大财产（包括提示一些财产处置注意事项的情形）；一类是不同意管理人径行处置破产企业重大财产，而要求经过债权人会议审议。我们认为，在没有成立债权人委员会的情况下，法院理应行使决定权；此时将该拟决事项推迟由债权人会议审议，有推卸职权之嫌，也不利于及时解决问题。而由债权人委员会行使决定权，按目前破产法的规定，则存在制度上的缺陷，体现在：债权人委员会由不多于9位的代表组成，但《企业破产法》没有规定债权人委员会的议事机制、表决机制，换言之，纵使有一半以上的债权委员会委员同意处分破产企业重大财产，也不能说一半以上债权人委员会委员作出的决定是有效的；而尽管只有一名债权人委员会委员反对处分破产企业重大资产，也不能说该名委员意见可以忽略。因此，在我们办理的破产案件中，债权人委员会虽然都较为热心地参与相关事项的审议，但在所有委员不能达成一致的情况下，如何推进相关事项的开展，便存在不确定性。对于该情况，在现有规定下，只能由债权人会议在决定成立债权人委员会同时制定相应的债权人委员会议事机制、表决机制予以解决，使债权人委员会在行使债权人委员会职权时可以形成有效的多数决。在一些国家，债权人委员会的表决机制是由破产法直接规定的。如《德国破产法》第72条规定："有过半数成员参加对决议的表决，且决议以所投票数的过半数作出的，债权人委员会决议为有效。"❷ 在以后的破产法立法过程中，或许也可以规定类似的债权人委员会表决机制，以便管理人可以和债权人委员会行之有效地配合，共同推进破产工作的开展。

综合以上，我们认为，管理人、法院、债权人会议、债权人委员会在管

---

❶ 李飞．当代外国破产法［M］．北京：中国法制出版社，2006：746-747．
❷ 李飞．当代外国破产法［M］．北京：中国法制出版社，2006：35．

理和处分破产企业财产的权利界限在于：(1) 债权人会议已经审议通过财产管理方案或变价方案的，管理人便应当按通过的方案管理和处分破产企业财产。(2) 债权人会议未能通过财产管理或变价方案，但法院裁定相关管理方案或变价方案的，管理人便应按法院裁定的方案对破产企业财产进行管理和处分。(3) 当债权人会议或法院还未确定破产企业财产管理方案或者变价方案时，包括在第一次债权人会议召开之前需对破产企业财产进行的管理和处分的，以及在破产程序中对新发现、新接管的破产企业财产需进行管理和处分的，均由管理人按忠实、勤勉原则予以管理和处分。但如所处分行为涉及《企业破产法》第69条规定的重大财产时，已设立债权人委员会的，由债权人委员会决定；未设立债权人委员会的，由法院决定；已设立债权人委员会但债权人委员会无法作出有效决议的，只能通过提议召开债权人会议解决。

(二) 调查、接管破产企业财产

法院指定管理人后，破产企业便由管理人接管。管理人对破产企业的接管体现在多个方面，如接管破产企业财产，接管破产企业的印章、证照，接管破产企业财务资料及合同等重要文件等；而在管理人甫一成立时，最重要的应当是调查和接管破产企业财产。调查和接管应当不分先后同时进行，应当调查到多少财产便接管多少财产。此时，第一次债权人会议一般还未召开，债权人会议审议财产管理方案尚无从谈起，对破产企业的财产的管理只能由管理人依勤勉、忠实原则进行。

之所以强调管理人应当在第一时间调查和接管破产企业财产，一方面是保全财产，避免破产企业财产被隐匿、转移或者不适当处置，也避免被个别债权人哄抢；另一方面则是在破产企业持续经营的情况下，及时整理组织破产企业财产有助于恢复和保持企业生产秩序。

在财产调查方面，按《企业破产法》的规定，管理人应当履行的职责包括"调查债务人财产状况，制作财产状况报告"。从该规定不难理解，破产法要求管理人对破产企业财产情况进行的调查应当是仔细的、系统的、全面的，而且破产法要求管理人对破产企业财产状况的调查结果当以书面的"财产状况报告"呈现。对于该项工作，我们制备了附图所示"财产调查表"，我们在办理破产案件时，依次逐项对破产企业财产进行梳理，以尽快全面了解破产企业的财产情况，如表3-1。

表3-1 财产调查表

债务人名称		填表人姓名		身份证号		职务	
一、债务人现金类（ ）有/（ ）无							
1.库存现金	①人民币：			②外币：			
2.银行存款	①开户银行：		银行账号：			余额：	
	②开户银行：		银行账号：			余额：	
	③开户银行：		银行账号：			余额：	
	④						
	⑤						
备注：对每一银行账户，需整理留存银行印鉴章、银行U盾、口令、密码等，另行移交管理人							
二、债务人不动产类（ ）有/（ ）无							
1.土地使用权	坐落：		产证号：		权利状态：（ ）正常/（ ）查封/（ ）抵押		
2.房屋	坐落：		产证号：		是否共有：（ ）是/（ ）否 权利状态：（ ）正常/（ ）查封/（ ）抵押		
3.在建工程	坐落：				权利状态：（ ）正常/（ ）查封/（ ）抵押		
4.其他或补充							
三、债务人动产类（ ）有/（ ）无							
1.重要生产设备设施	类别		数量（套件）：		地点	权利状态：（ ）正常/（ ）查封/（ ）抵押	
2.重要办公设备	类别		数量（套件）：		地点	权利状态：（ ）正常/（ ）查封/（ ）抵押	
3.库存	类别		数量、重量：		地点	权利状态：（ ）正常/（ ）查封/（ ）抵押	
4.原材料、半成品	类别		数量、重量：		地点	权利状态：（ ）正常/（ ）查封/（ ）抵押	
5.机动车	车牌号：					权利状态：（ ）正常/（ ）查封/（ ）抵押	
6.货运单、仓等	单据类别：		物品类别：	物品数量重量：	地点：		
7.其他或补充							

续表

四、债务人对外应收款（按应收账款数额从大到小排列）（ ）有（ ）无

1.对方名称：	应收账款数额：	对方是否确认：（ ）是（ ）否	最近一次催收时间：	是否质押：（ ）是（ ）否
2.对方名称：	应收账款数额：	对方是否确认：（ ）是（ ）否	最近一次催收时间：	是否质押：（ ）是（ ）否
3.对方名称：	应收账款数额：	对方是否确认：（ ）是（ ）否	最近一次催收时间：	是否质押：（ ）是（ ）否
4.对方名称：	应收账款数额：	对方是否确认：（ ）是（ ）否	最近一次催收时间：	是否质押：（ ）是（ ）否
5.对方名称：	应收账款数额：	对方是否确认：（ ）是（ ）否	最近一次催收时间：	是否质押：（ ）是（ ）否

备注：除上述应收款外，债务人应另行提供完整的应收款清单并提供对方有效的联系方式，债务人还应协助管理人整理债权催收相应材料

四、债务人无形资产（ ）有（ ）无

1.商标	注册号/申请号：	是否共有：（ ）是（ ）否	是否许可使用：（ ）是（ ）否 被许可人：
2.专利	申请号/专利号：	是否共有：（ ）是（ ）否	是否许可使用：（ ）是（ ）否 被许可人：
3.著作权	登记号：	是否共有：（ ）是（ ）否	是否许可使用：（ ）是（ ）否 被许可人：
4. 其他（如商业秘密等）			

五、债务人有价证券（ ）票据/（ ）股票/（ ）基金份额/（ ）债券

备注：债务人持有有价证券的，应将相应凭证、通讯密码、交易密码、查询密码等，另行移交管理人

六、债务人对外投资（ ）有（ ）无

1.被投资企业名称：	持股比例：	被投资企业经营：（ ）正常经营（ ）停业（ ）吊销（ ）注销	是否出质：（ ）是（ ）否
2.被投资企业名称：	持股比例：	被投资企业经营：（ ）正常经营（ ）停业（ ）吊销（ ）注销	是否出质：（ ）是（ ）否
3.被投资企业名称：	持股比例：	被投资企业经营：（ ）正常经营（ ）停业（ ）吊销（ ）注销	是否出质：（ ）是（ ）否
4.被投资企业名称：	持股比例：	被投资企业经营：（ ）正常经营（ ）停业（ ）吊销（ ）注销	是否出质：（ ）是（ ）否

七、释明：
1. 按《企业破产法》的规定，债务人财产的人员，在将债务人财产移交管理人之前，应当继续妥善保管债务人财产
2. 债务人以及管理债务人财产的人员，应当按照管理人通知移交债务人财产
3. 在债务人财产移交之前，如有讯预的，债务人以及财产管理人员应当及时采取保全措施并及时通知管理人
4. 债务人以及管理债务人财产的人员，不得擅自处分债务人财产，否则将承担相应法律责任

填表人： 　　　　　　　　填表日期： 　　　　　　　　管理人经办人员：

总体而言，对破产企业财产状况的调查，主要可以从三方面进行：

第一，复核破产企业向法院递交的财产状况说明和债权清册。按《企业破产法》的规定，无论破产申请由破产企业提出，还是由外在的债权人提出，破产企业均应当向法院提交财产状况说明和债权清册。[1] 财产状况说明和债权清册一般涵盖了破产企业大部分财产和对外应收账款。

第二，通过接管破产企业账册，导出流动资金、固定资产、无形资产、长期投资、应收账款、其他应收账款、预付账款科目下清单，与前述破产企业制作提供的财产状况说明和债权清册相比较，存在不一致的，可要求破产企业负责人作出解释和说明。在这个环节，管理人还应进行必要的现场盘点、勘查，检验破产企业是否"账""实"一致。

第三，通过有关部门或者有关途径，最终明确破产企业一些需登记、需备案财产的状况。如对于破产企业的不动产情况，可以向房屋、土地管理部门调查；对于破产企业银行存款，可以向银行查询；对于破产企业持有的基金或有价证券，可以向中国证券登记结算有限责任公司查询；对于破产企业所有的车辆，可以向公安局车辆管理所查询；对于破产企业的对外投资，可以向工商管理部门及被投资企业查询。经过该环节的验证，一般便可明确破产企业现存财产的数量、权利状况等。

而在接管破产企业财产方面，则需要针对不同财产的属性，通过不同方式予以接管：

（1）对于现金。

一般由破产企业负责人或者财务负责人向管理人移交，管理人出具相应收据。

（2）对于银行存款。

一般由破产企业负责人或者财务负责人向管理人披露破产企业所开立银行账户清单，并提供与该银行账户管理有关的材料，包括开立银行账户时预留的印鉴章（含财务专用章和财务用法定代表人章；所留印鉴为企业负责人或财务负责人签字的，则应告知企业负责人或财务负责人负有配合清理银行存款的义务）、电子密码器、网银U盾等，以及相对应银行账户的查询密码、

---

[1] 《企业破产法》第8条第3款规定："债务人提出申请的，还应当向人民法院提交财产状况说明、债务清册、债权清册、有关财务会计报告、职工安置预案以及职工工资的支付和社会保险费用的缴纳情况。"《企业破产法》第11条第2款规定："债权人提出申请的，人民法院应当自裁定作出之日起五日内送达债务人。债务人应当自裁定送达之日起十五日内，向人民法院提交财产状况说明、债务清册、债权清册、有关财务会计报告以及职工工资的支付和社会保险费用的缴纳情况。"

支取密码、口令等。

在接管破产企业银行账户时，还应当注意接管破产企业基本存款账户开户许可证和查询密码，因为按中国人民银行的规定，[1] 只要持该基本存款账户开户许可证和查询密码，便可以到中国人民银行当地分支机构或基本存款账户开户银行查询、调取破产企业开立的所有银行账户信息。因此，只要接管了破产企业基本存款账户开户许可证和查询密码，管理人便可调取破产企业开立的所有银行账户信息，而不需要通过法院的司法途径。如果调取所得破产企业银行账户信息显示破产企业未如实披露并提供相关银行账户信息，可要求破产企业进一步披露和提供。

在接管破产企业银行账户后，已经开立管理人专用银行账户的，应当将原账户余额划付至管理人专用银行账户；尚未开立专用账户或有特定原因需要将余款继续留存在原银行账户的，应当及时变更银行账户密码或预留印鉴章。

(3) 对于有形资产。

此处的"有形资产"并非会计上的概念，仅是一个便于理解和归纳的实用概念，即此处的"有形资产"包括了破产企业一切可触的、有形的、可视的具有物质属性的物品，包括土地使用权、采矿权、房屋及附属设施、原材料、存货、库存、机器、设备、办公用品等。

对于有形资产的接管，应当分两个层面进行：第一，破产企业应当将所有有形资产实际交付至管理人，由管理人管理；第二，与有形资产权属有关的凭证，如土地使用权证、采矿许可证、房产证、仓储单、提单，需交付管理人。

(4) 对于无形资产。

与前述"有形资产"概念相似，此处的"无形资产"也不是会计上的概念（如按会计概念，土地使用权、采矿权归于无形资产一类），也仅是一个便于理解和归纳的实用概念。它包括了破产企业所享有的一切不具有物质属性的可行使、可作价、可转让的权利，包括知识产权、股权、对外债权、有价证券、基金份额等。

---

[1] 《人民币银行结算账户管理办法实施细则》第21条规定："中国人民银行当地分支行在核准存款人开立基本存款账户后，应为存款人打印初始密码，由开户银行转交存款人。存款人可到中国人民银行当地分支行或基本存款账户开户银行，提交基本存款账户开户许可证，使用密码查询其已经开立的所有银行结算账户的相关信息。"

对于无形资产的接管，也是通过两个层面：第一，破产企业应当将所有无形资产凭证交付给管理人，如知识产权体现为著作权登记证书、专利证书、商标注册证的移交，股权体现为出资证明书的移交，对外债权体现为有关债权证明材料的移交。第二，在无形资产相关权利需要对应义务人为一定行为方得实现时，通知义务人向管理人履行义务。例如，基于破产企业持有的股权收取红利时，便需要提前通知所在公司将红利发放给管理人；向破产企业债务人催讨债权时，便需要提前通知债务人向管理人清偿债务；知识产权许可授权使用而收取许可费的，在许可协议继续履行时，便需要提前通知被授权人向管理人支付许可费。

在调查、接管破产企业财产过程中，可能会出现财产所有权人主张取回由破产企业占有的财产的情况，当然也会出现破产企业财产被他人占有而需取回的情况：

（1）案外人向破产企业取回其所有的财产。

破产清算期间，对于破产企业占有的他人物品，该物品的所有权人可以向管理人主张取回。至于所有权人如何取回其所有物品，最高人民法院《关于适用〈中华人民共和国企业破产法〉若干问题的规定（二）》进行了较为详细的规定。例如，物品所有权人应当在破产财产变价方案或者和解协议、重整计划草案提交债权人会议表决前向管理人提出，超出该期限向管理人提出的，将承担延迟行使取回权增加的相关费用；[1] 在物品所有权人向管理人主张取回物品之前，该物品已被管理人处分转让给第三方的，如第三方已善意取得，则该物品所有权人所遭受损失按共益债务处理；[2] 管理人处分转让该物品后，虽受让的第三方已支付相应款项，但尚未依"善意取得"规定获得物品所有权，而原权利人追回转让财产的，第三方所遭受的损失按共

---

[1] 最高人民法院《关于适用〈中华人民共和国企业破产法〉若干问题的规定（二）》第26条规定："权利人依据企业破产法第三十八条的规定行使取回权，应当在破产财产变价方案或者和解协议、重整计划草案提交债权人会议表决前向管理人提出。权利人在上述期限后主张取回相关财产的，应当承担延迟行使取回权增加的相关费用。"

[2] 最高人民法院《关于适用〈中华人民共和国企业破产法〉若干问题的规定（二）》第30条规定："债务人占有的他人财产被违法转让给第三人，依据物权法第一百零六条的规定第三人已善意取得财产所有权，原权利人无法取回该财产的，人民法院应当按照以下规定处理：（一）转让行为发生在破产申请受理前的，原权利人因财产损失形成的债权，作为普通破产债权清偿；（二）转让行为发生在破产申请受理后的，因管理人或者相关人员执行职务导致原权利人损害产生的债权，作为共益债务清偿。"

益债务处理;❶ 管理人就该物品享有向物品所有权人主张保管费、托运费等费用的权利。❷

通过上述规定，可以规范破产案件中所有权人对取回权的行使。但上述规定中，因管理人履行职务处分他方物品而给他方造成的损失，无条件地按共益债务处理，似有不尽合理之处。在破产清算案件中，管理人错将他人物品当作破产企业财产予以处置，原因不外乎两方面：一方面是破产企业未及时向管理人披露其占有他人财物的情况（在我们办理的一些案件中，甚至出现破产企业故意将他人财产作为自有财产入账的情况）；另一方面便是财产所有权人没有及时行使取回权。无论如何，当发生管理人错误处分他人财物的情形时，破产企业总归负有过错，总须向所有权人承担责任；但在一些情况下，所有权人也并非毫无过错，比如在一些占有财产的协议中，可能会约定所有权人对破产企业财物使用情况的检查权，也会约定在破产企业进入解散清算或者破产程序时的财物取回权；但在管理人开展破产工作的过程中，所有权人始终未按合同约定行使检查权或者取回权，而所有权人实际上是有充分的时间来行使检查权或者取回权（首先，法院受理破产申请后便会刊登公告；其次，当管理人通过债权人会议审议变现方案、和解协议或重整计划时，一般意味破产程序已历经了为时不短的债权申报期限），甚至会出现所有权人向管理人申报债权但不主张行使取回权的情况。此时，所有权人因管理人错误处分其所有的财产而使其遭受的损失，有一部分因素是其怠于行使权利，故其也应当承担一部分的责任，而不应不区分情况而全按"共益债务"处理让所有债权人"埋单"。不加区分地全按"共益债务"处理，也会让一些"动机不纯"的所有权人有机可乘。比如在我们办理的一个破产案件中，破产企业为一家电子商务企业，其在网络上售卖的物品一部分为自有商品，一部分为他方寄售商品，众所周知，一般商品（特别是电子产品、食品、化妆品等）的市场价值总是随着时间的消耗而贬值，在我们办理的这个

---

❶ 最高人民法院《关于适用〈中华人民共和国企业破产法〉若干问题的规定（二）》第 31 条规定："债务人占有的他人财产被违法转让给第三人，第三人已向债务人支付了转让价款，但依据物权法第一百零六条的规定未取得财产所有权，原权利人依法追回转让财产的，对因第三人已支付对价而产生的债务，人民法院应当按照以下规定处理：（一）转让行为发生在破产申请受理前的，作为普通破产债权清偿；（二）转让行为发生在破产申请受理后的，作为共益债务清偿。"

❷ 最高人民法院《关于适用〈中华人民共和国企业破产法〉若干问题的规定（二）》第 28 条规定："权利人行使取回权时未依法向管理人支付相关的加工费、保管费、托运费、委托费、代销费等费用，管理人拒绝其取回相关财产的，人民法院应予支持。"

案件中，如所有权人取回寄售的商品再自行处理，只会面临贬值；但如选择不向管理人披露而任由管理人处置，那么其可就管理人错误处置而向管理人主张的损失，至少可以按当时寄售合同约定的结算价计算。这样，在全按"共益债务"处理的模式下，将造成管理人不得不以破产企业的其他财产来贴补所有权人的商品贬值。因此，我们认为，当发生管理人错误处置他人物品时，应当留意所有权人是否存在故意怠于行使取回权的情形；如有，那么管理人错误处置物品而给所有权人造成的损失，所有权人也应当承担一部分责任，而不能全部按共益债务处理。

在物品取回中，还有一类特殊的物品取回，即买卖关系中出卖人对所有权保留物品的取回。不管出卖人破产，还是买受人破产，均可能涉及对所有权保留物品的取回，此处，我们仅讨论出卖人向破产企业主张取回所有权保留物品的情形。对此，最高人民法院《关于适用〈中华人民共和国企业破产法〉若干问题的规定（二）》从管理人有权决定是否继续履行合同的角度出发，分别从管理人决定继续履行所有权保留买卖合同和管理人决定解除所有权保留买卖合同两种情况进行规定：①在管理人决定继续履行所有权保留买卖合同的情况下，买卖合同所约定的买方付款义务视为到期，管理人应当及时付款，以促成合同的完整履行，以示破产企业取得合同标的物所有权；在管理人不履行付款义务或者对其实际控制下的所有权保留物品进行处置时，出卖人便有权要求管理人返还该所有权保留物品；所有权保留物品已被管理人处置而被第三人善意取得，或者破产企业已支付货款达到总货款75%以上的，出卖人不能取得所有权保留物品，其所遭受损失按共益债务处理。②在管理人决定解除所有权保留买卖合同的情况下，不论破产企业已支付货款是否已经超过总货款75%以上，出卖人均有权取回所有权保留物品，而管理人也有权要求出卖人返还已支付货款。出卖人因此遭受损失的，有权从破产企业已支付货款中优先抵扣其遭受的损失，抵扣后剩余部分再返还管理人；如已支付货款不足以弥补出卖人损失，未得弥补部分按共益债务处理。

在一些破产清算案件中，还会出现所有权人拒不取回其物品的情形。之所以出现这种情况，原因在于这些物品对于所有权人而言没有价值，或者说其价值不足以促使所有权人耗费一些时间和费用将所涉物品取回保管。而对于这种情况，一般而言由管理人继续保管也是不适宜的：保管这些物品将增加破产费用的支出，却无益于增加破产企业财产价值。因此，管理人应当在向所有权人充分释明后，解除对所涉物品的保管义务。如对于破产企业因保管合同、承揽合同、寄售合同而占有他人物品，管理人便可以根据《企业破产法》第18条的规定，通知对方解除合同，并要求对方在一定期限内将所涉物品取回。

(2) 管理人取回质物、留置物。

在企业日常经营中，可能为了担保一些债权，而将相关动产作为质物、留置物交由债权人占有，而这样的状态可能延续至企业进入破产程序。而在企业进入破产程序后，并不意味破产企业随即终止经营；因此出于经营中继续使用质物、留置物的考虑，或者出于以公允价格变现质物、留置物价值的考虑，均会涉及质物、留置物的取回问题。

《企业破产法》对管理人取回质物、留置物作了规定：管理人可以通过清偿债务或者提供为债权人接受的担保，取回质物或者留置物；但在质物或者留置物的价值低于被担保的债权额时，以该质物或者留置物当时的市场价值为限。最高人民法院《关于适用〈中华人民共和国企业破产法〉若干问题的规定（二）》则对管理人取回质物、留置物作了程序上的要求，要求管理人在拟通过清偿债务或者提供担保取回质物、留置物，或者拟与质权人、留置权人协议以质物、留置物折价清偿债务时，应当及时报告债权人委员会或人民法院。从以上规定看，无论是管理人还是债权人委员会、人民法院，在判断取回质物、留置物是否适当时，关键点在于对质物、留置物"价值"的发现和确定。实践中，可以通过与质权人、留置权人协商聘请资产评估公司对质物、留置物价值进行评估的方式来确定质物、留置物"价值"。而需要留意的是，资产评估价值类型包括市场价值、投资价值、清算价值、残余价值等。一般而言，对某项特定资产的价值评估，采用市场价值类型而得出的评估价值要高于清算价值类型下得出的评估价值；而在破产清算程序下，"清算"显然系其宗旨和要义。因此，当委托资产评估公司对质物、留置物价值进行评估时，应以采用"清算价值"类型为宜（如非破产清算程序，而是破产重整程序，则对资产评估价值类型应当有其他的考虑），以此类型下的评估结果作为质物、留置物的"价值"，以免出现以较高价格取回质物、留置物，而最终却以较低价格变现质物、留置物的尴尬局面。当确定的质物、留置物价值高于其所担保债权时，经报告债权人委员会或人民法院，也同意取回质物或者留置物的，管理人便可以通过清偿债务或提供相应担保的方式，取回质物、留置物。

在侧重考虑以公允价格变现质物、留置物的情形下（如破产企业已停止经营，质物、留置物对破产企业而言已无使用价值时），先行清偿质权人或者留置权人债权取回质物、留置物并无必要，可将质物、留置物继续放在质权人、留置权人处；另外则可以将对质物、留置物价值的判断，对质物、留置物的变现，以及对质物、留置物变现价值的清偿等，纳入破产企业整体的财产变现方案和破产财产分配方案之中。当然，这需要与质权人、留置权人进行必要的沟通，毕竟质物、留置物由其占有和保管，对这些物品的价值评估、变现、交付买受人等都需要质权人、留置权人给予配合。从我们的经验看，只要管理人在债权核查阶段明确质权人、留置权人受质物、留置物担保的债权可以从管理人变现质物、留置物的价值中优先受偿，而并非由所有债权人共同受偿，质权人、留置权人一般会配合管理人工作。一方面可以免去自己变现质物、留置物所支出的时间和费用；另一方面将质物、留置物的变现处于管理人的公开方式之下，也可以避免因自己处置不当而可能引发的管理人索赔或者其他债权人索赔。

四、管理人行使撤销权，取回破产企业财产

（一）可撤销的不适当财产处分行为

撤销权是破产程序中管理人所享有的一项重要权利。法律赋予管理人该项权利，目的在于促使管理人通过行使撤销权，取回被不当处分的财产或者消除个别债权人施加于破产企业财产上的优惠受偿条件，使得所有债权人可以就破产企业的所有财产获得公平的清偿。

《企业破产法（试行）》注意到破产企业的一些不适当财产处分行为将影响所有债权人的公平受偿权，故将这些不适当的财产处分行为规定为无效行为，并授权清算组追回被处分的财产。这些无效财产处分行为，为破产企业在人民法院受理破产案件前六个月至破产宣告之日的期间内实施的以下五类行为：（1）隐匿、私分或者无偿转让财产；（2）非正常压价出售财产；（3）对原来没有财产担保的债务提供财产担保；（4）对未到期的债务提前清偿；（5）放弃自己的债权。

《企业破产法》对不适当的财产处分行为则不再无区别地规定为无效行为，而是将不同类型的不适当处分行为分别规定为可撤销行为或无效行为。如《企业破产法》第31条规定："人民法院受理破产申请前一年内，涉及债务人财产的下列行为，管理人有权请求人民法院予以撤销：（一）无偿转让财产的；（二）以明显不合理的价格进行交易的；（三）对没有财产担保的

债务提供财产担保的；（四）对未到期的债务提前清偿的；（五）放弃债权的。"第32条规定："人民法院受理破产申请前六个月内，债务人有本法第二条第一款规定的情形，仍对个别债权人进行清偿的，管理人有权请求人民法院予以撤销。……"第33条规定："涉及债务人财产的下列行为无效：（一）为逃避债务而隐匿、转移财产的；（二）虚构债务或者承认不真实的债务的。"

从以上规定，可以看出新、旧破产法在对待不适当财产处分行为的一些区别（见图3-2）：

《企业破产法（试行）》 ——————→ 《企业破产法》

无效行为：
（法院宣告破产前的6个月内实施的行为）

1. 隐匿、私分或者无偿转让财产
2. 非正常压价出售财产
3. 对原来没有财产担保的债务提供财产担保
4. 对未到期的债务提前清偿
5. 放弃自己的债权

可撤销行为：
（法院受理破产申请前1年内实施的行为）

1. 无偿转让财产的
2. 以明显不合理的价格进行交易的
3. 对没有财产担保的债务提供财产担保的
4. 对未到期的债务提前清偿的
5. 放弃债权的
6. 企业具备破产原因时对个别债权的清偿（法院受理破产申请前6个月内）

无效行为：
1. 为逃避债务而隐匿、转移财产的
2. 虚构债务或者承认不真实的债务的

图3-2 财产处分行为

第一，新破产法将不适当的财产处分行为划分为可撤销行为和无效行为，而不是全规定为无效行为。所谓无效行为，即一项行为作出后，自始无效，该无效行为所追求的目标不能实现。旧破产法将破产企业在受理前6个月内实施的不适当财产处分行为规定为无效行为，存在逻辑上的悖论：无效行为自始无效，无效行为不会因该行为的持续或者该行为所造成后果的持续而转变为有效行为；而按旧破产法的规定，破产企业在受理前6个月内实施的不适当财产处分行为为无效行为，如不适当财产处分行为作出之时距受理日超过6个月的，这些不适当的处分行为倒不再属于无效行为，而变为有效行为了。而这种规定显然极不利于保护债权人利益，故新破产法将破产企业实施的"隐匿、转移财产"行为和"虚构债务或者承认不真实的债务"行为独列为无效行为；对这两类行为的否定，不受法院何时受理破产申请的影响。

除此之外，新破产法将旧破产法下的一些"无效行为"规定为可撤销行为。所谓可撤销行为，即该行为自作出后发生法律效力，但撤销权人可以在一定时间内申请予以撤销，可撤销行为一旦被撤销，自始无效。新破产法之所以将旧破产法下的一些"无效行为"规定为可撤销行为，大概是为确保企业的自主经营权或者这些交易背后所隐含的经济利益的正常流转。虽然从法律的规定看，破产企业在法院受理前1年内或6个月内实施的一些不适当财产处分行为可撤销，是明确的，但在实践中，却难以明确破产企业具备破产原因的具体时点，也难以确定破产企业或者债权人在何时向法院申请破产清算。而在破产企业或者债权人决定启动破产程序之前，不可否认破产企业还是具有独立法人资格、具有独立财产权的市场经营主体，其有权视情况、视需要和其他市场主体进行其认为必要的交易。在企业不具备破产原因时，无论其无偿转让财产行为，还是以极不合理的价格与他方交易，抑或对没有财产担保的债务提供财产担保，只要不属于逃废债务的情形，便是合法有效的行为，交易对方也因此获得对价或者权益。如果一概将前述行为规定为不受任何期限限制的无效行为，那无异于以法律的强力干预消灭市场中所有无偿财产转让行为、所有为没有财产担保的债务提供财产担保的行为、所有对未到期的债务提前清偿的行为等。而企业在经营过程中所进行的看似贬损企业价值的行为，实际上可能存在有益的意图。例如，企业对慈善事业的大额无偿捐赠可能是为了增加企业的曝光度和美誉度，企业为没有财产担保的债务提供财产担保可能是为了免于债权人提起诉讼而影响营业，企业对未到期债务的提前清偿可能是为了取信于对方而与对方进行更大范围的合作。因此，新破产法不再将破产企业进行的一些不适当财产处分行为规定为无效行为，而转而规定为可撤销行为，使管理人对企业以往进行的财产处分行为的撤销受到期限的限制，而避免对市场交易行为的过度打击，以保护交易对方可期待的利益。

第二，新破产法调整了部分应予以否定的不适当财产处分行为的外延。如《企业破产法（试行）》所否定的"非正常压价出售财产"行为，在《企业破产法》中调整为"以明显不合理的价格进行交易"。"非正常压价出售财产"仅指向了破产企业以明显低于市场的价格转让财产的情形，而实践中破产企业以明显高于市场的价格买进财产进行利益转移也是常见手法。新破产法中可撤销的"以明显不合理的价格进行交易"则既包括低价卖出破产企业财产的情形，也包括破产企业以畸高价格买进财产的情形。另外，"非正常压价出售财产"侧重于低价出售财产这一情形，而在实践中破产企业通过低价授权他人使用破产企业财产（如低价出租厂房、低价授权使用商标）进行利益转移也屡见不鲜。"以明显不合理的价格进行交易"则既涵盖了对破产企业财产进行处置的这一类行为，也包括了其他的贬损破产企业财产价值的行为。因此，相比较而言，新破产法规定的可撤销的"以明显不合理的价格进行的交易"，要比旧破产法的"非正常压价出售财产"，更能灵活打击各类转移或贬损破产企业财产价值的行为。

第三，新破产法增加了应予以否定的不适当财产处分情形。这体现在《企业破产法》第32条，即企业具备破产原因时，对个别债权人的偏颇清偿均可撤销，而旧破产法则未否定该类行为。按第32条的规定，在法院受理破产申请之前的6个月内，只要企业已经具备破产原因，其对任何个别债权人的清偿，即使是对到期债权的清偿，也可予以撤销，有且仅在个别清偿使破产企业财产受益的情形除外。新破产法增加该项规定，有利于避免个别债权人在企业已具备破产原因时优先于其他债权人受偿，从而侵犯其他债权人的公平受偿权。新破产法未进一步明确哪些行为属于可免于被撤销的对破产企业财产有益的个别清偿行为。但从该条规定的宗旨看，可免于撤销的个别清偿至少应当具备以下三个特征：（1）非仅仅破产企业对债权人清偿债务的单向清偿行为，而是在清偿过程中破产企业同时获得了对价；（2）破产企业在清偿过程中获得的对价具有可衡量的价值，而不单单是某种评价或有交易机会；（3）破产企业在个别清偿过程中获得的对价价值，至少应当与所清偿债务相当。2013年最高人民法院《关于适用〈中华人民共和国企业破产法〉若干问题的规定（二）》对免于被撤销的个别清偿做了列举，包括企业为维持生产支付的水电费（因为企业支付水电费获得了使用水、电的对价）、企业支付职工的劳动报酬（因为企业支付劳动报酬获得了职工所提供的劳动）等。实践中存在的可免于被撤销的个别清偿类型可能更为多样化，如企业为维持经营购买原材料、设备、辅料而支付的款项，企业为取回被留置的物品而清偿的债务，企业为解除其财产上的某项担保而清偿的债务。其实质在于：进行这类个别清偿时，即时取得了对价，其余债权人没有因此受到损失。如果企业所进行的个别清偿是对以往债务的清偿，而没有同时获得相等同的对价，该清偿行为便不属于可免于被撤销的例外。

对个别清偿进行撤销的例外，《美国破产法》则规定得更为具体。如其第547条（c）便规定了七种例外情形，包括进行个别清偿时同时交换发生的新价值、正常业务中按照正常商业规则进行的清偿等。这些例外规定的目的在于"使破产中不符合偏颇性清偿行为要件的转让行为避免受到偏颇性清偿的攻击，只要这些转让对于商业现实是十分重要的，并且不损害偏颇性清偿法的目的，或者这些转让通过维持潜在破产者的经营从而有助于企业的继续"。❶

第四，新破产法延长了破产企业所实施不适当财产处分行为的时间界限。旧破产法将企业所实施的不适当财产处分行为限定在法院受理破产申请之前的6个月内，而新破产法将大部分可撤销的不适当财产处分行为延展到了法院受理破产申请之前的1年内。通过时间的延展，加大了对企业不适当财产处分行为的打击，加强了对债权人权益的保护。

第五，新破产法延展了管理人行使撤销权的期间。旧破产法规定因"无效"财产处分行为处置的财产，由清算组追回，但按旧破产法第24条规定"人民法院应当自宣告企业破产之日起十五日内成立清算组"，即在旧破产法下，清算组并非在人民法院受理破产申请后便成立，而是在法院宣告企业破产后才成立，因此，在旧破产法下，清算组追索被不当处分的财产并非始于法院受理破产申请，而只能从法院宣告企业破产并成立清算组之后才开始。而新破产法规定法院受理破产申请时应当同时指定管理人，故新破产法下，撤销权的行使一般始于法院受理破产申请之时。因此，新破产法下的"管理人"可早于旧破产法下的"清算组"行使撤销权。

（二）破产撤销权与一般民商法撤销权的区别和联系

在涉及破产法中的撤销权时，就不得不将破产撤销权与一般民商法中的撤销权进行联系、比较。破产法属于终结破产企业对外法律关系的特别法，故破产法中的撤销权似乎也较为特别。我们认为，破产法中的撤销权衍生于一般民商法的撤销权，是一般民商法中的撤销权在企业进入破产程序时的演变和拓展。

所谓一般民商法中的撤销权，主要涉及的便是《民法通则》和《合同法》中规定的撤销权。❷《民法通则》规定的撤销权只有一类，即当事人对其所实施民事行为的撤销，该撤销权规定于《民法通则》第59条，即在行为人对民事行为内容有重大误解或者民事行为显失公平时，一方当事人有权请求人民法院或者仲裁机关予以撤销该民事行为。《合同法》规定撤销权分

---

❶ 韩长印. 美国破产法 [M]. 北京：中国政法大学出版社，2003：317.
❷ 《中华人民共和国民法总则》将于2017年10月1日实施，其第147~151条也规定了一些可撤销的民事法律行为，与《民法通则》《合同法》规定的可撤销情形大致相同。

为两类：一类为当事人对其所实施民事行为的撤销，该撤销权规定于《合同法》第54条，内容基本沿袭《民法通则》的上述规定，只是将《民法通则》规定的"一方以欺诈、胁迫的手段或者乘人之危，使对方在违背真实意思的情况下所为"的"无效"民事行为，规定为可由受损害一方申请撤销的民事行为；另一类为非当事人对当事人作出的民事行为的撤销，即《合同法》第74条规定的债权人对债务人作出的民事行为的撤销，具体包括两个方面，即债权人对债务人作出的"放弃到期债权或者无偿转让财产"民事行为的撤销和债权人对债务人作出的"以明显不合理的低价转让财产"民事行为的撤销。而无论《民法通则》还是《合同法》规定的撤销权，具有撤销权的当事人均应当在知道或者应当知道撤销事由之日起的1年除斥期间内行使撤销权，否则撤销权灭失。

破产法中规定的撤销权，在适用情形、行使主体、行使目的、行使期间上，均与一般民商法中的撤销权存在一些区别：

第一，在适用情形上，破产法所针对的可撤销行为，不再是破产企业现时作出的财产处分行为（实际也不可能，进入破产程序后破产企业由管理人接管，破产企业已无法处分其财产），而是破产企业在其进入破产程序前一段时间内进行的不适当财产处分行为。所适用情形，包括在法院受理破产申请前1年内进行的"无偿转让财产"、"以明显不合理的价格进行交易""无偿转让债权""对没有财产担保的债务提供财产担保""对未到期的债务提前清偿"和在法院受理破产申请前6个月内"对个别债权进行的清偿"。前三种可撤销的情形，与《合同法》第74条规定的可撤销情形相似。后三种可撤销情形，系破产法所创设，一般民商法中未有规定。

第二，在撤销权行使主体上，破产撤销权由管理人专属行使，而非如一般民商法所规定的由作出可撤销行为的民事行为人（破产企业）或者债权人（破产企业债权人）行使。但按破产法规定，也存在例外，即按《企业破产法》第123条规定，在破产程序终结之日起2年内，发现有依照《企业破产法》第31~33条、36条规定应当追回的财产的，债权人可以请求人民法院按照破产财产分配方案进行追加分配。之所以规定"债权人可以请求人民法院按照破产财产分配方案追加分配"，而未规定由管理人行使撤销权进而将后续取得的财产向债权人追加分配，是因为按《企业破产法》的规定，破产程序终结后管理人便终止执行职务。而从该规定看，行使撤销权的主体也不是债权人，而是法院。对此，全国人大常委会法制工作委员会编制的《中华人民共和国企业破产法释义》作如下解释："破产程序终结后，除存在诉讼或者仲裁未决的情况外，管理人已经终止执行职务，因此，追加分配由人民法院实施。债权人发现破产人还有可供分配的财产时，可以请求人民法院进行追加分配，人民法院应当依债权人的请求追回财产并进行分配。人民法院也可以依职权进行追加分配。"[1] 按此释义，人民法院系基于债权人申请、依其职权追回财产。实务中，我们尚未碰到该情形，确实也无法揣度人民法院借助何种程序追回财产。

第三，在法院管辖权上，一旦破产撤销权的行使涉及诉讼，则该诉讼属于《企业破产法》第 21 条规定的"有关债务人的民事诉讼"，只能由受理破产申请的人民法院专属管辖。而一般民商法中的撤销权行使，一旦涉及诉讼，只能按《民事诉讼法》规定，由被告住所地法院管辖或者双方约定的管辖权法院管辖。

第四，在行使撤销权目的上，管理人行使撤销权系为所有债权人权益而为。通过行使撤销权取回的财产，不管是暂时将取回财产用于经营还是直接向债权人分配，最终都将反映为债权人权益。当然，在破产重整或者破产和解程序下，管理人行使撤销权取回财产归由破产企业继续使用的，管理人行使撤销权在较大程度上也维护了破产企业权益。总而言之，管理人行使撤销权系为维护破产程序中其他相关主体权益而为，非如一般民商法中的撤销权人行使撤销权系为维护自身利益。

第五，在行使撤销权的期间上，一般民商法上撤销权，行使期间为知道或者应当知道存在撤销事由之日起 1 年内，该期间为除斥期间，不会因为中断或者中止而延展或暂停计算；撤销权人自撤销事由出现之日起 1 年内不行使撤销权的，撤销权归于消灭。破产撤销权的行使也有期限限制，为破产程序终结之日起的 2 年内，该期间也是除斥期间。但破产撤销权的行使期间贯穿破产程序持续期间直至破产程序终结之后 2 年内，如破产清算程序持续较长时间，那么管理人就可以在此期间行使撤销权，相对方不得以管理人知道或者应当知道撤销事由超过 1 年而抗辩管理人丧失撤销权。

纵然破产撤销权与一般民商法的撤销权存在以上不同，两者却也存在共性，且可以互通使用，体现在：

第一，破产撤销权与一般民商法撤销权同属形成权。形成权即指权利人

---

[1] 全国人大常委会法制工作委员会. 中华人民共和国企业破产法释义 [M]. 北京：法律出版社，2007：173.

可凭自己单方引起某种民事权利产生、变更、消灭的权利。撤销权作为一种形成权，撤销权人可通过其单方意思表示撤销当事人之间作出的民事行为，而不需要与相对方取得撤销某种民事行为的合意。

第二，破产撤销权与一般民商法撤销权的行使最终均由法院或者仲裁机构裁决。当撤销权人向相对人作出撤销某种民事行为的意思表示时，如相对人也同意按撤销权人作出的意思表示，将因被撤销民事行为建立的民事关系回复原状的，则不需要通过法院或者仲裁机构判决。但相对方对撤销权的行使有异议的，则均需通过法院或者仲裁机构的裁决行使撤销权。需要留意的是，虽然《企业破产法》规定，对于一些不适当财产处分行为，"管理人有权请求人民法院予以撤销"，但并不是说在破产程序中，有权审理管理人所提出撤销请求的只有受理破产申请的人民法院；当当事人间约定有关争议提交某仲裁机构仲裁时，该约定仲裁的条款在破产程序中继续有效，管理人应当向约定的仲裁机构请求撤销不适当的财产处分行为。

第三，管理人既可行使破产撤销权，也可行使一般民商法上的撤销权。管理人可行使的破产撤销权，已经涵盖了一部分一般民商法所规定的可撤销情形，如破产企业以明显不合理的价格与相对方交易的情形。但如对于存在重大误解民事行为的撤销、对于破产企业因受胁迫或欺诈所进行民事行为的撤销、对于破产企业的债务人无偿转让财产等行为的撤销，破产法并未规定，管理人便可依据一般民商法的规定，对这些行为行使撤销权。

第四，破产企业的债权人可以在破产程序中行使一般民商法上的撤销权。一般情况下，破产撤销权由管理人行使；但在管理人怠于行使撤销权的情况下，破产企业债权人也可以基于一般民商法的规定，在破产程序中行使撤销权；对于破产企业存在的"无偿转让财产""以明显不合理的价格交易""放弃债权"行为，管理人不行使撤销权的，破产企业的债权人可以根据《合同法》第74条的规定，向相对方行使撤销权；但债权人代位行使撤销权取回的财产归入破产财产，而不由代位债权人独自享有。对于债权人于破产程序中行使的这些撤销权，最高人民法院《关于适用〈中华人民共和国企业破产法〉若干问题的规定（二）》第13条也予以了肯定。而破产企业债权人在向人民法院请求予以撤销时，只能向受理破产申请的人民法院提出；因为这类型案件中，被告为破产企业和相对方，而涉及破产企业的民事诉讼只能由受理破产申请的人民法院受理。

通过以上所述破产撤销权和一般民商法撤销权的区别和联系，予以说明的是：对于管理人而言，其可以行使的撤销权，不只是破产法中规定的撤销权；破产企业之前实施的、属于一般民商法规定的可撤销行为，管理人也可以依其规定行使撤销权。对于破产企业债权人而言，其依据《合同法》第74条规定所享有的撤销权，亦可以独立于管理人行使。当然，管理人行使一般民商法上的撤销权，应当遵循其行使规则，如只能在破产企业知道或者应当知道撤销事由之日起1年内行使撤销权，管理人不能主张该"1年"除斥期间从管理人成立之日起算。而破产企业的债权人在破产程序中行使撤销权，也只能遵循《合同法》规定的规则，如只能在其知道或者应当知道撤销事由之日起1年内行使，而不能主张其行使撤销权的期限如同管理人撤销权——在人民法院裁定终结破产程序后的2年内均可行使。

（三）对可撤销财产处分行为的查证

破产企业所进行的不适当财产处分行为，主要分为两类：一类是使破产企业财产受到贬损，从而减少债权人可分配的财产数额；一类是使破产企业财产上增加负担，从而改变债权人原本对破产企业财产的受偿次序，使得担保财产仅向部分债权人优先清偿，而减少其他债权人可分配的财产数额。而这两类不适当的财产处分行为，按《企业破产法》的规定，均应当发生在法院受理破产申请前1年内或者6个月内。

第一类不适当财产处分行为，无论形式如何，结果上都表现为破产企业将其财产或者权益对外让渡，如将现金或者银行存款支付给某单位或个人，或者将某项资产转让给某单位或个人。故对于该类不适当财产处分行为的查证，可以侧重调查破产企业在法院受理前1年内对外发生的支付或者财产转让。一般而言，这些支付或者财产转让均会在破产企业的会计资料中体现。所转让财产需要过户登记的，也可以到相关登记部门调查财产过户登记时间等。必要时，也可以委托会计师事务所对该期间内的交易进行侧重审计。如在金源公司破产清算一案中，管理人便要求会计师事务所对法院受理金源公司破产申请前1年内所进行的交易进行侧重审计。

对于第二类不适当的财产处分行为的查证，可以结合债权人的债权申报进行：债权人如欲对破产企业特定财产行使优先受偿权，应当将其对破产企业特定财产享有担保权的材料作为债权申报材料之一提供给管理人；如其提供的材料显示担保权成立之日在法院受理破产申请的1年之内，则属于破产企业进行的不适当财产处分行为，应当予以撤销。之所以强调"担保权成立之日"，是因为按《物权法》《担保法》的规定，一些担保权的成立，除需要双方签订生效的担保协议之外，还需要履行一定的登记程序，担保权在履行登记程序后方才成立，而一些担保权的成立却只要双方签订的担保协议生效即可。如果担保协议生效之日距离法院受理破产申请之日已超过1年，但担保权成立之日距离法院受理破产申请之日未超过1年，则该设立担保权的行为也属于应予以撤销的行为。实践中还存在一种情况，即债权人为债权设定担保权后，便在法院受理破产申请之前通过变卖、折价等方式行使了优先受偿权。这种情况下，债权人不会在破产程序中向管理人申报债权或者所申报债权仅包括未被清偿部分，也不会体现其曾对破产企业财产行使优先受偿权的情况。对这种情况的查证，便需要通过调查破产企业以往发生的财产转让行为进行。

在金源公司破产清算一案中，经管理人调查，也发现了一项可撤销的不适当财产处分行为，即在上海市青浦区人民法院受理金源公司破产申请之前的1年内，某股份制银行为保障其债权的实现，在金源公司的一笔对外应收账款上设定了质权。而按《企业破产法》的规定，这种为原本无财产担保的债权设定的担保，管理人可以申请撤销。因此，管理人便向该股份制银行释明将撤销其在金源公司对外应收账款上设定的质权后，该股份制银行明确表示不对该应收账款行使优先受偿权，故虽然管理人、股份制银行未到中国人民银行办理该笔应收账款质押的撤销登记手续，但因该股份制银行已明确表示不行使质权，实质上也起到了"撤销"的效果。

五、人民法院宣告债务人破产

在《企业破产法（试行）》规定下，除债务人在其上级单位主导下进行的"整顿"外，[1] 人民法院受理债务人或者债权人破产申请之时，即宣告债务人破产，即在《企业破产法（试行）》规定下，人民法院裁定受理破产申请和宣告债务人破产是合并在一起的，两者并不加以区分。

但在《企业破产法》规定下，人民法院裁定受理破产申请和裁定宣告债务人破产，是两个存在于不同时点的、具有不同法律意义的事项。人民法院裁定受理破产申请时，即表明债务人依法进入破产程序，所有债权人应停止

---

[1] 《企业破产法（试行）》第3条第3款规定："企业由债权人申请破产，上级主管部门申请整顿并且经企业与债权人会议达成和解协议的，中止破产程序。"第22条第2款规定："整顿期满，企业不能按照和解协议清偿债务的，人民法院应当宣告该企业破产，并且按照本法第九条的规定重新登记债权。"

对债务人的个别追索、所有有关债务人财产的执行程序也应当中止,债权人转而依据《企业破产法》向管理人申报债权并在破产程序中行使权利。但人民法院裁定受理破产申请,仅表明经审查债务人具备了《企业破产法》规定的破产原因,即资不抵债或者明显缺乏清偿能力,但债务人实际资产、负债情况尚需在破产程序中由管理人予以调查、清理。清理下来,债务人实际上资可抵债或者尚具较为充裕的清偿能力的,则人民法院可以不予宣告破产,而驳回破产申请。❶《企业破产法》除规定了"破产清算"这一类破产程序外,还规定了"破产重整"和"破产和解"两类破产程序,在人民法院宣告债务人破产之前,"破产清算"程序均可以按债务人、债务人股东或债权人的申请,而转入"破产重整"或"破产和解"程序;❷人民法院同意并重整或者和解成功的,便不再需要宣告债务人破产。由此可见,在宣告债务人破产这一问题上,新破产法采取了更为审慎的态度,需要在债务人进入破产程序后通过管理人的进一步清理,厘清债务人真实的资产、负债情况,同时也给予了债务人、债权人、管理人寻求重整方案或和解方案的必要时间。在旧破产法下,人民法院受理破产申请即宣告破产,即使后续参与进来的债权人有能力重整债务人或同意与债务人达成和解,在程序上也已不可能。

实务中,人民法院一般根据会计事务所作出的债务人财务审计报告、资产评估报告以及管理人制作的债务人资产负债调查报告,判断债务人是否确实资不抵债。前述报告综合显示债务人确已资不抵债,而债务人、债务人股东或债权人均未提出破产重整或破产和解的,人民法院一般便会及时宣告债务人破产。之所以需要"综合"判断债务人资产负债情况,是因为在一些情况下,有可能会计事务所作出的审计报告仍显示债务人资产大于负债,但实际上,债务人挂账的价值较高的资产,资产评估公司给出的估值并不高,这样便需要借助较为现实的资产评估价值去衡量债务人账上资产价值。对此,最高人民法院《关于适用〈中华人民共和国企业破产法〉若干问题的规定(一)》已经有所涉及。如其第3条便规定:"债务人的资产负债表,或者审计报告、资产评估报告等显示其全部资产不足以偿付全部负债的,人民法

---

❶《企业破产法》第12条第2款规定:"人民法院受理破产申请后至破产宣告前,经审查发现债务人不符合本法第二条规定情形的,可以裁定驳回申请。……"

❷《企业破产法》第70条第2款规定:"债权人申请对债务人进行破产清算的,在人民法院受理破产申请后、宣告债务人破产前,债务人或者出资额占债务人注册资本十分之一以上的出资人,可以向人民法院申请重整。"第95条第1款规定:"债务人可以依照本法规定,直接向人民法院申请和解;也可以在人民法院受理破产申请后、宣告债务人破产前,向人民法院申请和解。"

院应当认定债务人资产不足以清偿全部债务,但有相反证据足以证明债务人资产能够偿付全部负债的除外。"这说明对债务人资产、负债情况的确定,不能单独依据于某项材料确定,特别是在多项材料显示的债务人资产、负债情况不一致的情况下,便需要进行综合判断。

在金源公司破产清算一案中,上海市青浦区人民法院于 2011 年 6 月 17 日裁定受理破产申请,随后管理人对金源公司资产和负债进行了调查,也聘请会计师事务所对金源公司的财务情况进行审计。在确定金源公司已资不抵债后,管理人便向上海市青浦区人民法院申请宣告金源公司破产。上海市青浦区人民法院经查金源公司资产负债情况,并核实金源公司已不存在重整或和解可能之后,便于 2011 年 11 月裁定宣告金源公司破产。

六、债权人会议的召集、组织与其职能

破产案件为归由人民法院审理的一类非诉案件,破产案件的参与主体与一般诉讼案件中"原告""被告"不同。在一般诉讼案件中,采取"不告不理"的原则,参与者一般仅为"原告"和"被告";如有其他参与者,也是依原、被告申请或依人民法院职权增加的第三人、司法鉴定机构等。破产案件的参与主体相对开放,除人民法院、破产申请人、被申请人之外,还包括管理人、管理人聘请的专业机构或人员以及对债务人可主张债权的所有债权人,在破产重整的情况下还将包括重整人及相关财务顾问等。

破产案件的目的总体上与其他诉讼案件相同,都是为了实现对债权人的清偿。但破产案件中的清偿与诉讼案件中的清偿不同:这种清偿是针对所有债权人的概括清偿,而诉讼案件中的清偿是针对个别债权人的清偿。换言之,破产案件中的清偿,是一种在排除个别债权清偿之上的,通过收集、汇总债务人所有财产而对所有债权人按法定清偿顺序、按同等比例、同时进行的概括式清偿。这样,在破产案件中,既要排除债权人个别追索的干扰,又要保障最终受益人——债权人对破产程序的适度参与。为此,我国参照世界大多数国家或地区的破产法立法模式,设立了债权人会议这一机制,作为所有债权人在破产案件中的议事机制,以该机制集合所有债权人意见代表所有债权人的共同意志。

债权人会议在破产清算案件起到了非常重要的作用,主要通过集体审议的方式发挥作用。其所起的作用大致集中在破产案件过程中的三个关键点上:一是核查确定所有债权人债权数额及债权清偿顺位,确定债务人整体负债；二是确定债务人财产管理和变现方案，确定债务人财产数额；三是确定债务人财产清偿方案，确定所有债权人在破产程序中的受偿比例、受偿数额。对债权核查，采用的是个别异议制，即任一债权人均可以对其他债权人的债权提出异议，该异议一经提出，管理人便应当复核并给予回复，而不论其他债权人对该债权是否有异议；如管理人复核后异议人仍持有异议，异议人则可以向人民法院提起债权确认之诉。而对债务人财产的管理、变现和分配，则采用债权人多数决，即"由出席会议的有表决权的债权人过半数通过，并且其所代表的债权额占无财产担保债权总额的二分之一以上"，债权人表决结果达到前述标准，财产管理方案、变现方案或者分配方案即获得通过；纵使个别债权人不同意这样的管理方案、变现方案或者分配方案，也不能阻止这些方案生效并执行。

而在集约债权人意见的同时，为了避免债权人长期冲突而导致合法的且行之有效的方案不得通过，进而影响整体债权人权益的保护和实现，破产法也规定了相应的处理办法，即由法院裁决，如对于财产管理方案和变价方案，《企业破产法》第65条规定"经债权人会议表决未通过的，由人民法院裁定"，而对于破产财产分配方案，《企业破产法》第65条规定"经债权人会议二次表决仍未通过的，由人民法院裁定"。

由上可见，虽然破产清算工作主要由管理人办理，但当破产程序走到关键点时，均需要债权人会议这一议事机制起承前启后的作用，人民法院也不能回避这一议事机制而径行批准财产管理方案或财产分配方案等。按破产法的规定，召开债权人会议的提议人包括人民法院、管理人、债权人委员会以及占债权总额四分之一以上的债权人，但第一次债权人会议明确规定由人民法院召集。[1] 实践中，关于债权人会议的召开，我们认为有几点需要留意：

第一，按破产法的规定，债权人会议在人民法院认为必要时，或者管理人、债权人委员会以及占债权总额四分之一以上的债权人向债权人会议主席提议时召开。而在实践中，虽然破产法规定"债权人会议设主席一人，由人民法院从有表决权的债权人中指定"，但并非所有的破产案件均设立债权人会议主席（可能出于疏忽，也可能因为没有合适的主席人选等原因），此时，不能因为没有债权人会议主席接收召开债权人会议的提议，而不召开债权人

---

[1] 《企业破产法》第62条规定："第一次债权人会议由人民法院召集，自债权申报期限届满之日起十五日内召开。以后的债权人会议，在人民法院认为必要时，或者管理人、债权人委员会、占债权总额四分之一以上的债权人向债权人会议主席提议时召开。"

会议,只要"管理人、债权人委员会、占债权总额四分之一以上的债权人"的任一适格主体提议召开债权人会议,便应当召开债权人会议,而不能以"本案没有债权人会议主席"为由推脱债权人会议的召开。

第二,提议人提议召开债权人会议时,应当在提议时提交议案,并在通知召开债权人会议时一并发放给债权人,这样可以使债权人在参会前知悉议案内容,并有较充分的时间考量该议案对自身权益的影响;可以促进债权人会议的有序召开,有效集合债权人意见,通过或者否决相关议案。

第三,按破产法的规定,债权人会议在"管理人、债权人委员会、占债权总额四分之一以上的债权人"提议时召开,并不要求法院或者管理人对提议人提交的议案进行审查或核准,因此,仅从条文上理解,只要"管理人、债权人委员会、占债权总额四分之一以上的债权人"提议召开债权人会议,债权人会议便得召开。换言之,只要有破产法规定的适格主体提议召开债权人会议,管理人便应当按《企业破产法》第63条的规定,提前15日通知已知债权人参加债权人会议;至于债权人会议如何评价提议人议案,届时交由债权人会议审议即可。该规定有利于各破产程序参与方在必要时通过召集债权人会议并向债权人会议提交议案的方式推进破产程序的进展,特别是对于"占债权总额四分之一以上的债权人"而言,虽然其不占有多数权重的债权额,但也可以结合自身判断,提议召开债权人会议并审议自己提交的议案。但是,目前《企业破产法》无限制的债权人会议提议权,也有可能被滥用于与债权人总体利益无关的事项上,如占债权额1/4以上的债权人召集债权人会议时,提交的议案很有可能主要与其利益相关,而与债权人总体利益不甚相关,也有可能出于一些负面情绪或者恶意而滥用债权人会议提议权以对抗其他债权人或管理人,因此,我们认为还是有必要对债权人会议的提议权进行适当的约束,以免被滥用于与债权人总体利益无关的事项,浪费破产费用、浪费法院司法资源、浪费债权人参会费用和时间。在其他一些国家的破产立法上,一般通过赋予法院驳回权,以避免相关方对债权人会议提议权的滥用,比如《德国破产法》规定"债权人会议由破产法院召集⋯⋯下列人员申请召集债权人会议的,应当召集会议⋯⋯召集申请被驳回的,申请人有权提出即时抗告"。❶ 再如《日本破产法》规定"下列当事人之一提出申请时,法院必须召集债权人会议;但是,考虑到已知的破产债权人的数量以及

---

❶ 李飞. 当代外国破产法 [M]. 北京:中国法制出版社,2006:35,36.

其他事由而认定召开债权人会议不妥的，不在此限"。❶

第四，关于债权人会议的召开形式，实践中，大部分情况是所有债权人到受理破产案件的人民法院参加债权人会议，特别是第一次债权人会议，因为该次会议是由人民法院召集的，人民法院一般将该会议地点定在法院的某个法庭。但是，破产法并未限定债权人会议的召开形式，因此，只要可以充分保障债权人对议案的知情权、对议案的表决权，债权人会议并不限于在人民法院召开。债权人会议既可以在法院召开，还可以在管理人办公场所召开，还可以在宾馆、酒店等适当的场所召开。而除前述面对面会议形式之外，也可以通过书面函件甚至数字电邮的形式召开债权人会议，如最高人民法院主办的"全国企业破产重整案件信息网"便具有通过该网站组织召开债权人会议的功能。❷

在金源公司破产清算一案中，前后共召开了四次债权人会议。第一次债权人会议由上海市青浦区人民法院召集，在法院所确定债权申报期限届满后的15日内召开，召开地点为青浦法院。在该次债权人会议上，债权人会议在听取管理人有关金源公司经营情况、财产情况、债权申报情况、劳动债权调查情况的汇报后，审议通过了金源公司财产管理方案；当时虽然债权人申报期限已届满，但因部分债权人所申报债权较为复杂，故并未提交正式的债权表供该次债权人会议核查。

金源公司第二次债权人会议由管理人提议在2011年12月27日召开，地点设在青浦法院。当时，管理人已完成对债权人债权的核查、对劳动债权的调查和公示、对金源公司财产的调查，也已清理完毕金源公司大部分财产，管理人所委托会计师事务所对金源公司财务情况的审计也已完成。因此，该次债权人会议核查了债权表，审议通过了有关金源公司房产、有价证券、股权的财产变现方案，并审议通过了对劳动债权优先清偿的方案。

金源公司第三次债权人会议亦由管理人提议召开，在2012年9月17日举行，地点为管理人办公地点。当时，除两笔分别质押给个别债权人的应收账款尚未收回外，管理人已收集、变现完毕金源公司所有财产。该次债权人

---

❶ 李飞. 当代外国破产法 [M]. 北京：中国法制出版社，2006：771，772.

❷ 按最高人民法院要求，全国各地法院承办的破产案件，不仅破产重整案件，包括破产清算、破产和解案件，承办法院及法院指定的管理人均需将破产企业相关信息以及案件办理过程中形成的相关文件等录入"全国企业破产重整案件信息网"，而该网站也提供了破产案件各参与方交互的功能。因此，该网站既是一个信息发布和收集的平台，也是一个管理人移动办公的平台。网址：http://pccz.court.gov.cn。

会议审议通过了财产分配方案,同时,考虑到债权人已对金源公司破产相关事项有了充分了解,而后续可向债权人分配的财产已较为有限,故管理人向债权人会议提议,此后金源公司破产程序中涉及债权人会议审议事项的,由债权人采用书面函件形式审议,不再现场召开债权人会议,债权人会议也予审议通过。

金源公司第四次债权人会议同样由管理人提议召开,在2015年10月进行。但因在金源公司第三次债权人会议上,债权人会议审议通过了债权人采用书面形式审议债权人会议审议事项的议案,故该次债权人会议,管理人以分别向债权人寄发议案、表决票的方式进行。该次债权人会议审议通过了金源公司第二次财产分配方案。随后,管理人按该次审议通过的财产分配方案,向债权人分配了金源公司所有剩余财产。

七、债务人财产管理方案的制订

在破产实务中,债务人的财产可能只有一项,也可能有很多项,可能既有实物财产也有知识产权、有价证券、股权等无形资产。如债务人已停止经营,债务人的财产多为静止状态;而如债务人持续经营,则债务人的财产范围便处在动态变化中。因此,制订债务人财产管理方案,需要针对债务人财产的不同情况,因地制宜地制订。总体而言,我们认为,制订债务人财产管理方案时需遵守三项原则:

(1) 债务人财产保值、增值。在破产清算案件中,债权人仅可从债务人财产获得清偿,债务人财产的多寡直接影响到债权人债权受偿率,故制订债务人财产管理方案应当以保持债务人财产价值、增加财产价值为首要原则。例如,债务人存留的银行存款较多时,管理人在预留一部分足以支付破产费用和共益债务的款项后,可以考虑将剩余部分购买保本型理财产品;债务人停止经营或停止部分经营的,可以考虑将债务人生产场所、生产设备设施用于短期的出租等。

(2) 节约财产管理成本。在破产案件中,为管理债务人财产而支出的费用为破产费用,该费用优先于债权人受偿,且以债务人财产随时支付。换言之,在破产案件办理过程中,支付的破产费用越少,相应节约的破产费用便转为可供分配的财产而向债权人分配。因此,在得以保值、增值债务人财产基础上,在选择财产管理方案时,应当选择费用较低的财产管理方式。例如,实务中时常出现债务人保留原班职工看护其财产的情形,债务人因此将支付职工工资并缴纳社会保险费、公积金等，费用较高，有时累计支付的职工费用都要高于财产价值。对此情形，仅保留部分人员或者委托物业管理公司看护，应是合理的选择。再如，对于存在较多库存的债务人，如库存商品物理属性稳定、不要求特定保管条件且不属于贵重物品，按原状保管或者仅增派一些工作人员加强看管，可能就能很好地保管库存商品，另外支付仓储费用、搬迁费用而给予更为"周全"的保管并不必要。

(3) 确保债务人财产的适时变现。在破产清算案件中，对债务人财产的保管是为了对该财产进行适时变现，因此制订的财产管理方案应当保持适度的灵活性，以便适时变现。例如，在将债务人多余银行存款购买保本型理财产品时，限定赎回期限的理财产品并不可取，应尽量选择可随时赎回的理财产品或时间短期可控的理财产品。例如，在破产清算中，继续授权许可他人使用债务人知识产权的，授权许可期间应当可控，以免影响对该知识产权的变现。

在具体制定财产管理方案时，在债务人停止经营的情况下，债务人财产一般处于静止状态，管理人一般可以针对债务人所有财产制订财产管理方案；但在债务人持续经营的情况下，债务人的财产便处于变动当中，所制订的财产管理方案便需要和债务人的营业方案相协调（债务人是否继续营业，在债权人会议召开前由管理人决定，债权人会议召开时由债权人会议决定），不能使两者相冲突，如不能使按营业方案处置债务人库存或成品变成对财产管理方案的违背。在债务人持续经营的情况下，财产管理方案一般主要针对债务人重大财产以及其他不属于债务人所提供商品范畴的物品，其余与债务人提供商品或服务相关物品的管理，包括原材料、半成品、库存、成品、生产辅助易耗品等，可置于债务人营业方案中进行动态管理。

按破产法的规定，债权人会议享有审议决定债务人财产管理方案的权利，但破产法规定，第一次债权人会议将在人民法院所确定债权申报期限届满后的15日内召开，而人民法院确定的债权申报期限短则30日，长则3个月，故第一次债权人会议最快也只能在人民法院受理破产案件后的30日后召开，但是，管理人在人民法院指定成立后应当按照破产法规定接管债务人财产，且该项工作必须立即进行，以免债务人财产流失。因此，管理人需要在第一次债权人会议召开之前便制订一套财产管理方案，而在第一次债权人会议审议决定财产管理方案后，管理人才按第一次债权人会议审议决定的方案管理债务人财产（如审议通过的方案与管理人之前的管理方案不一致）。

在一些破产案件中，管理人将从债务人接管的印章、证照、财务资料等也置于财产管理方案之中，提交债权人会议表决。我们认为，该做法并不必要：第一，债务人"印章、证照、财务资料"对于债务人的破产清算固然重要，但这些物品并不属于财产范畴，管理人或者债权人纵然绞尽脑汁设计管理方案，也不会使得债务人"印章、证照、财务资料"保值、增值，管理人只要妥善保管这些物品，做到既可按需启用又不致被盗用、滥用，并不会损毁、遗失即可；第二，如管理人欲让债权人会议知悉管理人对债务人"印章、证照、财务资料"等的保管情况以及相应支付的破产费用（如有），管理人可以在向债权人会议作工作报告时进行说明，并无必要增加债权人会议对该事项的表决程序。债权人会议召开的时间较为有限，应尽量用于讨论与债权人利益切身相关的重大事项；对债务人"印章、证照、财务资料"的管理，管理人依勤勉、忠实原则自主决定即可。

而对于债务人对外应收款的管理，是否列入财产管理方案，也可能是一个仁者见仁、智者见智的问题。从一方面看，债务人对外应收款性质上属于债务人财产无疑，而且还有可能是债务人的主要财产，有必要加以妥当管理；但从另一方面看，债务人能否收回应收款存在不确定性。因此，相比于对债务人其他财产的管理，如何管理应收款实际上存在较大的不确定性，比如追索一笔应收款，可能需要经历查账、收集证据材料、与对方对账甚至诉讼的过程，而其中的每一个环节都可能有反复。比如债务人的负责人或者财务人员声称对某单位或个人有笔应收款，但经核查，该笔声称的应收款可能并不存在或者性质上并不属于应收款。再比如在与对方对账时，对方可能提供管理人并不掌握的反证材料，这便使得管理人需要再重新调查。在前述情况之下，如果对该笔应收款的催收（如提起诉讼）已经作为财产管理方案由债权人会议表决通过，那么管理人是不是还要不考虑成败、不考虑费用，继续执行债权人会议的决议？我们倾向于认为，管理人对债务人应收款的管理应在向债权人会议所作工作报告中体现，包括应收款总额、明细、管理人催收计划、催收情况、预计催收费用等，听取债权人会议意见，而不必单列为一项财产管理方案。而当管理人欲放弃对某些应收款的催收时，应当按照《企业破产法》第69条的规定，将其作为"放弃权利"事项报告债权人委员会；如没有成立债权人委员会或者债权人委员会未能形成一致意见，则可将其作为一项议案提交债权人会议审议。

而如债务人对外持有其他公司股权，制订债务人财产管理方案便会更为复杂，需要区别债务人对其他公司的持股比例、影响力而定。如果债务人仅是参股，并不能单方作出与所参股公司运营有关的决定，那么在制订财产管理方案时，重点在于如何管理该部分股权，即如何依据公司法和所参股公司章程规定行使股东权利。而如果债务人绝对控股其他公司，可以单方作出人事任免、公司运营等各方面决定，那么制订财产管理方案时，重点便不是如何行使股东权利，而是如何对公司进行运营和管理，行使股东权利仅是为了实现运营管理目的。这其中便会涉及方方面面的事项，如所控制公司是否继续营业、营业事项是否调整、财务制度是否调整、人事是否调整、董事会/经理权限是否调整。在此情况下，与其将其作为债务人财产管理方案中的一部分，不如单列为一项控股子公司管理方案更为贴切和详尽。

最后，需要留意的是，按《企业破产法》的规定，对于债务人财产管理方案，如债权人会议审议未通过，由人民法院裁定。换言之，纵使过半数的债权人认为某项财产管理方案不适当，但法院经审查认为该项财产管理方案合法且行之有效的，人民法院仍然可以批准同意该项财产管理方案；这是为了避免债权人会议陷入长时间无效率冲突而影响对债务人财产的有效管理。

在金源公司破产清算一案中，金源公司自2009年受浙江纵横集团有限公司等六公司合并破产重整影响起，经营情况便日趋恶化，在管理人成立时已经停止经营。当时，经调查梳理金源公司财产，其现存财产主要为一处办公楼、几支上市公司流通股、对外应收款和持有的一家公司51%股权。针对以上情况，金源公司管理人制定的财产管理方案如下：

（1）对于金源公司办公楼。其坐落于上海某写字楼的一整层，金源公司财务资料、经营性文件及电脑等办公用品均保管于此，但因拖欠物业管理费、水电费而被物业管理公司限制进出。如限制进出的状况继续，将极大影响对金源公司的破产清算工作。管理人成立后，管理人便与物业管理公司进行了沟通，针对物业管理公司担心的物业管理费清偿问题，管理人在向其释明在金源公司破产清算期间其继续提供物业管理服务的，相应的物业管理费或水电费等属于破产费用，具有优先受偿性质，可得完整清偿；而对于金源公司之前拖欠的费用属于对金源公司债权，应当按照破产法规定向管理人申报债权。在取得物业管理公司的理解和支持后，管理人制作了继续聘请该物业管理公司管理金源公司办公楼的议案，并提议将金源公司电脑等办公用品继续存放于该办公楼，避免搬运、存放此类低值物品而耗费高额破产费用，同时管理人也与物业管理公司议定了金源公司办公楼进出管理（非管理人人员陪同或者非管理人授权,他人不得进入)、门禁管理(停运该楼层电梯、仅保留安全通道)等管理细节。对于该财产管理方案,金源公司债权人会议一致表决通过。

(2)对于金源公司持有的上市公司流通股。经向证券登记结算机构调查,在金源公司进入破产程序时,尚持有四家上市公司合计200多万股的股票,一经查实,管理人立即与证券公司联系,变更了金源公司证券账户通信密码和交易密码。同时,针对几家法院对前述有价证券轮候查封的情况,管理人分别向该几家法院申请,要求停止对金源公司有价证券的执行并解除查封手续,使管理人可以适时变现金源公司有价证券。在金源公司第一次债权人会议之前,管理人已实际控制并管理金源公司有价证券。但股市风险难以衡量和避免,无任何方案可以使金源公司有价证券保值、增值,而继续持有有价证券也不一定贬值,故在第一次债权人会议上,债权人会议达成的有价证券管理方案为按既有方式继续持有有价证券,直至有价证券按届时确定的变现方案变现完毕为止。因此,在债权人会议结束后,管理人并未调整针对有价证券的管理方式。

(3)对于金源公司对外应收款。如前所述,对于债务人应收款的管理存在不确定性,故管理人在向债权人会议报告金源公司对外应收款总额、明细、催收计划及对其中几笔数额较大应收款的研判外,并未将应收款的管理作为一项财产管理方案提交债权人会议表决;而债权人会议在听取管理人有关金源公司应收款方面的汇报并询问一些细节后,也赞同管理人的催收计划,并未提出异议。

(4)对于金源公司持有的一家公司51%股权。经调查,该公司系为配套金源公司业务开展而设立的公司,在金源公司停止经营后,该公司也已停止经营,且已退租经营场所,将其相关财务资料、办公用品搬至金源公司自有办公楼存放。对于该情况,管理人认为继续开展该控股子公司营业已不可能,而经与该公司其他股东商议,其他股东亦无受让金源公司所持有股权的意愿,表示同意解散清算该公司。在此情形下,管理人制定的针对该子公司的管理方案较为简单,即依照公司法、公司章程对公司进行清算,金源公司按清算结果分配剩余财产(实际上该方案更像是对金源公司所持有股权的变现方案,可见在一些情况下,财产管理方案与财产变现方案也并非泾渭分明)。金源公司债权人会议经审议,也一致同意该方案。

八、破产人破产财产变现方案的制订与执行

按《企业破产法》61条的规定，债权人会议职权之一为"通过破产财产的变价方案"，而结合《企业破产法》107条"债务人被宣告破产后，债务人称为破产人，债务人财产称为破产财产，人民法院受理破产申请时对债务人享有的债权称为破产债权"，可见，债权人会议"通过破产财产的变价方案"，应当是在人民法院宣告债务人破产、债务人财产被称为破产财产之后。《企业破产法》作此规定，与该法中有关破产清算向破产重整或破产和解转化的规定有关，该法第70条第2款规定："债权人申请对债务人进行破产清算的，在人民法院受理破产申请后、宣告债务人破产前，债务人或者出资额占债务人注册资本十分之一以上的出资人，可以向人民法院申请重整。"第95条第1款规定："债务人可以依照本法规定，直接向人民法院申请和解；也可以在人民法院受理破产申请后、宣告债务人破产前，向人民法院申请和解。"这两个条款赋予了债务人、债务人股东在破产程序中申请破产重整或破产和解的权利；但债务人或者债务人股东申请将破产清算程序转化为破产重整或破产和解的，必须在人民法院宣告破产前。由此可见，在人民法院尚未宣告债务人破产之前，债权人会议将不会审议债务人"破产财产的变价方案"，尽量不要变价债务人主要财产而断绝债务人重整或和解机会，为债务人重整或和解留有一线希望；而人民法院一旦宣告债务人破产，即意味着债务人没有重整或者和解希望，便应当尽快"通过破产财产的变价方案"以实现破产财产价值、清偿债权。因此，《企业破产法》之所以强调债权人会议"通过破产财产的变价方案"，一则是为了尽可能规范管理人对破产财产的变现行为，使得管理人对债务人财产的变现符合债权人整体利益追求；二则是为了提示债权人会议，在债务人被宣告破产、债务人财产已被称为"破产财产"之时，债务人已没有破产重整或者破产和解的机会，可用于向债权人清偿的仅有破产财产，而没有其他途径或可能，债权人会议应当尽快确定财产变价方案以变现债务人财产。有人认为，在人民法院宣告破产前，债务人是否资不抵债并不明确，故在人民法院宣告破产之前应当避免变现债务人财产，以免在经查实债务人实际资可抵债时，因之前变现债务人财产而对债务人构成伤害。该观点有一定的合理性，在人民法院宣告其破产之前，确实应当避免变现债务人主要财产，为可能存在的重整、和解机会留有必要的客观条件；在人民法院驳回破产申请的情况下，也为债务人的持续经营保

留必要的物质条件。但这并不是说在法院宣告债务人破产之前,管理人便不能变现债务人财产,从《企业破产法》的另外一些规定看,如第43条规定"破产费用和共益债务由债务人财产随时清偿",便可看出,为破产程序的顺利开展,管理人还是可以随时变价一些债务人财产,这在当下也具有重要现实意义:当前相当一部分破产案件,管理人接管债务人时并未能接管现金(或者数额有限),如果不适当变现债务人财产以支付必要的破产费用,管理人将无法继续开展破产清算工作;即使管理人通过借款或者寻求垫资曲线解决这个问题,中间过程也必然曲折、费时,这样必然导致破产程序的拖沓,对债权人造成不利影响。因此,我们认为,在破产案件的开展过程中,对债务人财产的变现并非必须在人民法院宣告债务人破产之后,管理人应可根据破产案件的办理需要随时变现一些债务人财产;当然当所欲变价财产属于《企业破产法》第69条列举的债务人重大财产,应当经债权人委员会或人民法院同意。在人民法院宣告债务人破产之前不能变价债务人财产的观点,与旧破产法也不无关系。按旧破产法的规定,清算组在人民法院宣告破产后才成立,自然也只有在人民法院宣告破产后才有"清算组"来处置债务人财产,这样便使一部分人形成了在人民法院宣告破产之前不得变现债务人财产的印象。

　　《企业破产法》规定了变现破产企业财产的一般原则,即公开拍卖。❶公开拍卖具有公开和竞价的特点,有利于以合乎市场价值的价格变现破产企业财产;同时公开拍卖时借助拍卖公司的宣传和推介,也有利于集合买家,快速成交。而公开拍卖除了由拍卖公司直接组织拍卖之外,还可以借助产权交易所交易平台进行公开拍卖。而在所处置资产性质上属于国有资产时,如需拍卖,则应当进入产权交易所进行公开拍卖。如上海市高级人民法院在2013年发布的《关于在企业破产案件审理中严格执行〈上海法院涉国有资产司法委托拍卖操作规则(试行)〉的通知》便要求在以拍卖方式变现国有独资企业、国有控股企业财产时,应当委托拍卖机构进入上海联合产权交易所交易平台公开拍卖;而上海市高级人民法院作此要求,也只是将《企业

---

❶ 《企业破产法》第112条第1款规定:"变价出售破产财产应当通过拍卖进行。但是,债权人会议另有决议的除外。"

国有资产管理法》有关国有资产转让的规则延伸到破产案件中。❶

在公开拍卖破产企业财产过程中，还需要确定拍卖保留价：在拍卖过程中，如竞买人的出价未达到保留价的，则应价无效，不能达成交易。按拍卖法规定，管理人在委托拍卖时也可以不设定保留价，即按竞价后的最高价成交，而不管最高价多少；但这种"无底价拍卖"随意性较大，可能使破产财产超低价转让，而该做法也与司法拍卖中通常应当设定保留价的规则不符。因此，在破产案件中，如通过公开拍卖处置破产企业财产，一般应当设定保留价。保留价的设定，理论上可由管理人自由设定，但实务中管理人一般按破产企业账上所列资产净值或资产评估公司价值评估结果设定拍卖保留价，并视拍卖组织情况设定一定幅度的保留价调整比例。比如在债务人财产出现流拍时，可以按多少比例下调下一次拍卖的保留价。管理人在债权人会议通过破产财产变现方案之前，根据案情需要确需变现债务人部分资产的，可以参照公开拍卖的原则变现债务人财产。

公开拍卖是变现债务人财产的一般原则，但《企业破产法》也规定，"债权人会议另有决议的除外"，因此，如果债权人会议审议通过了其他方式的破产财产变价方式，便应当尊重债权人会议的决定，按债权人会议议定的方式变价破产财产。我们认为，即使所处置财产属于国有独资企业或国有控股企业财产，债权人会议也可以决定采用公开拍卖之外的其他财产变现方案，这与"国有资产转让应当进入产权交易所公开进行"这一国有资产监管规则实际上也不冲突，通过产权交易所转让国有资产的目的是希望借助产权交易这一平台，通过公开、竞价的方式尽可能增加国有资产变现价值，从而确保国有股东方的权益。但在国有企业破产清算的情况下，国有股东方权益已归零，国有资产的变现价值仅与债权人相关，债权人会议决定以公开拍卖之外的方式变现，并无不妥。债权人会议之所以会议定其他方式的破产财产变价方式，一般是因为对于债务人的破产财产，存在比公开拍卖更为有效、更为经济的变现方式。

在金源公司破产清算一案中，对于金源公司主要财产的变现，都不是通过公开拍卖的方式变现，而是按债权人会议议定的特定方式变现：

---

❶ 《企业国有资产法》第54条第1款规定："国有资产转让应当遵循等价有偿和公开、公平、公正的原则。除按照国家规定可以直接协议转让的以外，国有资产转让应当在依法设立的产权交易场所公开进行。转让方应当如实披露有关信息，征集受让方；征集产生的受让方为两个以上的，转让应当采用公开竞价的交易方式。"

(1) 对于金源公司所有的位于某写字楼的一整层办公楼。管理人了解到在金源公司进入破产程序前，上海市第一中级人民法院已经启动强制执行程序对该房产组织了两次公开拍卖。管理人经了解得知，上海市第一中级人民法院在2011年3月开始组织拍卖金源公司房产时，委托某资产评估公司对该房产价值进行了评估。该资产评估公司以2011年3月9日为评估基准日，对金源公司房产的评估价值为人民币3 000万元。嗣后上海市第一中级人民法院便以该评估价作为保留价进行了第一拍卖，最后因无人应价而流拍；2011年5月，上海市第一中级人民法院下调保留价至2 400万元后进行了第二次拍卖，仍然流拍。管理人经询问债务人，得知在上海市第一中级人民法院拍卖金源公司房产期间，还是有不少意向买家到办公楼实地看样，有的甚至还看过多次，金源公司房产并非完全没有吸引力。而在金源公司破产清算期间，仍有部分意向买家辗转询问管理人有关金源公司房产后续拍卖事宜。对于以上情况，管理人认为经过上海市第一中级人民法院的两次公开拍卖，金源公司房产的市场价值区间已经大致探明，而管理人经与有意向买家的联系，实际上也相当于完成了"蓄客"准备。而在金源公司破产清算程序中，即使再委托拍卖公司进行拍卖，也不大可能在2 400万元之上的较高价格成交；而委托拍卖则需要支付拍卖公司佣金，增加破产费用的支出。因此，管理人便考虑在之前"蓄客"的基础上，先采用类似招投标的方式变现金源公司房产，如变现不成再考虑公开拍卖。就此，管理人先与该房产的抵押权人进行了初步沟通，在抵押权人认可管理人的变现方案后，管理人向金源公司债权人会议正式提交了金源公司房产变现方案。提议的变现方案要点为：①在之前"蓄客"的基础上，优先考虑向现有意向买家转让，由意向买家分别报价，以报价最高者为买受人，但转让价格不低于2 300万元。②如果没有意向买家出价或出价低于2 300万元，则转为公开拍卖金源公司房产，第一次拍卖以2 300万元为保留价；如流拍，则管理人可以酌情调低下一次拍卖保留价，但调整幅度不超过上次保留价的20%。③金源公司房产转让过程中的所有税费由买受人承担。管理人在向债权人会议说明管理人拟订该份金源公司房产变现方案的背景原因后，债权人会议表决通过了该份金源公司房产变现方案。嗣后，在管理人组织的招投标环节，管理人以2 495万元的价格转让了金源公司房产。

(2) 对于金源公司持有的四家上市公司合计200多万股的股票。在设计这些股票变现方案时，管理人向拍卖公司咨询了拍卖股票的可行性，了解到拍卖公司虽然可以在较短的时间内拍卖这些股票，但因为这些股票属于流通股，如拍卖，则属于大宗交易，只会在盘面价之下成交。管理人也向证券公司询问了委托抛售股票的事项，了解证券公司可以接受客户委托进行股票交易，但证券公司不能对股票交易结果或收益做任何的保证，同时证券公司将收取一定数额的佣金。这样了解下来，管理人明确：对于金源公司所持有的上市公司流通股，不管拍卖公司拍卖还是证券公司代为交易，除了进入公开的股票二级市场交易，没有更便捷、更能贴近市场价的方式；虽然证券公司拥有股票交易方面的专业知识和技能，但对于金源公司股票"只能卖，不能买"的情况，也是无的放矢；而不管是拍卖公司进行的拍卖还是委托证券公司进行的抛售，都无法规避或者减少市场风险，而最关键的是，恐怕没有哪一方可以比管理人更为勤勉、更为忠实地进行股票出售。最终，管理人拟订的金源公司上市公司股票变现方案为管理人自行进入二级市场抛售，主要要点为：①由管理人直接进入二级市场抛售金源公司所持有股票；②设定止损点，明确以金源公司4只股票在变现方案确定之日的收盘价为基准，管理人只能在下浮不超过20%的价格范围内予以转让变现。对于该方案，在债权人会议上，部分债权人提出了质疑，认为跌幅超过20%才终止交易，该幅度过大，不排除发生不适当的交易行为，侵蚀金源公司财产，进而损害债权人利益。管理人对此也进行了解释：设定20%的跌幅是因为在债权人会议之前的一段时间，股市行情不好，设定20%的跌幅是为了让管理人在"有涨有跌"的股市中保持一定的灵活性，如果设定较小的跌幅，如股市行情小幅震荡，管理人便须停止交易，而如果股市行情持续低迷，则可能不得不停止该变现方案的执行，而再通过债权人会议议定一份新的变现方案，较为费时，也会增加债权人参与成本；另外，金源公司持有一支ST股票120多万股，为流通股持股数前10的股东，对于该只小盘股而言，金源公司持股量较大，管理人将不会短时间集中抛售该只股票，设定20%的跌幅，同样仅是为了在当前股市行情不好的情况下，保持一定的灵活性。最终，债权人会议表决通过了金源公司上市公司股票变现方案。债权人会议通过该变现方案后，管理人采取分批小额交易、逢高抛售的方式，差不多持续一个月才完整变现了金源公司所有股票，最终股票变现总额为2 131万元，比变现方案确定之日的基准价增加了150万元之多。

九、破产人破产财产分配方案的制订与执行

在破产清算程序中，最为重要的环节便是破产财产分配方案的确定，这

一环节将决定所有债权人债权受偿比例。按《企业破产法》第115条的规定，"管理人应当及时拟订破产财产分配方案，提交债权人会议讨论"，而因为破产财产分配方案核心内容在于以多少可供分配的财产清偿多少债权，因此对破产财产分配方案的制订，一般发生在管理人已完整变现破产财产、所有破产债权已经确定之后。这样，一方面可供分配的破产财产数额明确，另一方面各清偿顺位的债权额也已清晰，此时制订的破产财产分配方案可以清晰界定各清偿顺位债权的受偿数额。

毋庸置疑，在较快的时间内对债务人所有财产进行一次性的分配，是所有债权人参与债务人破产程序的愿景，这也是管理人、人民法院的追求目标。但在具体破产案件的办理当中，可能有些债权人的债权需要通过破产债权确认之诉才能确定，可能有些债务人的财产也需要通过诉讼途径或者其他手段才可以收回，这样，待所有破产债权确定、债务人所有财产收集完毕后再拟订破产财产分配方案，就需要等待较长的时间。虽然《企业破产法》重视对所有债权人清偿的公平性，但同时也重视对债权人清偿的效率；为了尚未接管的部分破产财产而推迟大部分破产财产的分配，显然不符合《企业破产法》的效率追求。针对这种情况，《企业破产法》第116条便规定管理人可以"按照破产财产分配方案实施多次分配"，指明管理人可以在条件允许时，对破产财产进行多次分配，即就已接管的破产财产向债权人进行先行分配，对后续接管的破产财产向债权人进行补充分配，以解决在破产程序中债权人受偿的效率问题。

关于管理人"按照破产财产分配方案实施多次分配"，有人认为：此处规定的"破产财产分配方案"是一个针对企业所有财产的总分配方案，一部分为对目前已接管财产的分配，一部分为对后续收回财产的分配。具体而言，对于目前已接收的破产财产，按该分配方案确定的分配比例、分配数额进行，对于后续接收的破产财产，按该分配方案既已确定的分配比例进行再分配。这样可避免债权人会议的频繁召开，节约债权人与会成本。该种理解或操作，或有"一劳永逸"的效果，但在实践中却难以操作，也有违背破产法之处：第一，这种理解的"破产财产分配方案"所分配的破产财产为已接管并可现实分配的破产财产，以及尚未接管但预计可收回并分配的破产财产。但无论如何，在破产财产尚未收回之前，哪怕收回破产财产的依据再充分，总归存在部分未能收回的可能性。这样，以待定的"破产财产"范围去计算所有债权的分配比例，在后续收回破产财产实际与之前预计不一致时，分配比例便会发生变化,而且还将推翻之前业已进行的清偿比例。第二,实施最后分配前,不排除债权人补充申报债权,而只要在破产财产最终分配前补充申报债权,便可参与后续的破产财产分配,在"总的破产财产分配方案"中限定受偿的债权人范围而排除补充申报债权人的参与分配权,与《企业破产法》相悖。第三,按《企业破产法》第115条的规定,破产财产分配方案应载明参加破产财产分配方案的债权人、参加破产财产分配的债权额、可供分配的破产财产数额以及破产财产分配的顺序、比例及数额,破产财产分配方案经债权人会议审议通过并经人民法院裁定认可,管理人方可执行。因此,当后续接管的破产财产与之前预计完全一致并所有破产债权没有发生任何变化时,方能按"总的破产财产分配方案"确定的分配比例分配后续接管的破产财产;但当后续接管的破产财产与之前预计发生偏差或者出现补充申报的债权时,便不应按"总的破产财产分配方案"径行分配,而应再提交债权人会议审议并提交人民法院裁定认可,否则便剥夺了债权人审议破产财产分配方案的权利。基于以上,我们认为,"管理人按照破产财产分配方案实施多次分配"规定中的"破产财产分配方案",应是一个个独立的分配方案,每个破产财产分配方案应明确参与该次分配的债权人、参与该次分配的债权额、列入该次分配的破产财产以及该次分配的清偿顺序、比例及数额,且每个破产财产分配方案应经过债权人会议审议,由人民法院裁定认可。至于多次召开债权人会议可能给债权人带来的负担,可在确保债权人知情权、表决权的前提下,在债权人会议的举行、审议方式上进行灵活变通。而实务中,如果可分配的破产财产没有达到一定的量,管理人也是不会随便提议召开债权人会议的。

如分批分配破产财产,是因为部分债权人的破产债权未被确认,则不管是债权生效条件未成就还是有关破产债权确认之诉还未审理完毕,只要将与有争议的债权相对应的分配额提存即可,便可实现对其他债权人的先行分配。如分批分配破产财产,是因为部分普通破产财产尚未被收回,那么实施分批分配也较为容易,在后续财产收回的情况下,再按届时未被受偿的债权额依法定清偿顺序予以分配即可。但如果未被收回的破产财产是为某些债权提供担保的担保财产,则情况要复杂得多,主要体现在:按破产法规定,担保债权先就担保物变现价值受偿,清偿不足部分再转为普通债权;既然担保财产未被收回,即表明该担保财产是否可以完整收回存在不确定性,则担保债权受偿幅度未定,担保债权转为普通债权的数额亦不确定。如在先行破产财产分配中,将担保债权作为普通债权受偿,则挤占了其他普通债权人的受偿额度;如不将担保债权作为普通债权处理,如后续担保财产未取回,则担保债权人将因未能参与之前的分配而遭受损失。而这种情形,实务中多有发生。或许有人认为,对于这种情况,可以等担保财产收回后再拟订破产财产分配方案,这样显然可以回避先行分配时所需面对的前述复杂问题。但收回该等破产财产却可能需要相当长的时间,如涉诉,便有可能需要经过人民法院的一审、二审以及强制执行程序;如因此而耽误就现有财产向广大债权人的清偿,对其他广大债权人其实并不公平,特别是在未收回的担保财产数额并不是很大的情况下。对于前述复杂情况,在实务中,其实可以通过一些安排和预设予以解决:

(1) 在先行分配时,先将未就担保财产受偿的担保债权作为普通债权处理,参与相关破产财产的分配。

(2) 将上述与担保债权相对应的分配额予以提存,暂不向该债权人清偿。

(3) 如担保财产最终不能收回,则将提存的分配款清偿给该债权人;如担保财产完整收回,则将收回的担保财产清偿给担保权人,提存的分配款则分配给其他债权人;如担保财产部分收回、部分不能收回,则将与不能收回部分相应的提存额分配给该担保债权人,将与收回部分相对应的提存额分配给其他债权人。

事实上,上述安排或预设,体现的是所有债权人间的利益平衡:一方面普通债权人须容许担保债权人的担保债权先作为普通债权参与分配,普通债权人暂缓对一部分破产财产的分配;另一方面担保债权人须容许在担保财产收回之前,暂时不实际获得分配款。而所有债权人达成这一利益平衡的要点在于:所有债权人均可以在先行分配中获得或多或少的分配;如各方不相互容许而促成先行分配,则所有债权人可能要在较长的一段时间之后才可获得分配。

对于破产财产的分批分配,其他一些国家的破产立法也都有所涉及。如《德国破产法》第187条规定:"只要破产财产中存在足够现金,便可向破产债权人进分配。在实施分期分配时,对后顺位破产债权人不予考虑。分配由破产管理人进行。设立债权人委员会的,破产管理人在每一次分配之前都应当征得债权人委员会同意。"[1]《法国破产法》第622~625条规定:"如在不

---

[1] 李飞. 当代外国破产法 [M]. 北京: 中国法制出版社, 2006: 76.

动产价款分配之前进行一次或者数次款项分配时,已被确认的持有优先权或者抵押权的债权人,以此全部债权参与分配。在变卖不动产并最后确定持有抵押权及优先权的债权人顺序之后,就其全部债权对不动产价款处于有效顺位的债权人,只能收取按确定的抵押权债权顺序应得的款项,并扣除其已收取的款项。"❶《日本破产法》对破产财产分批分配的规定则更为详尽,于第8章"分配"中专列"中期分配"一节,对破产财产分批分配进行规定,其第209条规定"在一般调查期间或一般调查日期结束后并且破产财团所属财产的变现终结之前,破产财产管理人认定有破产财团所属的金钱可用于进行分配的,先于最后分配,可以向提出申请的破产债权人,进行本节规定的分配。"随后于第210条规定别除权人对中期分配的回避,于第212条规定附生效条件债权在中期分配中的处置,于第214条规定中期分配数额的寄存等。❷ 由此可见,在破产清算案件中,视破产企业财产接管的具体情况,分批对债权人进行清偿,为多数国家采纳和应用。我国《企业破产法》虽然规定管理人可以"按照破产财产分配方案实施多次分配",但过于原则。在以后的破产立法或者司法解释中,或许可以参考《日本破产法》,对分批分配进行适当的具体规定和指引,以便在具体破产案件办理中予以适用,提高破产案件中对债权人的清偿效率。

在金源公司破产清算一案中,管理人经过一段时间的调查、追索,已陆续接管了金源公司大部分财产,但有两笔合计2 300万元左右的应收款项尚在追索当中,对于何时收回、收回多少均存在不确定性;特别是对于其中一笔1 600万元左右的应向浙江纵横控股集团有限公司等六公司收取的清偿款,在双方存在较大争议的情况下,管理人只能启动诉讼程序追讨。另一方面,随着管理人对所申报债权的核查以及债权人会议、金源公司对债权的核查,债权人债权也已经由人民法院裁定确认。就金源公司现有财产向债权人进行分配的客观条件已经成就。但进行分配的关键问题在于前述两笔合计2 300万元的应收款项均分别质押给了两家银行债权人。在2 300万元应收款项最终收回数额不确定的情况下,即意味着这两家债权人担保债权优先受偿数额不明、担保债权转为普通债权的数额不明。相应地,也就不能准确计算债权人的分配比例和分配额,甚至不能确定这两家债权人可对破产财产分配方案行使的表决权数。但为了等待2 300万元应收款项的追索结果而将金源公司

---

❶ 李飞. 当代外国破产法 [M]. 北京:中国法制出版社,2006:415.
❷ 李飞. 当代外国破产法 [M]. 北京:中国法制出版社,2006:809-812.

其余大额破产财产保管在管理人处,却也有违破产法的精神;特别是在应收款项已经涉诉的情况下,等待的时间可能较长,这样,债权人于现有财产的受偿权实质上将因时间的流逝而遭受贬损。在此情况下,先行分配金源公司现有财产势在必行。在制订金源公司破产财产分配方案时,需解决的关键性问题是两家银行担保债权如何受偿、其如何参与破产财产分配方案的表决。金源公司管理人先演算了2 300万元应收款项全额收回、部分收回以及不能收回的不同情况下的破产财产分配方案。演算的结果显示,可以在破产财产分配方案中进行一定的技术性处理而促成现有财产的分配,且最终不侵犯银行债权人的担保权利或者其他债权人的受偿权;首先,在破产财产分配方案中,先将两家银行担保债权视为普通债权,按普通债权行使表决权,按普通债权参与破产财产分配。其次,假设2 300万元应收款项可全额收回,按照两家银行对该2 300万元担保权利的情况,分别计算出两家银行可对该2 300万元行使优先受偿权数额。再次,在破产财产分配中,因为两家银行债权已全额视为普通债权参与分配,但其部分债权却预计可从2 300万元应收款项中优先受偿,故从两家银行分配额中提存一部分先不实际分配给两家银行,提存的数额分别按两家银行预计可从2 300万元中优先受偿的数额乘以普通债权分配比例计算。最后,对于两家银行分配额的提存部分,在2 300万元全额收回并分配给两家银行时,提存部分分配给其他债权人。如2 300万元只收回部分,则与收回部分相对应的提存部分分配给其他债权人,其余提存额分配给两家银行;如2 300万元全部未收回,则两家银行担保债权自此实际全额转为普通债权,与2 300万元相关的提存额分配给两家银行。金源公司管理人在按前述技术处理的基础上,及时拟订了金源公司第一次财产分配方案,该方案受到了所有债权人的一致同意并得到了人民法院的认可;由此,除预提必要的破产费用和提存与2 300万元相对应的分配额外,金源公司大额破产财产已尽早分配给债权人。在时隔3年之后,有关2 300万元应收款的事项(包括诉讼、执行)才处理完毕,连带利息共收回2 500万元,在将收回的应收款及其利息按第一次财产分配方案的安排优先清偿给两家银行后,金源公司管理人再拟订了第二次破产财产分配方案,将与收回并优先清偿给两家银行款项相对应的提存额,与剩余的预提破产费用以及其他破产财产一并分配给债权人。

与破产财产分配相关,还有一个特别事项即担保权在破产程序中的行使问题需要予以关注。因为《企业破产法》保护担保权人对债务人特定财产的优先受偿权，担保权人对债务人特定财产享有别除权，所以，在破产程序中，担保权人一般也会要求单独就担保物变现价值优先受偿，而不与其他普通债权人同步受偿。那么，担保权人是否可以在"破产财产分配方案"之外，提前、单独就担保物行使优先受偿权？担保债权何时清偿？

在破产实务中，担保债权何时清偿这一问题，其实便是担保权人在破产程序中何时可以就担保物变现价值优先受偿的问题。在《企业破产法（试行）》规定下，并不存在这个问题，因为《企业破产法（试行）》并未将担保物纳入破产企业的财产范围，❶ 而仅是将担保物清偿担保债权之后的剩余列入破产企业财产范围。因此，在《企业破产法（试行）》规定下，企业进入破产程序后，只要担保权人依据主合同、担保合同约定及《担保法》有关规定，可以行使担保权，便可以变现担保物并以担保物变现价值优先受偿，而不必受企业彼时进入破产程序的影响。

但随着《企业破产法》取代《企业破产法（试行）》，情况发生了较大的变化。《企业破产法》不再将担保物排除在破产企业财产范围之外，不管按该法第30条有关"债务人财产"的定义，还是按该法第107条有关"破产财产"的定义，担保物始终属于破产企业财产。2013年颁布的最高人民法院《关于适用〈中华人民共和国企业破产法〉若干问题的规定（二）》第3条更是明确规定"债务人已依法设定担保物权的特定财产，人民法院应当认定为债务人财产"。而既然担保物属于破产企业财产，那么有关担保物的变现及对担保债权的清偿，便需要符合破产法的相关规定。

《企业破产法》除了在第109条规定担保权人有权就担保物优先受偿之外，未再就担保物的变现、担保债权的清偿作出特别规定。因此，我们认为，对担保物的变现，并非由担保权人自行变现，而是由破产企业的接管人——管理人予以变现，即依照《企业破产法》第69条规定在取得债权人委员会或人民法院同意后予以变现担保物，或者依照《企业破产法》第61条、65条规定按债权人会议通过的或人民法院裁定的财产变现方案予以变现。如债权人委员会、债权人会议或者人民法院不能确定担保物变现方案，管理人不能予以变现，担保权人自然也不能依其意思变现担保物。

---

❶ 最高人民法院《关于审理企业破产案件若干问题的规定》第71条规定："下列财产不属于破产财产：……（二）抵押物、留置物、出质物，但权利人放弃优先受偿权的或者优先偿付被担保债权剩余的部分除外；（三）担保物灭失后产生的保险金、补偿金、赔偿金等代位物；（四）依照法律规定存在优先权的财产，但权利人放弃优先受偿权或者优先偿付特定债权剩余的部分除外……"

在担保物变现后,回到《企业破产法》第107条有关"人民法院依照本法规定宣告债务人破产的……债务人财产称为破产财产"以及第61条债权人会议"通过破产财产的分配方案"有关"破产财产"的概念下,可以很自然地得出一个观点:担保物变现后所得价值同样属于破产财产;以担保物变现价值对担保债权的清偿同样属于破产财产分配范畴,需要经过债权人会议审议并经人民法院裁定。如担保权人接受这样的观点,同意在破产财产分配方案最终确定时与其他债权人同时受偿,并无不妥。但是在破产实务中,担保权人一般会要求就担保物变现价值优先受偿,特别是在担保物已经变现的情况下。而结合《企业破产法》的一些其他规定,我们倾向于认为担保权人其实可以在"破产财产分配方案"审议通过之前,便就担保物变现价值优先受偿,而并非必须等到"破产财产分配方案"通过之后才与其他债权人同时获得分配:

第一,从《企业破产法》第10章"破产清算"规定看,其规定的"破产宣告""变价和分配""破产程序的终结"三节,基本契合了破产清算的办理流程,即宣告破产后变价破产财产,财产变价后分配财产,财产分配完毕后终结破产程序。在这三节规定中,有关担保权人就担保物变现价值优先受偿的规定置于第1节"破产宣告"之中,而不是规定在第2节"变价和分配"之中。而在第2节"变价和分配"中,有关破产财产分配顺位的第113条规定,"破产财产在优先清偿破产费用和共益债务后,依照下列顺序清偿:(一)破产人所欠职工的工资和医疗、伤残补助、抚恤费用……",该条款对担保债权的清偿只字不提。如果该条款中的"破产财产"仍然包含担保物或其变现价值的话,那么该条款至少应当表述为"破产人特定财产清偿担保债权后的剩余部分以及破产人其他破产财产,在优先清偿破产费用和共益债务后,依照下列顺序清偿:(一)破产人所欠职工的工资和医疗、伤残补助、抚恤费用……",否则在逻辑上便会形成将担保物变现价值也分配给其他债权人的认识,而这显然是与第109条的规定相冲突。由此,我们认为第113条中的"破产财产"实际上已经是别除了担保物的破产财产。进一步,因为第113条规定了各类型债权对于破产财产的受偿顺位,破产财产分配方案的拟订主要也是围绕该条款进行,故我们认为规定于第113条之后的、有关破产财产分配方案拟订的第115条规定,其中的"破产财产"内涵同样是剔除了担保物的破产财产。这点从《企业破产法》有关破产财产分配方案审议表决规定中,也可以得到佐证。《企业破产法》第59条第3款规定,对债务人的特定财产享有担保权的债权人,未放弃优先受偿权利的,对于本法第61条第1款第7项(审议和解协议)、第10项(审议破产财产分配方案)规定的事项不享有表决权。这一款规定显然将担保权人排除在破产财产分配方案表决权人之外(担保债权未受足额清偿而转为普通债权的除外),而换个角度而言,如对担保债权的清偿包括在破产财产分配方案中,那么破产法便没有理由剥夺担保权人对破产财产分配方案的表决权,否则便无异于将担保权人对特定财产独有的担保权利交由也想从特定财产上"分一杯羹"的其他债权人表决,这样的表决结果可想而知,要么表决不通过这样的破产财产分配方案,要么在方案中减少或否定担保权人对特定财产的优先受偿权,这将导致破产财产分配方案的矛盾、搁置和无效率。因此,从反向理解,对担保债权的清偿应当可以不包括在破产财产分配方案之中。

  第二,破产法的价值取向之一是按各类型债权人的受偿顺位,平等保护各债权人的受偿权。担保权人就担保物变现价值优先受偿时,有可能侵犯其他债权人受偿权的是担保权人在担保权、担保债权存在瑕疵的情况下对担保物仍然行使优先受偿权。如担保权实际未依法成立或者所担保债权实际上存在争议,在这些情况下,本不应将"担保物"优先清偿予特定债权人,而应将所谓的"担保物"作为一般财产分配给所有债权人。可见,可能侵犯其他债权人清偿权的,是担保权、担保债权是否合法确立的问题,而不是担保权行使时点问题。在破产清算中,如及于特定财产的担保债权、担保权已经债权人会议、债务人核查无异议,并经人民法院裁定确认,那么担保权人就特定财产享有优先受偿权的权利以及优先受偿的范围便已确定下来,而不会再有变化;那么在条件允许时,让担保权人就担保物优先受偿并无不可,这并不会侵犯其他债权人的受偿权,相反却可以使担保权人的权益得到及时的维护。

第四章 几类典型破产清算案例

第一节 上海飞乐进出口有限公司破产清算案
——破产财产分配完毕的破产清算案件

一、案情简介

上海飞乐进出口有限公司（以下简称"飞乐进出口公司"）为一家登记注册于上海市浦东新区的有限责任公司，主要经营电子产品进出口业务。飞乐进出口公司业务因受国际市场影响较大，故在较长一段时间内连年亏损，并最终资不抵债。2012年，飞乐进出口公司所在集团出于产业调整的考虑并基于飞乐进出口公司经营现状，决定通过破产清算关闭注销飞乐进出口公司。

飞乐进出口公司虽然登记注册于上海市浦东新区，但其主要办事机构设置于上海市闵行区，根据《企业破产法》有关规定，有关债务人破产案件，由债务人主要办事机构所在地法院管辖，债务人无办事机构的，则由其注册地人民法院管辖。因此，飞乐进出口公司向其主要办事机构所在地的上海市闵行区人民法院申请破产清算。上海市闵行区人民法院经审查，认为飞乐进出口公司的破产清算申请符合受理条件，于2012年10月裁定受理了飞乐进出口公司破产清算一案，并指定了飞乐进出口公司管理人。

管理人接管飞乐进出口公司后，对飞乐进出口公司财务、财产、负债进行了全面调查和清理。

2012年12月，在经核查飞乐进出口公司确已资不抵债且无重整、和解可能之后，上海市闵行区人民法院宣告飞乐进出口公司破产。同月，在上海市闵行区人民法院召开了飞乐进出口公司第一次债权人会议，在该次会议上，债权人会议核查了债权，并审议通过了飞乐进出口公司破产财产变价方案。

至 2013 年 3 月，管理人按债权人会议审议通过的财产变价方案完成了对飞乐进出口公司财产的变价，也完成了对飞乐进出口公司对外应收账款的清理。于是，管理人提议召集飞乐进出口公司第二次债权人会议，并向该次债权人会议提交了飞乐进出口公司破产财产分配方案。该次债权人会议经审议，通过了飞乐进出口公司破产财产分配方案。随后，上海市闵行区人民法院也裁定认可了该破产财产分配方案。

2013 年 4 月，管理人按照确定的破产财产分配方案完成对债权人的清偿。按照《企业破产法》第 120 条规定："管理人在最后分配完结后，应当及时向人民法院提交破产财产分配报告，并提请人民法院裁定终结破产程序。"，因此，管理人便向上海市闵行区人民法院申请终结飞乐进出口公司破产程序，上海市闵行区人民法院经审查后亦作出裁定，裁定终结飞乐进出口公司破产程序。

在飞乐进出口公司破产清算一案中，因飞乐进出口公司财产构成较为简单，对外债权债务关系也不是很复杂，故相应的破产清算工作进展较为顺畅，但在整个破产程序中，还是依照《企业破产法》的规定，召开了两次债权人会议，由债权人会议核查了债权、审议了破产财产变价方案和破产财产分配方案，也正基于债权人会议对前述职责或者说权利的行使，使得管理人对飞乐进出口公司的破产清算得以顺利往前推进。当然，在整个破产程序中，上海市闵行区人民法院依法作出的相关裁定，一方面体现了对破产清算工作的监督，另一方面也以法律文书确定了飞乐进出口公司破产清算工作的阶段性进展成果。

从以上可以看出，飞乐进出口公司破产清算一案属于较为典型的破产清算案件，包括了债权核查、破产宣告、债权人会议召集、破产财产变价、破产财产分配等完整的流程，相应地，飞乐进出口公司破产程序的终结，也属于《企业破产法》第 120 条所规定的较为典型的终结方式，即破产财产分配完毕后的破产程序终结。应该说，在企业资不抵债时，除非债务人可以破产重整或者和解，否则通过破产程序分配债务人破产财产，便是《企业破产法》所追求的目标，无法清算、无法全面清算或者债务人无任何财产均不是正常状态。实践中，在破产清算一类案件中，分配完毕债务人财产而终结破产程序的也占多数，因无法清算、无法全面清算或者无任何破产财产而结案的占少数。

二、法律实务解析

(一) 破产财产范围

在破产清算案件中,所有债权人获得的清偿总额等于别除担保物之后的企业破产财产减去破产程序中所支付破产费用、共益债务后的余额,因此破产企业财产的多寡与债权人的受偿比例直接相关。《企业破产法》在不同章节分别规定了"债务人财产""破产财产"两个概念,但两个概念只是对处于不同破产程序进展阶段的破产企业财产的称谓,两者具有同等内涵,如《企业破产法》第30条规定"破产申请受理时属于债务人的全部财产,以及破产申请受理后至破产程序终结前债务人取得的财产,为债务人财产",第107条便规定"债务人被宣告破产后,债务人称为破产人,债务人财产称为破产财产"。因此,所谓破产财产指的是破产企业在进入破产程序时拥有的所有财产以及在破产程序开展过程中取得的所有财产。

最高人民法院于2013年颁布的《关于适用〈中华人民共和国企业破产法〉若干问题的规定(二)》则对破产财产范围进行了进一步的列举和阐释,其第1条规定"除债务人所有的货币、实物外,债务人依法享有的可以用货币估价并可以依法转让的债权、股权、知识产权、用益物权等财产和财产权益,人民法院均应认定为债务人财产。"因此,在实务中,可供破产企业支配的、有价值并可依法转让的物品、权益均属于破产企业财产。

在破产清算程序中,对于破产企业财产,管理人应尽量通过各种方式将其变现为货币,再以货币方式向债权人分配。但在一些财产无法变现或者出于一些特殊情况无须变现亦能合理分配时,也不排除以实物形式或以权益现状向债权人分配。如《企业破产法》第114条便规定:"破产财产的分配应当以货币分配方式进行。但是,债权人会议另有决议的除外。"在实务中,以货币形式之外的方式向债权人进行的分配,较常存在的情况便是将在破产程序中暂时无法实现的破产企业对外债权分割分配给债权人,如破产企业依照生效判决对债务人享有确定的债权,但在破产程序中暂时无法执行到债务人财产,那么对于这些债权,如不在破产程序中进行适当处理,则在破产程序终结后,随着破产企业主体资格的丧失,这些债权便无法再实现,而这些债权虽然未能在破产程序中实现但在往后确又有可能实现,因此,债权人会议有权作出将债权分割分配给债权人的决议,由取得债权的债权人在破产程序终结后自行向债务人追索。此外,实务中也会出现向债权人分配实物或者分配股票的情形,如在东莞市中级人民法院受理的东莞市旅游商品公司破产清算一案中,管理人向该案的债权人实物分配了摩托车节油器1 920个、汽车节油器14 640个❶;如在福州市中级人民法院受理的闽发证券有限责任公司与北京辰达科技投资有限公司等5公司合并破产清算案中,将闽发证券有限责任公司等公司合并持有的双鹤药业股份有限公司(股票代码:6000062)8 340.72万股股票分配给该案中的150户债权人❷;又如在深圳市中级人民法院受理的汉唐证券有限责任公司破产清算一案中,将汉唐证券有限责任公司及其壳公司持有的5家上市公司合计13 043.22万股的股票分配给该案中的债权人❸。在破产实务中,甚至出现"债转股"的分配财产方式,如在温州市中级人民法院受理的温州海鹤药业有限公司、温州市兴瓯医药有限公司破产重整案中,债权人以零对价向出资人购买股权,将债权转化为相应比例的出资❹。可见,原则上,应将破产企业破产财产变现为货币向债权人分配,但也允许根据案情具体情况,由债权人会议自主作出其他可行的实物或者权益分配方案。而在按实物或者权益分配时,债权人参与分配获得的份额或者数量,如同获得货币分配一样,按各债权人债权比例进行分配。

(二) 不属于破产财产的情形

上述《企业破产法》第30条及最高人民法院《关于适用〈中华人民共和国企业破产法〉若干问题的规定(二)》第1条规定,从正面规定了破产财产的范围,而最高人民法院针对破产实践中存在的争议,则先后在其颁布的两个司法解释中从反面规定了哪些财产不属于破产企业的破产财产。2002年,最高人民法院颁布的《关于审理企业破产案件若干问题的规定》中第71条规定了9类不属于破产财产的财产,即①破产企业基于仓储、保管、加工承揽、委托交易、代销、借用、寄存、租赁等法律关系占有、使用的他人财产;②抵押物、留置物、出质物,但权利人放弃优先受偿权的或者优先偿付被担保债权剩余的部分除外;③担保物灭失后产生的保险金、补偿金、赔偿金等代位物;④依照法律规定存在优先权的财产,但权利人放弃优

---

❶ 《东莞市旅游商品公司破产清算案》,网址:http://15007676668.findlaw.cn/lawyer/jdal/d23381.html.
❷ 王砚丹:《闽发证券破产案掀余浪8 000余万股双鹤药业股票待分配》,网址:http://www.nbd.com.cn/articles/2010-01-09/262275.html.
❸ 《汉唐证券有限责任公司及46家壳公司破产财产分配方案公告》,网址:http://wo.cs.com.cn/html/2011-03/02/content_ 177634.htm?div=-1.
❹ 《2012年浙江法院企业破产审判报告》,网址:http://www.zjcourt.cn/art/2013/7/23/art_ 33_ 7390.html.

先受偿权或者优先偿付特定债权剩余的部分除外；⑤特定物买卖中，尚未转移占有但相对人已完全支付对价的特定物；⑥尚未办理产权证或者产权过户手续但已向买方交付的财产；⑦破产企业在所有权保留买卖中尚未取得所有权的财产；⑧所有权专属于国家且不得转让的财产；⑨破产企业工会所有的财产。该第71条规定中，第②、③、④项中规定的物品均属于破产企业所有的、但为特定债权提供担保的财产，因最高人民法院于2013年颁布的《关于适用〈中华人民共和国企业破产法〉若干问题的规定（二）》第3条已经明确规定"债务人已依法设定担保物权的特定财产，人民法院应当认定为债务人财产"，故根据新法与旧法相冲突时适用新法的规则，第②、③、④项中规定的物品已确定为破产企业破产财产。

最高人民法院于2013年颁布的《关于适用〈中华人民共和国企业破产法〉若干问题的规定（二）》，在其第2条也规定了不属于破产财产的情形，即：①破产企业基于仓储、保管、承揽、代销、借用、寄存、租赁等合同或者其他法律关系占有、使用的他人财产；②破产企业在所有权保留买卖中尚未取得所有权的财产；③所有权专属于国家且不得转让的财产；④其他依照法律、行政法规不属于债务人的财产。

从最高人民法院先后颁布的上述两个司法解释看，两者有相同的地方，即破产企业基于保管等法律关系占用的他人财产、破产企业在所有权保留买卖中尚未取得的所有权的财产以及所有权专属于国家且不得转让的财产，均不属于破产财产。但对于2002年司法解释中规定的、而在2013年司法解释中未规定两类财产，即：在特定物买卖中尚未转移占有但相对人已完全支付对价的特定物，以及尚未办理产权证或者产权过户手续但已向买方交付的财产是否属于破产财产则存在不同理解。如认为2013年司法解释第2条所规定的不属于破产财产的范围取代了2002年司法解释第71条规定，那么前述两项财产便属于破产财产；如按规定相冲突部分适用新法、新法未规定适用旧法的规则，认为2013年司法解释第2条规定未涵盖的部分仍应适用2002年司法解释第71条规定的，那么前述两项财产便不属于破产财产。截然不同的认识，在实践中便会出现截然不同的处理方式，如在出卖方破产时，其尚未向买受人交付的定制物，在前一种认识中便属于破产财产，应由管理人变现并最终分配给债权人，而在后一种认识中便不属于破产财产，管理人应依定制人要求将定制物交付定制人；而在出卖方为房地产开发商时，对于开发商已出售但未登记过户给消费者的房屋，在前一种认识中便属于破产财产,不应交付给消费者,而应由管理人变现后分配给债权人,而在后一种认识中,管理人却应当将已售房屋配合过户登记给消费者。因此,在破产实践中,有必要对前述司法解释的规定进行梳理,统一认识。

①买受人已完全支付对价的定制物。

有关上述2002年司法解释第71条以及2013年司法解释第2条规定在实践中的适用问题,通过最高人民法院再审的"北京英嘉房地产开发有限公司与杨飞物权确认纠纷"一案中可见端倪❶。该案中杨飞于2001年11月与北京英嘉房地产开发有限公司("英嘉公司")签订了《商品房买卖合同》,约定杨飞向英嘉公司购买一套位于北京市西城区的商品房,房屋总价款为2 799 122元,其中首付款849 122元,其余房款195万元杨飞以银行按揭方式支付;2002年1月,双方就该商品买卖前往北京市国土资源和房屋管理局办理了商品房预购登记;至2002年3月,杨飞及按揭银行向英嘉公司完整支付了房屋总价款2 799 122元;后因一些原因,该套商品房未过户登记给杨飞,一直登记在英嘉公司名下,也未交付杨飞;2006年5月,北京市第一中级人民法院受理英嘉公司破产清算一案;在英嘉公司破产清算一案中,杨飞要求英嘉公司管理人将该套房屋过户登记给杨飞,英嘉公司管理人认为该套房屋登记在英嘉公司名下,按照《物权法》及《企业破产法》规定,属于英嘉公司破产财产,故不同意过户登记给杨飞,由此引起该案诉讼。在该案一审、二审过程中,北京市第一中级人民法院、北京市高级人民法院均适用2002年司法解释第71条第1款第5项规定,认定该套房屋属于特定物,而杨飞已完整支付购房款,故该套房屋不属于英嘉公司破产财产,因此支持杨飞诉请。而在最高人民法院再审过程中,英嘉公司管理人主张2013年司法解释第2条规定已对2002年司法解释第71条规定进行了修订,2002年司法解释第71条规定已无效,故一审、二审适用2002年司法解释第71条第1款第5项规定支持杨飞诉请属于法律适用错误。对于英嘉公司管理人该主张,最高人民法院未正面对两个司法解释中条款的效力问题、适用问题进行阐释,而主要从杨飞作为消费者,其权益在破产案件中应得到优先级的保护的角度驳回了英嘉公司的再审申请。但显然,再审属于全面审查,自然包括了对英嘉公司管理人提出的法律适用问题的审查,对于该非此即彼的问题,最高人民法院未采纳英嘉公司管理人意见,而是驳回其再审申请,使适用2002

---

❶ 《北京英嘉房地产开发有限公司与杨飞物权确认纠纷申请再审民事裁定书》[案号:(2015)民申字第1158号]。网址:http://www.court.gov.cn/wenshu/xiangqing-10570.html。

年司法解释第 71 条第 1 款第 5 项规定支持杨飞诉请的二审判决成为确定生效的判决，已经表明了最高人民法院的立场：2002 年司法解释第 71 条第 1 款第 5 项中有关在特定物买卖中尚未转移占有但相对人已完全支付对价的特定物不属于破产企业破产财产的规定，仍然有效。

②尚未办理产权证或者产权过户手续但已向买方交付的财产。

既然 2002 年司法解释第 71 条第 1 款第 5 项仍然有效，与第 5 项同样存在、未与 2013 年司法解释第 2 条冲突的第 6 项规定，似乎也应当仍然有效，即"尚未办理产权证或者产权过户手续但已向买方交付的财产"不属于破产企业财产。如此，如房地产开发企业破产，那么房地产开发企业建设的房产只要已经交付给买受人，该房产便不再属于房地产开发企业破产财产；如出卖房产的企业破产，只要其已将房产交付买受人，该房产也便不再属于该企业破产财产，而不论所涉及房产产权办理情况或者产权过户手续办理情况，甚至不问买受人的对价支付情况。

如继续按 2002 年司法解释第 71 条第 1 款第 6 项规定执行，在房地产开发企业或者房产出售企业破产时，已收房的买受人利益将得到最大的保护，其权益不但不会受到对方破产的影响，反而能比正常交易更早获得物权（按《物权法》确定的物权登记规则，买受人在登记为产权人后方确定取得房产物权）。但从破产企业债权人角度看，其权益无疑将受到影响：首先，破产企业的债权人将不能要求管理人或法院收回房产并变现，债权人所能主张的只能是要求买受人支付剩余的购房款，而买受人对剩余购房款的支付情况，则取决于买受人财务情况，买受人有可能尽快支付购房款，也有可能不支付购房款，甚至有可能管理人通过诉讼及法院执行也较难收回购房款❶。其次，在房地产开发企业拖欠工程承包人工程款的情况下，按最高人民法院《关于建设工程价款优先受偿权问题的批复》，除非"消费者交付购买商品房的全部或者大部分款项"，否则工程承包人仍然可以就房地产开发企业出售给消费者的房屋行使优先受偿权，但如适用该项规定，不论消费者支付了多少购房款，只要开发商将房屋交付给消费者，消费者便取得房屋产权并排除工程

---

❶ 笔者注：如在执行时，被执行人可供执行的财产只有该套房产，而该套房产又是被执行人及所扶养家属维持生活必需的居住房屋的，虽按最高人民法院《关于人民法院办理执行异议和复议案件若干问题的规定》第 20 条的规定也可执行，但执行过程终归较为艰难，有些地方法院因担心造成"不良影响"，仍不执行被执行人名下唯一房产，而即使执行，执行效果可能也有所贬损，如可能需要管理人"按照当地廉租住房保障面积标准为被执行人及所扶养家属提供居住房屋，或者同意参照当地房屋租赁市场平均租金标准从该房屋的变价款中扣除 5 年至 8 年租金"。

承包人对该房屋价值的优先受偿权。最后，在房地产开发企业或者其他企业，在其临近破产且其名下还有房产时，都极有可能利用该项规定提前将房产"交付"给一些"特定的消费者"，从而达到转移公司财产的目的，或者达到向个别债权人偏颇清偿的效果，使债权人利益受损。

我们认为，2002年司法解释第71条第1款第6项规定已被之后最高人民法院出台的相关司法解释内容所修正，虽然相关司法解释并未明确系对该6项规定的修正，但我们认为同一司法解释机关对同一事项所作出的相关司法解释应相互协调，如对同一事项作出的司法解释存在冲突的，那么应优先适用新的司法解释的规定。我们认为，2005年1月1日施行的最高人民法院《关于人民法院民事执行中查封、扣押、冻结财产的规定》便对该项规定进行了第一次修正，其第17条规定："被执行人将其所有的需要办理过户登记的财产出卖给第三人，第三人已经支付部分或者全部价款并实际占有该财产，但尚未办理产权过户登记手续的，人民法院可以查封、扣押、冻结；第三人已经支付全部价款并实际占有，但未办理过户登记手续的，如果第三人对此没有过错，人民法院不得查封、扣押、冻结"。从该第17条规定看，买受人要排除人民法院对其所购买的、尚登记在出卖人名下房产的执行，需已经支付全部价款并实际占有且需对未办理过户登记手续不存在过错。从人民法院只能执行被执行人责任财产的法理看，该第17条规定中的第三人能排除人民法院对相应房产的执行，即意味着该房产已不属于被执行人责任财产，相应地，从反向理解，此时法律已经保护第三人对该房产的物权期待权并排除了被执行人对该房产的实体性权利。该第17条规定，相比较2002年司法解释第71条第1款第6项规定，在保护买受人权利时，已要求买受人具备其他条件，其中最重要的条件之一是：买受人需已支付全部价款。

2015年5月5日施行的最高人民法院《关于人民法院办理执行异议和复议案件若干问题的规定》则继续对买受人对处于交易过程中的房产的权利进行更为细化的规定，其第28条规定："金钱债权执行中，买受人对登记在被执行人名下的不动产提出异议，符合下列情形且其权利能够排除执行的，人民法院应予支持：

（一）在人民法院查封之前已签订合法有效的书面买卖合同；

（二）在人民法院查封之前已合法占有该不动产；

（三）已支付全部价款，或者已按照合同约定支付部分价款且将剩余价款按照人民法院的要求交付执行；

(四) 非因买受人自身原因未办理过户登记。"

其第 29 条规定："金钱债权执行中，买受人对登记在被执行的房地产开发企业名下的商品房提出异议，符合下列情形且其权利能够排除执行的，人民法院应予支持：

(一) 在人民法院查封之前已签订合法有效的书面买卖合同；

(二) 所购商品房系用于居住且买受人名下无其他用于居住的房屋；

(三) 已支付的价款超过合同约定总价款的 50%"。

从前述第 28 条、第 29 条规定看，法律对买受人对房产的物权期待权的保护已根据被执行人是否为房地产开发企业、所购房屋是否为居住用房进行了区别规定，可具体分为以下两种情形：

第一种情形：当涉及房产是房地产开发企业开发的住房时，如①买受人已与房地产开发企业签订了合法有效的书面买卖合同。②买受人所购房产登记或批准的用途为居住房屋且其名下无其他居住房屋。③买受人已支付的价款超过合同约定总价款的 50%，那么法律便保护买受人对该房产的物权期待权并排除了被执行人对该房产的实体性权利。

第二种情形：不论涉及房产为何种类型，也不论出卖人是房地产开发企业还是其他一般企业或个人，如①买受人已与出卖人签订了合法有效的书面买卖合同。②买受人已经合法占有了该房产。③买受人已支付全部价款或者已按照合同约定支付部分价款且将剩余价款按照人民法院的要求交付执行。④买受人对房产未办理过户登记不存在过错，那么法律便保护买受人对该房产的物权期待权并排除了被执行人对该房产的实体性权利。

将上述规定适用于破产案件中，我们认为，当作为出卖人的企业进入破产程序时，如与买受人所进行的房产买卖出现上述两种情形时，便应当认为破产企业对所出售房产的物权已不具有实体性权利，破产企业已不得再主张该等房产的物权，而只能向买受人主张剩余购房款。相应地，如作为买受人的企业进入破产程序，那么当破产企业符合上述规定时，便得主张所购房产归其所有，属于破产财产。

将上述规定相比较于 2002 年司法解释第 71 条第 1 款第 6 项规定，总体而言，对不属于破产企业房产的情形进行了限定，如规定买受人必须已支付相应购房款（在所购房产为住房的情况下，必须支付 50%以上；其他情形下实际要求支付 100%），如规定买受人必须无其他住房，如规定买受人必须对房产尚未过户不存在过错等。同时，该规定对房屋属性进行了有区别的细化规定，也较能适用于实践中房地产开发企业破产或者所开发楼盘已向公众预售但成为"烂尾楼"的情形，可以平衡开发商、债权人、购房人之间的权益，化解"烂尾楼"所集中起来的社会矛盾。

但也应该看到目前而言，上述规定与《企业破产法》第18条规定还是存在冲突。按《企业破产法》第18条规定，"人民法院受理破产申请后，管理人对破产申请受理前成立而债务人和对方当事人均未履行完毕的合同有权决定解除或者继续履行，并通知对方当事人。管理人自破产申请受理之日起2个月内未通知对方当事人，或者自收到对方当事人催告之日起30日内未答复，视为解除合同"，因此，在房屋买卖中的双方均未履行完毕合同的情况下，如买受人未支付完整购房款，出卖人未向买受人过户房产的，按前述《企业破产法》第18条规定便属于可由管理人通知解除的双务合同，而如管理人选择解除合同的，依照《合同法》规定，合同未履行的部分便不再履行，就已履行部分则一般恢复原状、双方互相返还财产，此时，破产企业便免除了继续向买受人过户房产的义务，而买受人则应当将房产返还破产企业。故，纵使买受人依照最高人民法院《关于人民法院办理执行异议和复议案件若干问题的规定》向管理人提出针对所涉房产的权利，要求管理人继续履行合同将房产过户给买受人，但管理人依照《企业破产法》第18条规定却可以解除该双方均未履行完毕的双务合同，免除破产企业对该房屋买卖合同的继续履行，不再将房产过户给买受人。特别是在房价有较大幅度上行的情况下，管理人出于扩大破产企业财产的目的，更有可能寻求行使解除权、取回房产。我们认为，虽然《企业破产法》第18条规定的目的在于使破产企业财产最大化，但纵然如此，还是应当考虑权益的适当均衡，不能因为倾向性保护破产企业财产或破产企业债权人利益，而对其他相对方的权益造成损害，因此，在破产程序中，如消费者尚未支付所有购房款，在消费者无其他过错的情况下，如消费者同意参照最高人民法院《关于人民法院办理执行异议和复议案件若干问题的规定》将剩余购房款交付管理人的，破产企业在该房屋买卖中的合同目的已能实现，相应地，也应当保护消费者在该房屋买卖合同中的期待利益，管理人不宜解除合同，管理人应将相应房屋登记过户给消费者。而如消费者对房屋未能登记过户存在过错，或者消费者不同意将剩余购房款交付管理人的，则管理人可以解除该购房合同。

第二节　上海洋宁国际贸易有限公司破产清算案
——破产财产不足以支付破产费用的破产清算案件

一、案情简介

上海洋宁国际贸易有限公司（以下简称"洋宁公司"）为一家登记注册于上海市浦东新区外高桥保税区的中外合资企业，主要经营国际贸易、转口贸易、保税区企业间的贸易及区内贸易。洋宁公司自1996年起连续出现较大亏损，而该情况在后续经营中也未能得到根本扭转，至2005年年底，洋宁公司停止经营。而在这期间，洋宁公司已逐步处置了公司财产，也对职工进行了相应分流安置。由此，自2006年后，洋宁公司实际上便进入了无业务、无资产、无人员的"僵尸企业"状态。

对于洋宁公司的该种状况，洋宁公司董事会于2010年作出董事会决议，决定对洋宁公司进行破产清算。而按当时会计事务所出具的审计报告，当时洋宁公司已经严重资不抵债。因此，当洋宁公司向上海市浦东新区人民法院申请破产清算时，上海市浦东新区人民法院认为洋宁公司已经具备破产原因，故于2011年9月裁定受理了洋宁公司破产清算一案，并指定成立了洋宁公司管理人。

在洋宁公司破产清算一案中，当管理人接管洋宁公司时，在财产接管方面，只接管了17.75元的现金。而从洋宁公司提供的历年资产负债表看，洋宁公司已无实物资产，账上资产主要体现为对外合计400万元左右的应收账款。而经进一步了解，洋宁公司账上对外应收账款均为历年未实现债权的挂账，账龄均在5年以上，且近两年内也未再催讨过，因此，通过催收洋宁公司对外应收账款而增加洋宁公司财产的可能性也不大。由此，在一定程度上已经可以判断洋宁公司财产已非常有限。

对于洋宁公司这样的财产情况，如何开展洋宁公司破产清算工作，对管理人而言是一个抉择。如仅以洋宁公司资产负债表呈现的资产计，再结合管理人对这些资产的初步调查，基本可以判断洋宁公司的资产只有17.75元，显然该17.75元已不足以支付破产费用（人民法院受理洋宁公司破产清算一案依法刊登的破产公告便支出了900元，而后续开展破产清算工作，还将支出办公费用、审计费用等），按《企业破产法》第43条规定"债务人财产不足以清偿破产费用的，管理人应当提请人民法院终结破产程序；人民法院应当自收到请求之日起15日内裁定终结破产程序，并予以公告"的规定，管理人已可以向上海市浦东新区人民法院提请终结洋宁公司破产程序。但是，不可否认的是，如在彼时便按《企业破产法》第43条的规定申请终结洋宁公司破产程序，洋宁公司破产清算工作处于这样一个悬而未决的状态：洋宁公司财产情况尚未经过深入梳理，尚不能确定洋宁公司会计报表是否真实反映了洋宁公司的财产情况，尚不能确定是否存在未入账财产，尚不能确定是否存在转移、隐匿财产的行为，也不能确定是否存在应按《企业破产法》予以撤销的不适当财产处分行为；洋宁公司账上对外应收账款从初步了解看很难实现，但直接断言不能实现似乎也为时尚早；上海市浦东新区人民法院确定的债权申报期限还未届满，对于债权人而言（不管是已知债权还是不特定的债权人）仍应享有向管理人申报债权的权利，且不能排除个别债权人在申报债权时向管理人提供洋宁公司相关财产线索。这样，如彼时终结洋宁公司破产程序，洋宁公司的财产情况其实还处于未经全面核实的状态，而部分债权人则因还未申报债权而被排除在洋宁公司破产程序之外。但是，如欲对洋宁公司财务情况进行全面核查，最好是借助会计师事务所的财务审计，而聘请会计师事务所便需要支付费用，管理人对一些财产线索进行进一步的调查和追索也将产生一定的职务费用，但洋宁公司又没有财产可以支付。这样，是否继续、如何继续开展洋宁公司破产清算工作，便成了一个需要考虑的抉择。

应该是考虑到了在破产实践中可能存在的该种僵局，最高人民法院《关于审理企业破产案件确定管理人报酬的规定》[法释（2007）9号]第12条对此作了进一步规定："债务人财产不足以支付管理人报酬和管理人执行职务费用的，管理人应当提请人民法院终结破产程序；但债权人、管理人、债务人的出资人或者其他利害关系人愿意垫付上述报酬和费用的，破产程序可以继续进行；垫付款项作为破产费用从债务人财产中向垫付人随时清偿"。因此，如果预期可以取得破产企业财产的，管理人或许会考虑垫付破产费用（包括审计费用），或者说服债权人或者其他利害关系垫付破产费用，以推进破产清算工作的继续开展；但如果后续取得破产企业财产的可能性很低的，那么管理人或者债权人等利害关系人一般便会拒绝垫付破产费用，破产程序也将就此终结。在洋宁公司破产清算一案中，应该说后续取得洋宁公司其他财产的可能性还是比较小的，但洋宁公司出资人（同时也是洋宁公司债权人）出于全面核实洋宁公司资产负债情况的考虑，还是垫付了相应破产费用，在此基础上，管理人聘请会计师事务所对洋宁公司财务情况进行了审计，管理人亦结合会计师事务所的财务审计对洋宁公司资产负债进行了全面核查，最终，确定洋宁公司只有17.75元财产。虽然该结果如之前预料，没有让洋宁公司出资人及其他债权人"出乎意料"，但此时，对于洋宁公司这样的财产情况，已有了翔实的根据。最终，洋宁公司破产程序，仍按《企业破产法》第43条规定，以洋宁公司财产不足以支付破产费用而终结。

二、法律实务解析

（一）破产费用的概念与范围

破产费用，指的是在破产程序中为全体债权人的共同利益而支出的旨在保障破产程序顺利进行所必需的程序上的费用❶。按《企业破产法》规定，破产费用具体包括三项，分别为：①破产案件的诉讼费用；②管理、变价和分配债务人财产的费用；③管理人执行职务的费用、报酬和聘用工作人员的费用。

破产案件的诉讼费用，并非指破产案件中衍生的因破产企业与其他相关方诉讼而应缴纳的诉讼费用，而是指人民法院审理企业破产案件本身而应以破产企业财产缴纳的诉讼费用。按《诉讼费用交纳办法》第14条规定，破产案件申请费"依据破产财产总额计算，按照财产案件受理费标准减半交纳，但是，最高不超过30万元"，该法第20条规定："申请费由申请人预交。但是，本办法第10条第（一）项、第（六）项规定的申请费不由申请人预交，执行申请费执行后交纳，破产申请费清算后交纳"，该法第42条又规定："依法向人民法院申请破产的，诉讼费用依照有关法律规定从破产财产中拨付"。因此，虽然破产案件的申请费按其他一般财产案件受理费减半交纳，但并不要求申请人在向人民法院递交破产申请时交纳，而是在破产程序开展过程中，由管理人以清理所得的破产企业财产缴纳。由此可见，如申请人为破产企业债权人的，其对债务人提出破产申请，并不需向人民法院缴纳诉讼费用。破产案件的诉讼费用还包括一些公告费用，如按《企业破产法》第14条规定："人民法院应当自裁定受理破产申请之日起25日内通知已知债权人，并予以公告"、第107条规定："人民法院依照本法规定宣告债

---

❶ 全国人民代表大会常务委员会法制工作委员会. 中华人民共和国企业破产法释义 [M]. 北京：法律出版社，2007：67.

务人破产的，应当自裁定作出之日起 5 日内送达债务人和管理人，自裁定作出之日起 10 日内通知已知债权人，并予以公告"等，这些公告费用也应当以破产企业财产支付。

　　管理、变价和分配债务人财产的费用，主要指的是：（1）管理破产企业财产所产生的费用，包括雇用看护人员所支付的报酬、租用保管场所所支付的租金和水电费用、运输破产企业财产所支付的搬运费用、为维持破产企业财产功能或适用性或物理形状所支付的保养维修费用以及为避免破产企业财产灭失而支付的保险费用等；破产企业对外享有债权或财产性权益，或破产财产被他人非法占有时，管理人追讨债权或者追索财产所产生的费用，包括提起诉讼而缴纳的诉讼费用等，也属于"管理债务人财产"的费用范畴；（2）变价破产企业财产所产生的费用，主要包括资产评估费用和拍卖费用，在变价破产企业财产过程中，为寻求以公允价值变现破产企业财产，一般会聘请资产评估公司对拟变价的破产财产价值进行评估；而通过公开拍卖方式变价破产企业财产的，向拍卖公司支付相应佣金也必不可少；另外，在变价破产企业财产过程中，如需要缴纳相关税费的（如变价不动产一般便需要缴纳土地增值税、营业税等），缴纳的该等费用也属于变价破产财产费用；（3）分配债务人财产的费用，在以货币方式分配破产财产的情况下，基本不会产生费用，如有，也仅涉及向银行购买一些票据、凭证的费用或者通过银行转账银行收取的手续费；在以实物分配的情况下，较有可能发生费用，但在将实物分配给债权人之前，实物由管理人管理，该部分费用实际上属于管理费用范畴。

　　管理人执行职务的费用、报酬和聘用工作人员的费用，其中管理人执行职务的费用主要指管理人办理破产案件所支出的交通费、差旅费、通信费、调查费等，如管理人租用宾馆、酒店等场所召开债权人会议的，所支出的租金也属于管理人执行职务费用范畴。管理人报酬指的是管理人办理破产案件，就最终向债权人清偿的财产总额，按一定比例累计收取的报酬。关于管理人报酬，最高人民法院作出的《关于审理企业破产案件确定管理人报酬的规定》进行了专门规定，规定了管理人报酬的分段计算比例、管理人报酬收取时点、人民法院对管理人报酬的核定和调整、债权人会议与管理人就报酬的磋商等。其中，将管理人收取报酬分为两个途径，对于破产企业普通破产财产，即按规定的分段计算比例予以计算并从普通破产财产收取，而对于破产企业向特定债权人提供担保的特定财产，则作为管理人实现其担保权的费用，由管理人向特定债权人收取，不从普通破产财产中收取，收取的数额由管理人与特定债权人自行议定，如协商不一致则由法院决定，但收取数额不超过参照普通破产财产核算标准的10%。至于管理人聘用工作人员的费用，与《企业破产法》第28条规定相关，该条规定："管理人经人民法院许可，可以聘用必要的工作人员"，因此，管理人聘用工作人员所支出的费用，必须是经人民法院许可后所聘请工作人员而支出的费用，如管理人聘请的工作人员未经人民法院许可，那么该部分费用不得计入破产费用，而应当由作为管理人的中介机构或个人承担。而如管理人所聘请的工作人员所从事的工作与作为管理人的中介机构或个人的专业相同，那么管理人聘请该等工作人员的费用从管理人报酬中支付，也不得计入破产费用❶。

(二) 共益债务的概念与范围

共益债务指的是在破产程序开始后为了全体债权人的共同利益而负担的非程序性债务❷。其与破产费用的支出，均系为了保障全体债权人的权益，其与破产费用的最大区别在于：破产费用是办理破产案件所必然发生的，而共益债务的发生则具有或然性，不一定发生。

《企业破产法》第42条规定了6种属于共益债务的情形，包括：①因管理人或者破产企业请求对方当事人履行双方均未履行完毕的合同所产生的债务；②破产企业财产受无因管理所产生的债务；③因破产企业不当得利所产生的债务；④为破产企业继续营业而应支付的劳动报酬和社会保险费用以及由此产生的其他债务；⑤管理人或者相关人员执行职务致人损害所产生的债务；⑥破产企业财产致人损害所产生的债务。《企业破产法》明确上述6种债务，只有在人民法院受理破产案件之后发生，才属于该破产案件的共益债务，如在人民法院受理破产案件之前发生，则不属于共益债务，而应作为普通债权向管理人申报。

最高人民法院《关于适用〈中华人民共和国企业破产法〉若干问题的规定（二）》则新增了几类属于共益债务的情形：

①因分割破产企业与其他方共同所有的或者按份所有的共有财产，导致

---

❶ 最高人民法院《关于审理企业破产案件确定管理人报酬的规定》第14条规定："律师事务所、会计师事务所通过聘请本专业的其他社会中介机构或者人员协助履行管理人职责，所需费用从其报酬中支付。破产清算事务所通过聘请其他社会中介机构或者人员协助履行管理人职责，所需费用从其报酬中支付。"

❷ 全国人民代表大会常务委员会法制工作委员会.中华人民共和国企业破产法释义［M］.北京：法律出版社，2007：69.

其他共有人遭受损失的,其他共有人所遭受损失可作为共益债务处理;

②因撤销受让人与破产企业发生的以明显不合理价格进行的交易,应向受让人返还的款项,可以作为共益债务处理;

③法院受理破产案件后,破产企业或管理人违法转让其占有的其他方物品,如第三方已依善意取得规则取得物的所有权的,则破产企业给该物原所有权人造成的损失,可按共益债务处理;

④法院受理破产案件后,破产企业或管理人违法转让其占有的其他方物品,如第三方尚未取得该转让物品所有权,而该物被原所有权人取回的,第三方要求破产企业或者管理人返还其已支付对价的,可按共益债务处理;

⑤法院受理破产案件后,破产企业占有的其他方物品,因管理人或破产企业有关人员执行职务方面原因遭受毁损、灭失的,物的所有权人所遭受的损失,可按共益债务处理;

⑥出卖人破产的,对于出卖人与买受人签订的所有权保留合同,当所买卖物品所有权还未转移至买受人时,出卖人管理人主张买受人返还所买卖物品的,买受人要求破产企业或者管理人返还其已支付对价的,可按共益债务处理;

⑦买受人破产的,对于买受人与出卖人签订的所有权保留合同,买受人管理人要求继续履行,而买受人未支付价款或者未履行完毕其他义务,以及买受人管理人将标的物出卖、出质或者作出其他不当处分导致出卖人损害产生的债务,可按共益债务处理;

⑧买受人破产的,对于买受人与出卖人签订的所有权保留合同,买受人管理人主张解除的,出卖人所取回标的物价值明显减少给出卖人造成损失的,出卖人可从买受人已支付价款中优先予以抵扣,买受人已支付价款不足以弥补出卖人标的物价值减损所造成的出卖人损失,可按共益债务处理。

(三) 破产程序中对破产费用、共益债务的支付

《企业破产法》第43条规定:"破产费用和共益债务由债务人财产随时清偿",因此,按此规定,对于破产程序中发生的破产费用、共益债务,管理人应当以破产企业财产随时支付。如破产企业有足够货币支付当期发生的破产费用、共益债务,便以货币支付;如破产企业现存货币不足以支付当期发生的破产费用、共益债务,便可考虑适当变现破产企业一些财产,以支付破产费用、共益债务,确保破产程序的顺利往下开展,当然,如需变现破产企业财产,还应当遵循《企业破产法》第61条、第69条、第112条有关破产企业财产变现的规定。

而在破产案件的实务当中，为了避免临时变现破产企业财产所带来的程序上烦琐，一些破产费用、共益债务也可以通过协商而不即时支付，安排在破产企业财产变现后再予以支付。例如，对于审计费用、评估费用，如破产企业确实有足够的财产清偿，只是还未变现，那么管理人在向会计师事务所、资产评估公司明确其审计费用、评估费用作为破产费用的优先受偿性质后，会计师事务所、资产评估公司一般也能接受管理人在一段时间后再支付；再如，对于因继续履行合同而应向对方支付款项所形成的共益债务，一般而言，在合同继续履行的情况下，破产企业为争取对方的继续履行已提供担保，合同对方不存在债权不能实现的风险，故与合同对方协商在往后一段时间再支付对价，合同对方一般也能接受；又如，对于管理人报酬，管理人基于对破产企业财产的接管，以及对破产企业债权的核查，管理人对其报酬能否足额收取也能够形成准确的判断，故管理人应该也能接受在适当时候才收取报酬，而不必刻意追求对管理人报酬的随时支付；如此，等等。这样，通过协商、沟通，将一些数额较大的破产费用或共益债务安排在破产企业货币资金充裕时支付，可以保障破产程序的顺利开展，也可以免除临时变现破产企业一些财产所带来的程序上的烦琐，提高办理破产案件的效率。

但不可回避的事实是，在为数不少的破产案件中，破产企业财产确实不足以支付破产费用、共益债务，而不是因破产企业财产暂未变现而暂时无法支付。在该种情况下，按《企业破产法》第43条规定，应以破产企业财产先行清偿破产费用，而后再清偿共益债务；而如破产企业财产不足以清偿所有破产费用或共益债务时，则按比例清偿破产费用或者共益债务。在破产程序中，管理人对破产费用或共益债务的支付是一个动态的过程，在破产企业财产不足以全部清偿破产费用或者共益债务这个临界点出现之后，对于尚未支付的破产费用或者共益债务才按比例支付，而在这个临界点出现之前，对破产费用或共益债务是足额支付的，"按照比例清偿"应不具有溯及既往的效力，即不能要求之前已足额获得破产费用或共益债务的单位或者个人返还部分款项以达到对所有破产费用或共益债务的同比例清偿。

（四）当预计破产企业财产不足以支付破产费用、共益债务时的处理

正如之前介绍的洋宁公司破产清算案，洋宁公司账面体现的洋宁公司资产情况已大体可使管理人形成洋宁公司财产将不足以支付破产费用、共益债务的判断。而在债权人申请的对债务人进行破产清算的一类破产案件中，如债务人下落不明的，大致也可使管理人形成债务人财产较有可能不足以支付

破产费用、共益债务的判断。但是，破产企业最终的、真实的财产数额多少则只有经过清算之后才能确定。这样，便存在一个矛盾：一方面，需要破产企业财产支付破产费用、共益债务，使得破产程序能往下开展，以查明破产企业财产情况；另一方面，在查明之前，破产企业却并没有足够的财产支付破产费用、共益债务。对于该情形，我们认为可以按以下两种方式操作：

一是，无人垫付破产费用的，管理人仍应按勤勉、忠实原则，对破产企业财产情况进行力所能及的适当调查，如管理人经调查，认为破产企业财产已不足以支付破产费用的，则应将该情形书面通知所有债权人、破产企业出资人以及其他利害关系人，询问是否有破产企业其他财产线索，以及是否愿意垫付破产费用以开展更为详尽的调查。如债权人、出资人以及其他利害关系均未提供财产线索，且都不愿垫付破产费用的，管理人便可向人民法院提请终结破产程序。

二是，有人垫付破产费用的，管理人除按勤勉、忠实原则对破产企业财产情况进行调查外，还可以在垫付破产费用范围内聘请相关人员、机构协助管理人进行更为深入的调查，并通过提起诉讼等方式开展财产追索活动。如后续破产清算工作开展下来，取得破产企业其他财产的，则应在分配完毕破产财产后申请终结破产程序；如后续破产清算工作开展下来，未取得破产企业其他财产，或者虽取得一定破产财产但仍不足以支付破产费用的，则应以财产不足以支付破产费用申请终结破产程序。

而在破产实践中，为了突破上述提及的如何在破产费用缺乏的情况下开展清算工作的"僵局"，一些地方也进行了有益探索，如江苏无锡市中级人民法院制定了《关于管理人报酬基金的管理办法》❶，从当地管理人办理破产案件中获得的报酬中提取一定数额作为"管理人报酬基金"，当管理人承办的其他破产案件"无产可破"时，则从"管理人报酬基金"中按一定标准提取报酬补贴给管理人，以确保该管理人继续开展"无产可破"破产案件的相关工作。如浙江省湖州市、绍兴市也开展了建立管理人报酬援助资金、保障资金试点工作，其中，湖州中院已经制订了《关于管理人报酬保障和援助基金管理办法（试行）》❷，这也是为了促进管理人对"无产可破"破产

---

❶ 《无锡创设国内首个企业破产管理人报酬基金制度》，网址：http://www.legaldaily.com.cn/dfjzz/content/2010-08/09/content_ 2231697.htm。

❷ 杨宇军：《银企合作司法保障与企业破产法实施新闻发布会新闻发布稿》，网址：http://www.zjcourt.cn/content/20130607000005/20130723000033.html。

案件的办理,避免债务人借"财产不足以支付破产费用"假象,使得管理人"仓促"终结破产程序,而达到逃废债务的目的。再如,在广州市中级人民法院的推动下,成立了"广州市破产管理人协会",该协会下设"破产清算公益基金",该基金由该协会会员单位按一定标准捐款形成,会员单位在承担破产案件时,如发现企业资金不足的,可以向该协会申请破产清算公益基金,以促进"无产可破"企业破产清算程序的顺利开展❶。

通过前述途径的探索,可以化解在破产程序伊始,破产企业财产便不足以支付破产费用、共益债务时,管理人是否开展以及如何开展破产清算工作的尴尬。当前述探索经过实践检验,成为成熟经验并在中国普及时,相信对破产清算工作的顺利开展将多有裨益。

第三节　六度贸易(上海)有限公司破产清算案
——无法全面清算的破产清算案件

一、案情简介

六度贸易(上海)有限公司(以下简称"六度公司")为一家在上海市浦东新区登记设立的香港法人独资企业,成立于2009年,主要从事服装服饰、鞋帽箱包、家用家电、电子产品、通信设备、化妆品、手表、首饰、饰品、文体用品等百货的网络销售。六度公司为销售百货商品的"电商"企业,主要通过"www.yaodian100.com"网站、以"耀点100"品牌从事电商活动。

六度公司成立之初,企业经营状况良好,但由于行业竞争的日趋加剧(如当当网、淘宝网、易迅、京东等),六度公司营利能力不断下降。另外,六度公司经营管理也存在问题,资金严重短缺,虽然股东经过多次增资注资,将注册资金从初始的50万美元增加到1 600万美元,但仍然无法缓解公司的资金压力,沉重的资金压力以及债务负担使得六度公司在竞争日渐白热化的电商行业举步维艰。鉴于以上原因,经股东同意,决定对六度公司进行破产清算,退出市场竞争,而按当时六度公司财务报表显示,六度公司账面资产总额为人民币39 101 323.20元,负债总额为人民币105 404 791.57元,六度公司已经严重资

---

❶ 《广州破产清算公益基金正式启用—首批15件无启动经费案件已指定管理人》,网址:http://rmfyb.chinacourt.org/paper/html/2015-08/14/content_ 101261.htm?div=-1。

不抵债。当六度公司向上海市浦东新区人民法院申请破产清算时，浦东法院认为六度公司的破产清算申请符合破产法有关规定，故于 2013 年 3 月裁定受理六度公司破产清算一案，并指定成立了六度公司管理人。

管理人成立后依法接管了六度公司，接管了六度公司公章、法人章、证照、财务资料、合同等重要物品、文件，并接管了六度公司现金、银行账户、库存商品、电脑、服务器等财产和物品。因六度公司财务情况比较复杂，管理人聘请会计师事务所协助管理人对六度公司财务情况进行审计，而在审计过程中，管理人经与会计师事务所沟通，发现六度公司存在较为严重的财务问题，主要表现在以下三个方面：

第一，财务资料或者财务信息不全，具体表现在：①六度公司于 2009 年 9 月 24 日登记设立，六度公司所移交会计凭证中缺少 2009 年 9 月至 2009 年 12 月会计凭证；②六度公司所移交会计凭证中，缺少 2012 年 7 月会计凭证；③在六度公司所移交会计凭证中，支撑会计记录的大量原始凭证缺失，如发票、银行付款凭单缺失，与经营相关的合同不全等，导致无法确认其会计记录的真实性；④六度公司在经营期间自印发票 110 万份，但无法提供完整的发票使用情况记录、发票使用明细清单；⑤六度公司移交的财务用友服务器，仅能调取用友财务软件中的总账模块资料，可查看的账务记录会计期间为 2010 年 1 月 1 日至 2012 年 6 月 30 日，未见 2009 年 9 月至 2009 年 12 月财务信息；⑥六度公司实际控制一关联公司，并下设了两个分支机构，但六度公司未向管理人移交该关联公司以及分支机构任何财务资料。

第二，服务器问题，在六度公司破产清算过程中，管理人向六度公司职工了解到：六度公司作为一家"电商"公司，开发了一套软件与服务器搭配使用，六度公司的采购、销售、仓储、物流、产品数据、财务数据等均更新、汇总、储存在该套软件和服务器内，六度公司与供货方对账，亦通过服务器上记载的相关数据进行。但六度公司未移交该服务器，也未移交该套软件或者软件上存储的六度公司经营信息。

第三，关于六度公司对外债权，六度公司账上应收款多数体现为采购货物而向供货方支付的"预付款"，对此，六度公司虽然也提供了债权清册，载明了相应债务人姓名/名称以及对六度公司负有的债务数额等，但六度公司除移交一些相关的协议、合同之外，未再移交与该等协议、合同履行相关的文件，如结算单、对账单、可以相应印证的六度公司付款凭证和对方的送货数量、金额等，导致管理人对于六度公司账上大量"预付款"无法进一步追查、追索。

管理人经与会计师事务所沟通，明确六度公司存在的上述问题较为严重，已对六度公司财产的彻底清查产生了重大影响，如六度公司不能补充提供相关材料予以补全、补正，将无法确认六度公司以往经营过程中的收入和成本，也就无法确认六度公司目前财产情况的真实性，由此也将导致无法实现对六度公司财产的全面清查。鉴于此，管理人要求六度公司及其出资人补充移交相关材料及作出相关说明，并释明了如未能按照要求补充移交相关材料将导致的六度公司无法全面清算的结果，以及六度公司出资人将因此承担的法律后果。与此同时，管理人也将该情况上报了上海市浦东新区人民法院，浦东法院召集管理人、六度公司以及六度公司出资人代表人进行了谈话，再次向六度公司出资人释明了相关法律后果。

随后，六度公司陆续补充移交了部分材料，也对材料缺失原因作出了解释，但并未能消除上述六度公司存在的财务问题。而为了查清六度公司的财务情况，管理人也到税务机关等相关部门、单位调查了解了六度公司财务情况，但以往六度公司提供给税务机关等相关部门的财务资料基本就是资产负债表，并不能说明六度公司收入、成本明细这样的具体问题。同时，管理人也按六度公司提供的线索向服务器保管方中国台湾互联通股份有限公司主张索回服务器或拷贝服务器上信息，但中国台湾互联通股份有限公司认为与其签订服务器托管协议的当事人虽为六度公司关联方，但并不是六度公司，故六度公司不是适当的权利主体；另外，中国台湾互联通股份有限公司认为其已被拖欠大额服务器托管费，按相关协议约定其对服务器享有留置权，故在其托管费受偿之前并不会考虑向任何一方返还服务器。由此，管理人也未能取回服务器。因此，管理人也无法通过调查收集相关材料，促进会计师事务所对六度公司财务的审计。最后，会计师事务所对六度公司财务情况发表的审计意见为"因六度公司在一些重要事项无法提供完整的会计资料，而审计机构也无法实施替代审计程序获取充分、适当的审计证据，故审计机构认为其无法获取充分、适当的审计证据以为发表审计意见提供基础，故审计机构不对六度公司财务报表发表审计意见"。

就此，管理人在查实六度公司拖欠的劳动债权、债权人所申报债权的基础上，依照债权人会议审议的财产变现方案对六度公司现有财产（包括部分办公用品、库存商品等）进行变现后，按照破产法规定的清偿顺序，以六度公司现有财产对债权人进行相应清偿后（仅按80%左右的比例清偿了位于第一清偿顺位的劳动债权，位于第二清偿顺位的40万元左右社会保险费以及位于第三清偿顺位的 4 700 万元左右的普通债权均未得到清偿），便以无法全面清算、现有财产已分配完毕为由，向浦东法院申请终结六度公司破产程序。浦东法院经审查，最终于 2014 年 12 月作出裁定，裁定终结六度公司破产程序。

二、法律实务解析

（一）"无法全面清算"界定标准

对于破产企业无法全面清算的情形，《企业破产法》未明确规定，但最高人民法院《关于正确审理企业破产案件为维护市场经济秩序提供司法保障若干问题的意见》[法发（2009）36 号] 进行了补充规定，其第 16 条规定："人民法院在审理债务人人员下落不明或财产状况不清的破产案件时，要从充分保障债权人合法利益的角度出发，在对债务人的法定代表人、财务管理人员、其他经营管理人员，以及出资人等进行释明，或者采取相应罚款、训诫、拘留等强制措施后，债务人仍不向人民法院提交有关材料或者不提交全部材料，影响清算顺利进行的，人民法院就现有财产对已知债权进行公平清偿并裁定终结清算程序后，应当告知债权人可以另行提起诉讼要求有责任的有限责任公司股东、股份有限公司董事、控股股东，以及实际控制人等清算义务人对债务人的债务承担清偿责任"。因此，在不能对破产企业进行全面清算时，以破产企业现有财产依照企业破产法所规定的清偿顺序对债权人进行相应清偿后，便可向人民法院申请终结破产程序。

破产实践中，如何认定破产企业无法全面清算？我们认为导致破产企业无法全面清算的根本原因在于无法查明破产企业所有财产情况❶，故导致破产企业部分财产无法查明的原因，就是破产企业无法全面清算的原因。我们认为，当破产企业财务情况出现以下情况时，便可认定破产企业部分财产无法查明，进而认定无法对破产企业进行全面清算：

第一，破产企业所提供财务资料不全，如个别年份或者个别月份的会计凭证、账册缺失，如某些会计凭证、账册被人为损毁等；再如已有线索指向破产企业存在"小金库"或者"体外账"情况，但破产企业拒不提供"小

---

❶ 笔者注：在对企业破产清算过程中，核查债权也是一项重要工作，它是实施破产财产分配的基本前提。但纵使企业在保管、移交该方面材料存在缺漏，也不会致使管理人无法核查债权，因为管理人核查债权的前提为债权人申报债权，而债权人申报债权便当应提供债权成立的证明材料。退一步而言，即使管理人、破产企业或债权人对债权数额存在异议，最终也可以通过诉讼的方式，通过相关证据规则予以裁判确认。因此，在破产程序中，债权不存在无法核查的情形。

金库"或者"体外账"财务资料的；又如破产企业存在控股子公司、实际控制关联企业或者分支机构，但企业拒不提供相关财务资料的，等等。破产企业所移交材料出现前述情况时，将导致破产企业某期间或某部分财务情况不明，从而导致无法全面清明破产企业财产。

第二，破产企业所提供财务资料存在虚假、伪造的情形，或者部分财务资料真实性难以确认。对于前者，多数情况是破产企业以虚假发票或凭证入账，或者以真实发票或凭证伪造虚假的业务往来；对于后者，多数情况是企业入账材料不尽翔实，缺乏发票、银行划付款单据、合同/协议等基础材料支撑。破产企业所移交材料出现前述情况时，将导致无法判明破产企业进行的部分交易行为，这将导致与这些交易行为相关的破产企业财产无法查明。

第三，账实不一致，管理人实际接管资产类别、数量远少于账上记载，而破产企业又不能提供相关证明材料说明账实不一致原因。

（二）"无法全面清算"与"部分财产无法清理"的区别

"无法全面清算"指的是破产企业财产情况无法全面查明，即破产企业的财产范围、外延无法确定，而"部分财产无法清理"指的是对于一项或几项归属于破产企业的财产或权益，因为一些具体的不利原因而使管理人无法清理。由此可见，破产企业财产状况不明必然导致部分财产无法清理，但部分破产企业财产无法清理却并不意味着破产企业财产状况不明。在破产清算中，对管理人而言，最理想的状态的是破产企业所开展的经营事务从开始到结束均有相应的、客观的、合乎法律规定、合乎会计准则的证据材料予以说明，对于破产企业每一项权益均有相关人员跟进并以合乎法律要求的形式体现（如对破产企业对外应收账款，不仅通过口头方式向对方催收，也通过函件形式催收、对账，且保留相应书面资料以及向对方催收的相关证明材料等），但不可否认的是，能否做到这一点与企业的经营管理水平紧密相关，成熟而制度健全的企业可以做到这一点，但市场中的相对多数的企业并不能做到这一点，多数企业在日常管理中总会出现这样或那样的缺失。仍以企业对外应收款为例，对于破产企业一笔对外应收账款，管理人接管时将收集相应材料，主要包括有关债权成立的协议、对账单、结算单等文件以及有关债权是否尚在诉讼时效内的材料，如破产企业疏于管理，遗失了对账单、结算单等重要文件原价，或者难以证明在近两年内曾向债务人主张债权的，又或者破产企业以往与该债务人的交易均通过口头沟通方式进行的，只要债务人否认债务，都将严重影响管理人催收该笔债权，该笔债权很有可能便难以收

· 183 ·

回，这样，将导致该笔应收账款无法清理，但就破产企业财产而言，该笔应收账款还是明确的，并非不明，只是不能实现。对于该笔应收账款无法清理的结果，如果破产企业相关人员负有责任的，可以依法追究责任，这种责任性质上应该属于管理责任，而不能依此认为破产企业财产情况不明而转而要求负有清算义务的人员承担清算责任。同理，也适用于破产企业存在的其他财产遗失或者无法清理的情况。

(三)"无法全面清算"时清算义务人所承担的法律责任

①清算义务人范围。

清算义务人，是指基于其与公司之间存在的特定法律关系而在公司解散时对公司负有依法组织清算义务，并在公司未及时清算给相关权利人造成损害时依法承担相应责任的民事主体[1]。《公司法》未规定哪些人员为清算义务人，《公司法》仅规定在公司解散事由出现时，应当组成清算组对公司进行清算，并分别规定了有限责任公司和股份有限公司清算组的组成人员来源[2]。而清算组并非清算义务人，清算组是具体从事清算活动的机构，是清算义务人履行了组织清算的义务之后所成立的机构。在公司自行清算的情况下，清算组成员均由清算义务人指定。

对清算义务人的明确规定，始见于最高人民法院《关于适用〈中华人民共和国公司法〉若干问题的规定（二）》，按其第18条规定[3]，有限责任公司的股东、股份有限公司的董事或者控股股东，以及公司的实际控制人，为负有在公司解散事由出现后对公司进行组织清算的义务人。因此，对公司制

---

[1] 刘敏. 公司解散清算制度 [M]. 北京：北京大学出版社，2010：229.

[2] 《中华人民共和国公司法》第183条规定："公司因本法第180条第（一）项、第（二）项、第（四）项、第（五）项规定而解散的，应当在解散事由出现之日起15日内成立清算组，开始清算。有限责任公司的清算组由股东组成，股份有限公司的清算组由董事或者股东大会确定的人员组成。逾期不成立清算组进行清算的，债权人可以申请人民法院指定有关人员组成清算组进行清算。人民法院应当受理该申请，并及时组织清算组进行清算。"

[3] 最高人民法院《关于适用〈中华人民共和国公司法〉若干问题的规定（二）》第18条规定："有限责任公司的股东、股份有限公司的董事和控股股东未在法定期限内成立清算组开始清算，导致公司财产贬值、流失、毁损或者灭失，债权人主张其在造成损失范围内对公司债务承担赔偿责任的，人民法院应依法予以支持。

有限责任公司的股东、股份有限公司的董事和控股股东因怠于履行义务，导致公司主要财产、账册、重要文件等灭失，无法进行清算，债权人主张其对公司债务承担连带清偿责任的，人民法院应依法予以支持。

上述情形系实际控制人原因造成，债权人主张实际控制人对公司债务承担相应民事责任的，人民法院应依法予以支持。"

企业而言，清算义务人范围为：有限责任公司股东、股份有限公司董事或其控股股东，以及有限责任公司或股份有限公司实际控制人。至2017年10月1日开始施行的《民法总则》，则在法律层面明文规定了"清算义务人"这一概念，其第70条第1款规定"法人解散的，除合并或者分立的情形外，清算义务人应当及时组成清算组进行清算"，第2款规定："法人的董事、理事等执行机构或者决策机构的成员为清算义务人。法律、行政法规另有规定的，依照其规定。"而从《民法总则》第70条第2款规定看，因为《公司法》对公司制企业的清算义务人范围已有所规定，故《民法总则》并未改变《公司法》所规定的清算义务人范围。但《民法总则》第2款所规定的"法人的董事、理事等执行机构或者决策机构的成员为清算义务人"，则具有非常重要的现实意义，因为《企业破产法》除适用于公司制企业外，还适用于其他企业性质的企业法人。而其他企业性质的企业法人，其清算义务人为哪些人或哪些机构，相关规定往往语焉不详，故《民法总则》该规定可以起到查漏补缺的作用。其他非公司制企业法人清算义务人，如下：

Ⅰ. 全民所有制企业主管部门。全民所有制企业为根据《中华人民共和国全民所有制工业企业法》设立的企业法人，《全民所有制工业企业法》未规定对于全民所有制企业如何清算，仅在第20条规定："企业合并、分立或者终止时，必须保护其财产，依法清理债权、债务"，由此并不能看出全民所有制企业清算义务人为哪方主体。但根据《全民所有制工业企业法》制定的《全民所有制工业企业转换经营机制条例》则对全民所有制企业的清算进行了进一步的规定，其中，对于如何组织对全民所有制企业的清算，其第36条规定"企业解散，由政府主管部门指定成立的清算组进行清算"，因此，全民所有制企业的主管部门便为全民所有制企业的清算义务人。

Ⅱ. 合伙企业合伙人。按《中华人民共和国合伙企业法》规定，合伙企业解散，应当由清算人进行清算。其第86条规定："清算人由全体合伙人担任；经全体合伙人过半数同意，可以自合伙企业解散事由出现后15日内指定一个或者数个合伙人，或者委托第三人，担任清算人"，因此，合伙企业合伙人即为合伙企业清算义务人，包括合伙企业普通合伙人和有限合伙人。

Ⅲ. 中外合资企业董事。按《中华人民共和国中外合资经营企业法实施条例》规定，中外合资企业组织形式为有限责任公司，如按《公司法》规定，有限责任公司股东即为清算义务人，中外合资企业的股东便应为清算义务人。但《中华人民共和国中外合资经营企业法实施条例》对中外合资企业的组织结构及其职权作了另外规定，其第30条规定："董事会是合营企业的最高权力机构，决定合营企业的一切重大问题"、第33条规定："下列事项由出席董事会会议的董事一致通过方可作出决议：（二）合营企业的终止、解散；"，因此，我们认为在合营企业合同或者章程未对中外合资企业如何组织清算进行其他规定的情况下，中外合资企业的董事便为清算义务人，有义务在解散事由出现后的15日内组成清算组对企业进行清算。

Ⅳ．中外合作企业董事或联合管理委员会成员。按《中华人民共和国中外合作经营企业法实施细则》第24条规定："合作企业设董事会或者联合管理委员会。董事会或者联合管理委员会是合作企业的权力机构，按照合作企业章程的规定，决定合作企业的重大问题"，及第29条规定："下列事项由出席董事会会议或者联合管理委员会会议的董事或者委员一致通过，方可作出决议：（三）合作企业的解散；"，因此，在中外合作企业合同或章程未对中外合作企业如何组织清算进行其他规定的情况下，中外合作企业的董事或者联合管理委员会成员便为清算义务人，有义务在解散事由出现后的15日内组成清算组对企业进行清算。

Ⅴ．外资企业股东。《中华人民共和国外资企业法实施细则》对外资企业的权力机构未作另外的规定，外方股东作为外资企业的唯一股东，便应当为外资企业的权力机构，有关企业解散等重大事项均应由股东决定。因此，我们认为，在外资企业章程等文件未对企业如何组织清算进行其他规定的情况下，外资企业股东便是清算义务人❶。

另外，关于集体所有制企业清算义务人，《中华人民共和国城镇集体所有制企业条例》未明确规定，其第18条仅规定"集体企业终止，应当依照国家有关规定清算企业财产"，而未规定由哪方主体负责组织清算。集体所有制企业权力机构为职工大会或者职工代表大会，同时实施厂长（经理）负责制，如按《民法总则》规定，则集体所有制企业的清算义务人可以是厂长或经理（因为属于企业执行机构），也可以是全体职工（因为属于企业决策机构），从这个角度看，集体所有制企业所有职工及厂长均属于清算义务人，

---

❶ 笔者注：关于外商投资企业清算事项，对外贸易经济合作部曾于1997年颁布《外商投资企业清算办法》，对外商投资企业的清算事项进行专门规定，其中，对于由哪方主体组织清算的问题，该办法第8条规定："企业进行清算，应当由企业权力机构组织成立清算委员会"。《外商投资企业清算办法》已于2008年失效，但有关外商投资企业清算义务人的认定，还是可以由此借鉴。

均有义务组成清算组并开展清算活动。

此外，对于参照破产法进行破产清算的个人独资企业[1]，深究哪方主体为其清算义务人实际上并无必要，明确清算义务人为哪方主体在很大程度上是为了在企业怠于清算或者难以清算时，供债权人追究清算义务人的清偿责任，而个人独资企业出资人按《个人独资企业法》规定，本来便应当对个人独资企业的债务承担连带责任，故实无必要剥析个人独资企业的清算义务人。

②清算义务人负有的清算义务。

清算义务人为在企业解散时对企业负有组织清算义务的人员，显然，在企业解散事由出现时，及时组成清算组对企业进行清算，是清算义务人负有的首要义务。然而，对企业的清算却是一个复杂的过程，清算义务人组成清算组仅是清算活动的开端，在清算活动过程中，尚需清算义务人履行其他清算义务。概括而言，我们认为清算义务人负有如下清算义务：

Ⅰ.在法定期限内组成清算组。清算组是开展清算活动的主体，按《公司法》规定，清算组主要职责包括：清理公司财产；处理与清算有关的公司未了结的业务；清理债权、债务；处理公司清偿债务后的剩余财产；代表公司参与民事诉讼活动等。总体而言便是清理公司资产、处理公司债权债务、了结公司一切法律关系。《中外合资经营企业法》等一些法规所规定的清算活动主体为"清算委员会"，而不是清算组，但两者仅是称谓不同，两者职责实际上并无区别。非公司制企业清算组所开展的清算活动内容与公司制企业清算组所开展的清算活动，也并无二致，核心均是围绕清理企业财产、处理企业对外债权债务展开。

Ⅱ.保管并向清算组移交企业财产。在企业解散事由出现而清算组尚未成立之前，清算义务人应当妥善保管企业财产，避免企业财产丢失、毁损。而在清算组成立之后，因清算组负有清理企业财产的职责，清算义务人应将企业财产移交给清算组保管，并由清算组视具体情况进行相应处置、变现。

Ⅲ.保管并向清算组移交企业财务资料、合同等重要文件。企业财务资料、合同等重要文件是清算组开展清算活动的基础，如果企业财务资料、合同等重要文件灭失、损毁，重则导致企业无法清算，轻则导致企业只能部分清算，故该部分资料的移交至关重要。在企业正常经营之时，这些资料应按

---

[1] 最高人民法院《关于个人独资企业清算是否可以参照适用企业破产法规定的破产清算程序的批复》规定："在个人独资企业不能清偿到期债务，并且资产不足以清偿全部债务或者明显缺乏清偿能力的情况下，可以参照适用企业破产法规定的破产清算程序进行清算。"

企业的管理组织架构，由经理、财务人员等相关授权人员保管，而在企业解散事由出现之后，企业只能从事与清算相关的事务，故清算义务人应当妥善保管这些资料，以为后续的清算活动作准备。而当清算组成立后，鉴于清算活动由清算组开展，清算义务人应当将该等资料移交给清算组。

Ⅳ. 保管并向清算组移交企业印章、证照等重要物品。企业印章、证照为企业主体资格的外化表征，持有企业公章、证照一般便能以企业名义行事，以企业名义对外缔结各种法律关系。在企业正常经营之时，企业印章、证照一般由控股股东或者企业法定代表人、经理等授权人员保管。在企业解散事由出现后，企业只能进行与清算有关的活动，原则上不能再拓展业务，不能再为企业新增其他法律关系，故清算义务人应当妥善保管企业印章、证照等重要文件，以免被滥用而影响后续的清算活动。而在清算组成立后，清算义务人便应当将印章、证照等移交给清算组，由清算组保管。此外，将企业印章、证照移交给清算组，在很多情形下也有助于清算组开展相关清算活动，包括向工商管理部门办理清算组成员备案、向银行、税务等单位或者部门办理与企业清算相关业务、与业务往来单位了结业务，等等。

Ⅴ. 回复清算组询问。在企业清算过程中，清算义务人将相关财产、资料移交给清算组后，清算组便可以相应开展清算活动，但清算组未必能基于清算义务人移交的材料而清楚掌握企业每笔交易的性质、数额及交易结果，抑或清算义务人所移交的材料也可能存在这样或那样的缺漏与瑕疵，这样，当清算组向清算义务人了解企业财产状况或者了解企业某些交易具体情况时，清算义务人便应当予以回复、说明。如清算义务人怠于对某些事项进行回复、说明时，如这些事项涉及企业重大资产，也有可能导致对企业的清算活动受阻。

在破产清算中，一些人员（特别是企业法定代表人）所承担的配合清算的义务还不仅如此，如《企业破产法》第15条规定，企业法定代表人或人民法院确定的人员，应当"根据人民法院、管理人的要求进行工作，并如实回答询问；列席债权人会议并如实回答债权人的询问；未经人民法院许可，不得离开住所地；不得信任其他企业的董事、监事、高级管理人员"等，但应该注意区分的是，企业的法定代表人以及人民法院确认的人员不一定是企业清算义务人，其所履行的义务虽然也是配合清算，但不履行该等配合清算义务的法律责任则与清算义务人所承担的法律责任大相径庭：企业法定代表人或人民法院确定的人员未履行配合清算义务的，人民法院将予以训诫、拘留或罚款；而清算义务人不履行清算义务的，则有可能需就企业债务承担清偿责任。当然，在实践中也存在企业法定代表人或人民法院确定的人员便是清算义务人的情形（如有限责任公司自然人股东担任公司法定代表人的），此时，当其不配合清算时，便应当分别按不同规定追究其法律责任。

③清算义务人在企业无法全面清算时承担的民事责任。

i. 清算义务人所应承担民事责任性质

对于清算义务人不履行清算义务所应担任的法律责任，《公司法》规定并不明确，其第20条虽然规定公司股东滥用股东权利给公司其他股东、公司债权损失时，应当承担赔偿责任。但该条款规定过于原则性，对于公司清算阶段清算义务人所承担的清算义务、法律责任并不具有很好的适用性，如公司法规定的由股东行使的权利（包括参加股东会、参与重大决策、选聘管理者、参与分红的权利等）主要集中于公司正常经营期间，而对公司解散清算这一特定阶段的股东权利则未进行规定，而公司在解散清算阶段已停止与清算活动无关的所有事项，故股东在公司正常经营期间所行使的股东权利在清算阶段显然受限，因此在公司清算这一特定阶段，股东作何行为或者不作为何行为才属于滥用股东权利，并不明确；而且该条款仅约束公司股东，而清算义务人即包括公司股东，也包括股份有限公司董事或控股股东，以及公司的实际控制人等，以《公司法》第20条规定仅能追究公司股东责任，并不能追究其他清算义务人的责任。因此，仅《公司法》第20条规定，并不能很好地督促清算义务人履行清算义务，或者追究清算义务人法律责任。

最高人民法院《关于适用〈公司法〉若干问题的规定（二）》始对清算义务人在不当履行清算义务所应承担的法律责任进行明确规定，这些规定集中于第18条至第21条。曾有学者对这些规定中清算义务人所承担的法律责任进行梳理，并详列了表格[1]，引用如表4-1。

---

[1] 李清池. 公司清算义务人民事责任辨析——兼评最高人民法院知道案例9号［J］. 北大法律评论, 15（1）.

表 4-1 清算义务人法律责任

法律主体		是否清算义务人	法定义务	法律责任（一）	法律责任（二）	法律责任（三）	法律责任（四）	法律责任（五）
有限责任公司	股东	是	在解散事由出现之日起15日成立清算组，开始清算	未在法定期限内成立清算组开始清算，导致公司财产贬值、流失、损毁或灭失，造成损失范围内对公司债务承担赔偿责任	因怠于履行义务，导致公司主要财产、账册、重要文件等灭失，无法进行清算，对公司债务承担连带清偿责任	在公司解散后，公司财产恶意处置权人造成损失，或者未经依法清算，以虚假的清算报告骗取公司登记机关办理法人注销登记，应对公司债务承担相应赔偿责任	公司未经清算即办理注销登记，导致公司无法进行清算，应对公司债务承担清偿责任	公司未经依法清算即办理注销登记，股东或者第三人在公司登记机关办理注销登记时承诺对公司债务承担责任，应承担相应民事责任
股份有限公司	董事	是						
	控股股东	是						
实际控制人		否	无	上述情形系实际控制人原因造成，应对公司债务承担相应民事责任。（《公司法解释（二）》第18条第3款）				
法律依据		《公司法》第184条	《公司法》第184条	《公司法司法解释（二）》第18条第1款	《公司法司法解释（二）》第18条第2款	《公司法司法解释（二）》第19条	《公司法司法解释（二）》第20条第1款	《公司法司法解释（二）》第20条第2款

对于清算义务人在不当履行清算义务时承担的法律责任性质，存在众多争论，有人认为是公司法人人格否认理论下债权人对公司股东的直索责任❶，有人认为是对公司的管理具有支配性地位或者影响的公司董事和控股股东在违反信义义务时而承担的责任❷，有人认为是清算义务人侵犯债权人债权而应向债权人承担的侵权责任❸。最高人民法院在阐释清算义务人不履行清算义务而按《〈公司法〉司法解释（二）》第18条规定承担的法律责任性质时，认为是侵权责任❹。而对于清算义务人在清算中作出的不当清算行为所应承担的法律责任，自然也属于侵权责任。在实务审判中，最高人民法院于2012年公布的指导案例第9号：上海存亮贸易有限公司诉蒋志东、王卫明等买卖合同纠纷案，对于该案中债权人上海存亮贸易有限公司向清算义务人蒋志东、王卫明追究的民事责任，也是以侵权责任认定❺。

需要关注的是，在清算义务人不当履行清算义务致使公司财产贬损、灭失时，除了侵犯公司债权人利益外，也将侵犯公司股东利益。公司财产为公司对外承担债务的一般担保财产，在公司财产因清算义务人的不当履行清算义务行为（作为或者不作为）而贬损或灭失时，将导致公司对债权人的偿债能力减弱或丧失，对于债权人债权因此不能受偿部分，清算义务人应予以赔偿。公司财产除了作为公司对外偿债的一般担保外，在公司资可抵债的情况下，在清算时，还将作为公司剩余财产向公司股东分配，因此，在公司财产因清算义务人的不当履行清算义务行为而贬损或灭失时，公司股东利益也将受损。《〈公司法〉司法解释（二）》第18条侧重于对债权人利益的保护，但最高人民法院也注意到了公司股东的权益有可能因清算义务人的不当行为而受损，并在最高人民法院《关于审理公司强制清算案件工作座谈会纪要》

---

❶ 吴洪，李霄敏．清算义务人赔偿责任理论依据及范围［N］．人民法院报，2012-08-22.

❷ 李清池：《公司清算义务人民事责任辨析——兼评最高人民法院知道案例9号》，《北大法律评论》第15卷第1辑。

❸ 蔡晖，王瑞峰．侵害债权与侵权责任法的适用［N］．人民法院报，2010-05-26.

❹ 最高人民法院《关于公司法司法解释（一）、（二）理解与适用》最高人民法院民事审判第二庭编著2015年9月第2版，第412页："清算义务人不履行清算义务的行为符合我国《民法通则》第一百零六条规定的清算行为民事责任构成要件。从主观上讲，清算义务人不履行法律规定的清算义务，不论是故意还是过失，都具有主观上的过错；从客观行为和结果上讲，清算义务人的不作为，必然会造成解散公司财产的损失，使债权人债权得不到清偿，对债权人的财产权利是一种侵害；从因果关系上讲，公司及债权人的利益受到侵害是由清算义务人不作为造成的。因此，清算义务人不履行清算义务的行为属于侵权行为，应当对由此造成的损失承担损害赔偿责任。"

❺ 徐越峰，司伟．清算义务人的清算赔偿责任—上海一中院判决存亮公司诉蒋志东等买卖合同纠纷案［N］．人民法院报，2010-10-21.

对此进行了补充规定❶。

《〈公司法〉司法解释（二）》所规定清算义务人、清算责任，系针对公司解散清算环节所作的解释，而不是针对公司破产清算。但公司解散清算或者公司破产清算，实质上并无本质差别，两种清算程序的核心价值均是清理公司财产、清偿债务，两者的主要区别在于公司的资产负债情况，公司解散清算时资可抵债，公司破产清算时资不抵债；而两者也可以呈现程序上的转换，如当对公司解散清算后发现公司已资不抵债的，应将公司解散清算程序转化为破产清算程序。在这两种程序下，清算义务人所承担的清算义务也大体相同。因此，清算义务人不当履行清算义务，而在《〈公司法〉司法解释（二）》中被苛以的责任，在公司破产清算中同样适用。由此，最高人民法院《关于正确审理企业破产案件为维护市场经济秩序提供司法保障若干问题的意见》第16条明确，当公司无法全面清算时，债权人可以要求清算义务人对公司的债务承担清偿责任；最高人民法院《关于债权人对人员下落不明或者财产状况不清的债务人申请案件如何处理的批复》也明确，当破产企业有关人员不履行法定义务，导致无法清算或者造成损失，有关权利人可以要求其承担相应民事责任。2017年10月1日开始施行的《民法总则》第70条第3款也规定"清算义务人未及时履行清算义务，造成损害的，应当承担民事责任"。

ii. 企业无法全面破产清算时，清算义务人对债权人承担的赔偿责任

虽然所有企业的经营和管理，同受《合同法》《物权法》《劳动发》《企业会计准则》等法律、法规、规范的约束和引导，但实际中，不同企业的经营管理千差万别，企业进行各种交易的形式或目的也各不相同，而对于企业财产的保管和处置、对于企业财务的记载和保管等也是大相径庭，更不论企业的投资人还是管理人员在企业经营管理过程中各异的价值追求而导致的企业行为差异。因此，当企业进入破产清算时，呈现在管理人面前的状态都是不一样的，均需要清算义务人履行不同程度的、不同内容的清算义务，以完成对破产企业的清算。在清算义务人不履行清算义务或不能按管理人的要求履行相应的清算义务时，就有可能导致管理人无法查清有关破产企业财产的所有事项，也就有可能导致破产清算的结果为无法全面清算。因此，实践

---

❶ 最高人民法院《关于审理公司强制清算案件工作座谈会纪要》第29条规定："股东申请强制清算，人民法院以无法清算或者无法全面清算为由作出终结强制清算程序的，应当在终结裁定中载明，股东可以向控股股东等实际控制公司的主体主张有关权利。"

中，虽然企业无法全面清算是管理人对企业进行清理后的一种结果，但这种结果会因不同企业不同的状况而呈现出不同的形态。而因清算义务人在企业无法全面清算时所承担的责任为侵权责任，侵权责任范围与所造成损害结果相关，故虽然企业的清算结果是"无法全面清算"，但清算义务人却将承担不同程度的赔偿责任。

1）破产企业财务情况完全无法清理

在六度公司破产清算一案中，因清算义务人未能向管理人移交记载六度公司经营、财务信息的服务器，且其移交的财务资料不能充分说明六度公司的财务情况，故审计机构无法对六度公司财务情况发表意见。在此情况下，虽然管理人在就六度公司现存财产向债权人分配后以无法全面清算终结了六度公司破产清算案，但实际上管理人并未完成对六度公司财务的清理，换言之，管理人实际并未查明六度公司财产范围。六度公司实际财产即有可能不足以清偿所有债务，也有可能可以全额清偿债务；其实际财产即有可能按一个比例清偿债务，也有可能以更高的比例清偿债务。实务中，像六度公司这样的案例并不少见。正是清算义务人不当履行清算义务（包括不作为或者作为，或混合行为），导致了企业财务情况完全无法清理的结果，也由此导致了债权人债权无法得到公正的清偿，对于债权人未受偿部分，清算义务人便应当承担赔偿责任。而在企业无法全面清算的情况下，并不排除企业在以后因某种契机而得以全面清算并清偿债务，故企业法人人格不应当予以注销，企业清算义务人应当对企业未清偿债务与企业承担连带责任。

而在企业财产财务情况完全无法清理的情况下，因为无法查明企业的财产情况，也就不能判断企业是否资不抵债，法院也便不会宣告企业破产。

在该情形下终结破产清算程序，除了债权人以企业现有财产获得部分清偿外，其余与破产企业有关的法律关系并未了结或调整，而通过破产程序，证明了清算义务人存在的不当履行清算义务情形，而使得债权人得以就未受偿债权向清算义务人主张。

2）破产企业财务情况无法全面清理

破产企业财务情况由众多类别及相应细项构成，管理人在对这些类别及相应细项进行分别清理时，有可能因破产企业相关资料缺失致使部分事项无法查明，例如破产企业在最近的一个会计期间期末存在一个固定资产净值，但却没有相应的固定资产清单，那么对于管理人而言，虽然接管了破产企业相关固定资产，但并不能确定所接管固定资产与该会计期间记载的固定资产净值在种类、数量、价值上完全一致，不排除存在固定资产被调换、隐匿或转移的情况，在该情况下，企业现存的固定资产部分便无法查明。再者，实务中也有可能因破产企业相关资料存在冲突而致使部分事项无法查明，例如破产企业所进行的一项重大交易，账上记载的数量、金额与企业对外实际支付的数额不一致，而清算义务人又难以作出合理解释的，对于该笔重大交易所涉及的具体数量、金额便无法查明。

前述部分财务情况无法查明的情况，在实务中各有所异，也会造成不同形态的"无法全面清算"，如无法查明的部分扩大影响到对破产企业整体财产范围的判断，那么便将导致无法查明破产企业财产，清算义务人应当对未受清偿的债务承担清偿责任，相应地，因无法确定破产企业是否资不抵债，人民法院也不能宣告企业破产。如无法查明的部分仅影响特定范围的财产的查明而不影响其他大部分财产范围的查明，清算义务人应当在未能查明的范围内承担清偿责任，而不需对债权人未受偿的债权承担全部的清偿责任，相应地，如在这种情形下仍可作出企业资不抵债的判断，人民法院便应当宣告企业破产。

iv. 全民所有制企业法人无法全面破产清算时，清算义务人所承担的法律责任

如前所述，现行法律、规定较为系统规定清算义务人义务和责任的，主要集中于《〈公司法〉若干问题的规定（二）》，最高人民法院在《关于正确审理企业破产案件为维护市场经济秩序提供司法保障若干问题的意见》和《关于债权人对人员下落不明或者财产状况不清的债务人申请破产清算案件如何处理的批复》中，虽然也规定当企业无法破产清算时，债权人可以追究相关人员责任，但在仅有公司法相关司法解释对清算义务人的清算责任有所规定，而未有其他法律或司法解释规定对非公司制企业负有清算义务的人员或单位需在企业无法清算时对企业债务承担责任的情况下，不难说《关于正确审理企业破产案件为维护市场经济秩序提供司法保障若干问题的意见》和《关于债权人对人员下落不明或者财产状况不清的债务人申请破产清算案件如何处理的批复》中有关清算义务人、清算责任的规定便源于《〈公司法〉若干问题的规定（二）》的相关规定。这样，当破产清算的主体是非公司制企业而又无法全面清算时，非公司制企业的清算义务人是否应当对企业债务承担清偿责任，便是一个较为复杂的问题。其实这个问题，目前而言主要针对全民所有制企业而言，外商投资企业（包括中外合资企业、中外合作企

业及外资企业）多数以有限责任公司的形式成立，在外商投资企业无法全面清算时，纵使无法按《中外合资经营企业法》等法律规定追究其董事、联合管理委员会成员等人员的清算责任，也可以按《〈公司法〉若干问题的规定（二）》等公司法有关规定追究其股东的清算责任，而集体所有制企业本身数量就少，集体所有制企业破产清算的案例更是少见。但实践中，鲜见支持债权人向全民所有制企业清算义务人主张清偿责任的判例，但却有不少判例并不支持债权人向全民制企业的清算义务人主张清偿责任，如广东省高级人民法院在其受理的东莞市朗晨实业有限公司与东莞市对外贸易总公司与公司有关纠纷一案［案号：（2015）粤高法民二申字第1297号］中，认为"广东省东莞市外贸开发公司作为全民所有制企业法人，东莞市对外贸易总公司作为其主管部门，相关法律法规并未明确规定东莞市对外贸易总公司应对广东省东莞市外贸开发公司的清算不能承担赔偿责任"，又如广东省广州市中级人民法院在其受理的中国印刷物资总公司与广东省煤炭工业总公司、广东省曲仁矿务局、广东省梅田矿务局、广东省四望嶂矿务局股东滥用股东权利赔偿纠纷再审一案［（2014）穗中法审监民再字第136号］中，认为"广东省煤炭海外开发公司作为非公司制企业法人，不属《中华人民共和国公司法》的调整范围。……现行法律、行政法规亦无关于全民所有制企业的清算义务人怠于履行清算义务的法律责任作出明确规定，故中国印刷物资总公司要求广东省煤炭工业总公司、广东省曲仁矿务局、广东省梅田矿务局、广东省四望嶂矿务局作为广东省煤炭海外开发公司的出资人及清算义务人承担不当履行清算义务即对涉案债权承担连带清偿责任，缺乏法律依据，本院再审对此不予支持"；等等。而今，自2017年10月1日起施行的《民法总则》，其第70条规定已明确非公司制企业法人清算义务人在怠于履行清算义务时，如给相关方造成损害的，应当承担民事责任。届时，利益受损的相关方向全民制企业法人的清算义务人主张赔偿，可能便会得到支持。

但是也应该看到，在追究全民所有制企业清算义务人（主管部门）责任时，在很多情况下，却也难以说全民所有制的企业清算义务人对企业无法清算负有责任，"回归到历史沿革的角度来考量全民所有制企业等这些非公司制企业时，有观点所认为的主管部门对非公司制企业的所谓'控制力'实际上随着市场经济的深入已经越来越微弱了。1993年，中国实行政企分开、深化市场经济改革的探索。原有计划经济体制下政府机关办企业、企业对主管机关负责的思路发生了转变。这些主管机关实际上并不参与经营活动，与企业之间的权利义务非常有限。实际上，绝大多数主管机关根本不会也无权行使资产收益、重大决策、选择管理者、分红等类似股东、董事、实际控制人等的权利。如果仅仅基于行政性的批复等非经营性职能，要求政府主管部门作为非公司制企业的开办单位直接承担清算赔偿责任，显然不公平"❶。此外，由全民所有制企业主管部门对企业债务承担清偿责任，也较难获得社会认同，全民所有制企业主管部门，不论是授权管理的上级企业集团还是归口的具体行政部门或事业单位，只要其对企业债务承担清偿责任，归根结底都是在以国有财产清偿债务，而造成全面所有制企业无法清算的结果，无论如何却只是个别的或一部分人员的过错，不应由全民承担责任。

综上，我们认为目前，当全民所有制企业无法全面清算时，对于债权人未受偿部分，债权人较难追究全民所有制企业清算义务人的责任。当然，这个问题，从另一个角度看，更像是一个市场机制转换、企业制度创新而留下的一个历史遗留问题，虽然《企业破产法》是有关企业破产、关闭的特殊法，但对于企业经营期间或者清算期间的一些法律问题，除了依照企业破产法办理外，相当一部分也要援引其他的相关法律规定，在其他相关法律规定不甚清晰的情况下，企业破产法也难以妥善解决。

第四节　中航华海工程建设有限公司破产清算案
—— 无法开展破产清算的案件

一、案情简介

中航华海工程建设有限公司（以下简称"中航华海公司"）为一家登记注册于上海市崇明区的有限责任公司，工商登记的经营范围为房屋建筑工程、建筑装修装饰工程、公路工程、市政工程等。

2012年2月，无锡某混凝土有限公司向上海市崇明区人民法院申请对中航华海公司进行破产清算，无锡某混凝土有限公司向上海市崇明区人民法院提交了江苏省无锡高新技术产业开发区人民法院作出的民事判决书以及终止执行的民事裁定书，以证明无锡某混凝土有限公司对中航华海公司享有

---

❶ 王敬，盛萍. 全民所有制企业清算义务人的清算义务和责任[J]. 上海政法学院学报，2014(3).

791 135元的债权,且在人民法院强制执行过程中不能执行到中航华海公司任何财产。上海市崇明区人民法院在审查无锡某混凝土有限公司提起的对中航华海公司破产清算申请过程中,无法联系到中航华海公司,也无法向中航华海公司送达破产清算申请等相关文书,但经审查,上海市崇明区人民法院认为无锡某混凝土有限公司提出的破产清算申请符合破产法有关规定,便裁定受理了中航华海公司破产清算一案,并指定成立了中航华海公司管理人。

能否顺利开展对中航华海公司的清算工作,关键在于能否查找到中航华海公司并接管其财务资料及财产。管理人成立伊始便着手联系、查找中航华海公司,管理人主要通过以下方式查找债务人以及财产线索:

①调查中航华海公司注册地、住所地,按照工商管理有关规定,公司实际经营场所应当与登记注册的场所一致,故当管理人指定成立后,管理人即刻前往中航华海公司工商登记的住所地查找中航华海公司,但中航华海公司工商登记的住所地早已拆迁,已经不存在该地址。而经询问当地居民以及当地经济开发区管理委员会,也都不知道中航华海公司下落。

②通知中航华海公司法定代表人、股东、高级管理人员办理接管事宜并协助清算,按公司法规定,有限责任公司股东为清算义务人,故中航华海公司股东有义务配合管理人开展清算活动;另按公司法规定,公司董事、监事、高级管理人员对公司负有忠实、勤勉义务,当公司清算时,公司董事、监事、高级管理人员也负有协助清算的义务,特别是管理公司财物、重要文件的人员。故在查找中航华海公司过程中,管理人也根据中航华海公司工商登记材料所显示的股东、董事、监事、高级管理人员,进行相应的查找和通知。但最终仅与一名自然人股东取得电话联系,而该自然人股东自称并不掌握中航华海公司任何情况,故也未能配合管理人清算。

③调查中航华海公司分支机构,按中航华海公司工商登记材料显示,中航华海公司在上海市闵行区设立了分公司,管理人亦前往分公司工商登记的住所地进行调查,但却也未能查找到该分公司。

④向人民法院了解中航华海财产线索,在中航华海公司进入破产程序前,上海市松江区人民法院、上海市崇明区人民法院已分别启动对中航华海公司的强制执行措施,从两个法院的执行情况看,在执行过程中法院已经调查了中航华海公司车辆类、房产类、股权类、银行类财产线索,但均未发现财产线索。

⑤向税务机关了解中航华海公司以往经营情况,经了解中航华海公司税

务登记证早已失效,说明中航华海公司早已未按税务机关要求办理纳税申报、汇算清缴等事项,故税务机关也不掌握中航华海公司经营及财产相关情况。

经过以上调查,管理人未能追管得中航华海公司财产、未能接管中航华海公司财务资料、也未能查找到中航华海公司人员,这样的情况已导致管理人无法开展对中航华海公司的破产清算工作,故管理人最终向上海市崇明区人民法院申请终结中航华海公司破产程序。而上海市崇明区人民法院经审查,也确认了无法清算中航华海公司的情况,裁定终结破产程序并释明债权人可以另行提起诉讼要求有责任的股东、实际控制人等清算义务人对债务人的债务承担清偿责任。

二、法律实务解析

(一) 对下落不明债务人能否提起破产清算申请

债务人下落不明时,如果法院受理针对该债务人的破产清算申请,一般意味着对债务人的清算工作较难开展,最终有可能无法清算。那么,在预知存在这种较大无法清算可能的情况下,债权人是否可以提出破产清算申请,而法院是否应当予以受理?

从《企业破产法》第 7 条第 2 款 "债务人不能清偿到期债务,债权人可以向人民法院提出对债务人进行重整或者破产清算的申请" 的规定看,债务人只要存在不能清偿到期债务的情形,债权人便可以向法院申请对其破产清算,而未要求债权人提交其他证明材料。当债权人对债务人提出破产清算后,《企业破产法》赋予债务人异议权及异议期,债务人可以从债权人对其是否享有到期债权、其是否存在不能清偿到期债权的情形以及其是否资不抵债或明显缺乏清偿能力等角度进行抗辩。如债务人未提出异议或者人民法院认为债务人异议不能成立的,人民法院便应当受理债权人提出的破产清算申请。人民法院受理债权人提出的破产清算后,债务人及其相关人员才负有向人民法院或管理人移交债务人财产、财务资料等义务。因此,即使债务人在人民法院审查受理环节未向法院提交任何与其资产负债、清偿能力有关的材料,致使人民法院无法了解其财务情况,但只要债权人提交的破产清算申请符合规定,人民法院便应当裁定受理,即使债务人下落不明,亦是如此。2008 年,最高人民法院曾就债权人对"下落不明"债务人提出破产清算申请的受理问题,专门作出了《关于债权人对人员下落不明或者财产状况不清的债务人申请破产清算案件如何处理的批复》，规定"债权人对人员下落不明或者财产状况不清的债务人申请破产清算，符合企业破产法规定的，人民法院应依法予以受理。债务人能否依据企业破产法第11条第2款的规定向人民法院提交财产状况说明、债权债务清册等相关材料，并不影响对债权人申请的受理"，2011年，最高人民法院作出的《关于适用〈中华人民共和国企业破产法〉若干问题的规定（一）》贯彻了这一规定❶，为债权人申请下落不明债务人破产清算提供了途径。

（二）对下落不明债务人申请破产清算的现实意义

债务人下落不明，我们认为大体上存在两种情形，一种是债务人已无财产，债务人为逃避债务而隐名匿迹，另一种情况是债务人实际上有财产，"下落不明"只是一种债务人营造出来的现象，用于逃废债务。而不论如何，只要债务人下落不明，都将致使债权人债权无法实现，因为即使债权人通过法院强制执行的方式执行债务人财产，只要债务人名下没有登记公示的财产，债务人呈现"下落不明"的表征，法院一般也就终止执行了。如果这样的状况一直持续下去，从另一个角度看，也可以说债务人成功实现了逃废债务。因此，在债务人呈现"下落不明"状态时，债权人便应当考虑其他的实现债权的方式，我们认为债权人通过申请下落不明债务人破产清算是一个有益的方式：

首先，债务人并不一定就真"下落不明"了，债务人有可能是为了逃废债务而转移经营场所。如债权人不借助一些司法手段，债权人自行调查债务人下落的手段非常有限；而如债权人通过法院强制执行债务人，如果债务人呈现"下落不明"的表征，在目前法院司法资源较为有限的情况下，法院一般也不会花较大精力去调查搜索债务人，而在债务人登记的"法定代表人"无所谓限制消费、限制出境等限制措施的情况下，法院"逼迫"债务人现身的可能性就较小，法院较有可能中止对债务人的执行。而在破产清算程序下，管理人报酬与债务人可供清偿的财产相关联，管理人在承办一个破产案件时，只有在债务人财产存在相关财产的情况下，管理人才可以获得报酬，

---

❶ 最高人民法院《关于适用〈中华人民共和国企业破产法〉若干问题的规定（一）》第6条规定："债权人申请债务人破产的，应当提交债务人不能清偿到期债务的有关证据。债务人对债权人的申请未在法定期限内向人民法院提出异议，或者异议不成立的，人民法院应当依法裁定受理破产申请。受理破产申请后，人民法院应当责令债务人依法提交其财产状况说明、债务清册、债权清册、财务会计报告等有关材料，债务人拒不提交的，人民法院可以对债务人的直接责任人员采取罚款等强制措施。"

因此，管理人具有追查债务人下落、追查债务人财产的内在利益驱动。管理人系由法院以决定书形式指定，具有《企业破产法》所明确规定的职权，可以借助法院的司法调查手段，而在一些场合下管理人又可以以债务人的身份进行相应查询、检索，因此，管理人调查手段较为丰富（如我们在另一个债务人下落不明的案件，便通过查询债务人社会保险费缴纳情况，查找到了债务人，原来债务人还在经营也还有用工，只是为了躲避债权人转移了经营场所）。将"下落不明"债务人纳入破产清算程序，借助管理人的努力，便有可能查找到债务人。而及时查找到债务人，则有可能保全债务人财产，避免债务人利用"下落不明"这段时间完成对财产的转移、隐匿或挥霍。

其次，在债务人为企业法人的情况下，如没有特别情形，债务人股东、法定代表人、高管并不需对企业债务负责。债务人下落不明，便极有可能是债务人有关人员利用"企业法人"独立法人人格的法律地位，化解债权人债权追索行为的方式。因此，如果持续停留于对"企业法人"这一形式化主体的追索，反倒落入债务人设计的圈套，债权人应当寻求透过"企业法人"而追究躲在"企业法人"后面的人员的法律责任的途径。《〈公司法〉若干问题的规定（二）》等有关规定，已明确公司清算义务人在企业无法清算的情况下，应当对企业债务承担连带清偿责任；最高人民法院《关于债权人对人员下落不明或者财产状况不清的债务人申请破产清算案件如何处理的批复》则明确在企业无法清算的情况下，债权人起诉"债务人有关人员"承担相应民事责任的，人民法院应依法予以支持，此处的"债务人有关人员"从广义上理解不仅包括了公司的清算义务人，还可以理解为包括了债务人的法定代表人等负有责任的人员。因此，债权人对下落不明债务人申请破产清算的，如最终债务人无法清算，则可以将对债务人的债权追索延伸至对债务人清算义务人及其有关人员，这将在很大程度上促进债权人债权的实现。从这个角度看，看似"无结果"的无法清算，实际上蕴含着有益的"结果"。

最后，债权人对下落不明债务人申请破产清算，只有可能争取实现较为有利的局面，而不可能使债权人处于更为不利的处境。有部分债权人担心一旦对债务人提起破产清算申请，债务人又无财产可供清偿的，对债务人债权便只能一笔勾销。事实上，这是对现行破产法的误解，破产法所允许免除的债务，是在企业具有独立人格情况下，通过对企业的全面清算，以清算所得企业财产清偿债务后而不能全额清偿的部分，换言之，破产法仅允许免除破产企业因市场经营风险而无法向债权人清偿的债务。在企业不具有独立人格，或者不能实现对企业破产清算的情况下，纵使债务人"经历"了破产程序，债务人对外债务仍然不能被免除，相反，反倒通过"破产清算"而使得债权人可以在继续向债务人追索债权的同时，也打通债权人向清算义务人及其有关人员追索债权的途径。退一步而言，如果下落不明的债务人最终在破产程序中得以完整清算，债权人最终仅得到部分清偿甚至没有得到清偿，债权人对债务人债权最终被豁免，那么说明债务人财产情况、清偿能力本就如此，纵使债权人不申请破产清算，债权人也不可能得到其他更好的结局。

附 录

中华人民共和国企业破产法

（2006年8月27日第十届全国人民代表大会常务委员会第二十三次会议通过，自2007年6月1日起施行）

目 录

第一章 总 则
第二章 申请和受理
　第一节 申 请
　第二节 受 理
第三章 管理人
第四章 债务人财产
第五章 破产费用和共益债务
第六章 债权申报
第七章 债权人会议
　第一节 一般规定
　第二节 债权人委员会
第八章 重 整
　第一节 重整申请和重整期间
　第二节 重整计划的制订和批准
　第三节 重整计划的执行
第九章 和 解
第十章 破产清算
　第一节 破产宣告
　第二节 变价和分配
　第三节 破产程序的终结
第十一章 法律责任
第十二章 附 则

第一章 总　　则

第一条　为规范企业破产程序，公平清理债权债务，保护债权人和债务人的合法权益，维护社会主义市场经济秩序，制定本法。

第二条　企业法人不能清偿到期债务，并且资产不足以清偿全部债务或者明显缺乏清偿能力的，依照本法规定清理债务。

企业法人有前款规定情形，或者有明显丧失清偿能力可能的，可以依照本法规定进行重整。

第三条　破产案件由债务人住所地人民法院管辖。

第四条　破产案件审理程序，本法没有规定的，适用民事诉讼法的有关规定。

第五条　依照本法开始的破产程序，对债务人在中华人民共和国领域外的财产发生效力。

对外国法院作出的发生法律效力的破产案件的判决、裁定，涉及债务人在中华人民共和国领域内的财产，申请或者请求人民法院承认和执行的，人民法院依照中华人民共和国缔结或者参加的国际条约，或者按照互惠原则进行审查，认为不违反中华人民共和国法律的基本原则，不损害国家主权、安全和社会公共利益，不损害中华人民共和国领域内债权人的合法权益的，裁定承认和执行。

第六条　人民法院审理破产案件，应当依法保障企业职工的合法权益，依法追究破产企业经营管理人员的法律责任。

第二章　申请和受理

第一节　申　　请

第七条　债务人有本法第二条规定的情形，可以向人民法院提出重整、和解或者破产清算申请。

债务人不能清偿到期债务，债权人可以向人民法院提出对债务人进行重整或者破产清算的申请。

企业法人已解散但未清算或者未清算完毕，资产不足以清偿债务的，依法负有清算责任的人应当向人民法院申请破产清算。

第八条　向人民法院提出破产申请，应当提交破产申请书和有关证据。

破产申请书应当载明下列事项：

（一）申请人、被申请人的基本情况；

（二）申请目的；

（三）申请的事实和理由；

（四）人民法院认为应当载明的其他事项。

债务人提出申请的，还应当向人民法院提交财产状况说明、债务清册、债权清册、有关财务会计报告、职工安置预案以及职工工资的支付和社会保险费用的缴纳情况。

第九条 人民法院受理破产申请前，申请人可以请求撤回申请。

第二节 受　　理

第十条 债权人提出破产申请的，人民法院应当自收到申请之日起五日内通知债务人。债务人对申请有异议的，应当自收到人民法院的通知之日起七日内向人民法院提出。人民法院应当自异议期满之日起十日内裁定是否受理。

除前款规定的情形外，人民法院应当自收到破产申请之日起十五日内裁定是否受理。

有特殊情况需要延长前两款规定的裁定受理期限的，经上一级人民法院批准，可以延长十五日。

第十一条 人民法院受理破产申请的，应当自裁定作出之日起五日内送达申请人。

债权人提出申请的，人民法院应当自裁定作出之日起五日内送达债务人。债务人应当自裁定送达之日起十五日内，向人民法院提交财产状况说明、债务清册、债权清册、有关财务会计报告以及职工工资的支付和社会保险费用的缴纳情况。

第十二条 人民法院裁定不受理破产申请的，应当自裁定作出之日起五日内送达申请人并说明理由。申请人对裁定不服的，可以自裁定送达之日起十日内向上一级人民法院提起上诉。

人民法院受理破产申请后至破产宣告前，经审查发现债务人不符合本法第二条规定情形的，可以裁定驳回申请。申请人对裁定不服的，可以自裁定送达之日起十日内向上一级人民法院提起上诉。

第十三条 人民法院裁定受理破产申请的，应当同时指定管理人。

第十四条 人民法院应当自裁定受理破产申请之日起二十五日内通知已知债权人，并予以公告。

通知和公告应当载明下列事项：

（一）申请人、被申请人的名称或者姓名；

（二）人民法院受理破产申请的时间；

（三）申报债权的期限、地点和注意事项；

（四）管理人的名称或者姓名及其处理事务的地址；

（五）债务人的债务人或者财产持有人应当向管理人清偿债务或者交付财产的要求；

（六）第一次债权人会议召开的时间和地点；

（七）人民法院认为应当通知和公告的其他事项。

第十五条 自人民法院受理破产申请的裁定送达债务人之日起至破产程序终结之日，债务人的有关人员承担下列义务：

（一）妥善保管其占有和管理的财产、印章和账簿、文书等资料；

（二）根据人民法院、管理人的要求进行工作，并如实回答询问；

（三）列席债权人会议并如实回答债权人的询问；

（四）未经人民法院许可，不得离开住所地；

（五）不得新任其他企业的董事、监事、高级管理人员。

前款所称有关人员，是指企业的法定代表人；经人民法院决定，可以包括企业的财务管理人员和其他经营管理人员。

第十六条 人民法院受理破产申请后，债务人对个别债权人的债务清偿无效。

第十七条 人民法院受理破产申请后，债务人的债务人或者财产持有人应当向管理人清偿债务或者交付财产。

债务人的债务人或者财产持有人故意违反前款规定向债务人清偿债务或者交付财产，使债权人受到损失的，不免除其清偿债务或者交付财产的义务。

第十八条 人民法院受理破产申请后，管理人对破产申请受理前成立而债务人和对方当事人均未履行完毕的合同有权决定解除或者继续履行，并通知对方当事人。管理人自破产申请受理之日起二个月内未通知对方当事人，或者自收到对方当事人催告之日起三十日内未答复的，视为解除合同。

管理人决定继续履行合同的，对方当事人应当履行；但是，对方当事人有权要求管理人提供担保。管理人不提供担保的，视为解除合同。

第十九条 人民法院受理破产申请后，有关债务人财产的保全措施应当解除，执行程序应当中止。

第二十条 人民法院受理破产申请后，已经开始而尚未终结的有关债务人的民事诉讼或者仲裁应当中止；在管理人接管债务人的财产后，该诉讼或者仲裁继续进行。

第二十一条 人民法院受理破产申请后，有关债务人的民事诉讼，只能向受理破产申请的人民法院提起。

第三章 管理人

第二十二条 管理人由人民法院指定。

债权人会议认为管理人不能依法、公正执行职务或者有其他不能胜任职务情形的，可以申请人民法院予以更换。

指定管理人和确定管理人报酬的办法，由最高人民法院规定。

第二十三条 管理人依照本法规定执行职务，向人民法院报告工作，并接受债权人会议和债权人委员会的监督。

管理人应当列席债权人会议，向债权人会议报告职务执行情况，并回答询问。

第二十四条 管理人可以由有关部门、机构的人员组成的清算组或者依法设立的律师事务所、会计师事务所、破产清算事务所等社会中介机构担任。

人民法院根据债务人的实际情况，可以在征询有关社会中介机构的意见后，指定该机构具备相关专业知识并取得执业资格的人员担任管理人。

有下列情形之一的，不得担任管理人：

（一）因故意犯罪受过刑事处罚；

（二）曾被吊销相关专业执业证书；

（三）与本案有利害关系；

（四）人民法院认为不宜担任管理人的其他情形。

个人担任管理人的，应当参加执业责任保险。

第二十五条 管理人履行下列职责：

（一）接管债务人的财产、印章和账簿、文书等资料；

（二）调查债务人财产状况，制作财产状况报告；

（三）决定债务人的内部管理事务；

（四）决定债务人的日常开支和其他必要开支；

（五）在第一次债权人会议召开之前，决定继续或者停止债务人的营业；

（六）管理和处分债务人的财产；

（七）代表债务人参加诉讼、仲裁或者其他法律程序；

（八）提议召开债权人会议；

（九）人民法院认为管理人应当履行的其他职责。

本法对管理人的职责另有规定的，适用其规定。

第二十六条 在第一次债权人会议召开之前，管理人决定继续或者停止债务人的营业或者有本法第六十九条规定行为之一的,应当经人民法院许可。

第二十七条 管理人应当勤勉尽责,忠实执行职务。

第二十八条 管理人经人民法院许可,可以聘用必要的工作人员。

管理人的报酬由人民法院确定。债权人会议对管理人的报酬有异议的,有权向人民法院提出。

第二十九条 管理人没有正当理由不得辞去职务。管理人辞去职务应当经人民法院许可。

第四章 债务人财产

第三十条 破产申请受理时属于债务人的全部财产,以及破产申请受理后至破产程序终结前债务人取得的财产,为债务人财产。

第三十一条 人民法院受理破产申请前一年内,涉及债务人财产的下列行为,管理人有权请求人民法院予以撤销:

(一) 无偿转让财产的;

(二) 以明显不合理的价格进行交易的;

(三) 对没有财产担保的债务提供财产担保的;

(四) 对未到期的债务提前清偿的;

(五) 放弃债权的。

第三十二条 人民法院受理破产申请前六个月内,债务人有本法第二条第一款规定的情形,仍对个别债权人进行清偿的,管理人有权请求人民法院予以撤销。但是,个别清偿使债务人财产受益的除外。

第三十三条 涉及债务人财产的下列行为无效:

(一) 为逃避债务而隐匿、转移财产的;

(二) 虚构债务或者承认不真实的债务的。

第三十四条 因本法第三十一条、第三十二条或者第三十三条规定的行为而取得的债务人的财产,管理人有权追回。

第三十五条 人民法院受理破产申请后,债务人的出资人尚未完全履行出资义务的,管理人应当要求该出资人缴纳所认缴的出资,而不受出资期限的限制。

第三十六条 债务人的董事、监事和高级管理人员利用职权从企业获取的非正常收入和侵占的企业财产,管理人应当追回。

第三十七条 人民法院受理破产申请后,管理人可以通过清偿债务或者提供为债权人接受的担保,取回质物、留置物。

前款规定的债务清偿或者替代担保，在质物或者留置物的价值低于被担保的债权额时，以该质物或者留置物当时的市场价值为限。

第三十八条　人民法院受理破产申请后，债务人占有的不属于债务人的财产，该财产的权利人可以通过管理人取回。但是，本法另有规定的除外。

第三十九条　人民法院受理破产申请时，出卖人已将买卖标的物向作为买受人的债务人发运，债务人尚未收到且未付清全部价款的，出卖人可以取回在运途中的标的物。但是，管理人可以支付全部价款，请求出卖人交付标的物。

第四十条　债权人在破产申请受理前对债务人负有债务的，可以向管理人主张抵销。但是，有下列情形之一的，不得抵销：

（一）债务人的债务人在破产申请受理后取得他人对债务人的债权的；

（二）债权人已知债务人有不能清偿到期债务或者破产申请的事实，对债务人负担债务的；但是，债权人因为法律规定或者有破产申请一年前所发生的原因而负担债务的除外；

（三）债务人的债务人已知债务人有不能清偿到期债务或者破产申请的事实，对债务人取得债权的；但是，债务人的债务人因为法律规定或者有破产申请一年前所发生的原因而取得债权的除外。

第五章　破产费用和共益债务

第四十一条　人民法院受理破产申请后发生的下列费用，为破产费用：

（一）破产案件的诉讼费用；

（二）管理、变价和分配债务人财产的费用；

（三）管理人执行职务的费用、报酬和聘用工作人员的费用。

第四十二条　人民法院受理破产申请后发生的下列债务，为共益债务：

（一）因管理人或者债务人请求对方当事人履行双方均未履行完毕的合同所产生的债务；

（二）债务人财产受无因管理所产生的债务；

（三）因债务人不当得利所产生的债务；

（四）为债务人继续营业而应支付的劳动报酬和社会保险费用以及由此产生的其他债务；

（五）管理人或者相关人员执行职务致人损害所产生的债务；

（六）债务人财产致人损害所产生的债务。

第四十三条　破产费用和共益债务由债务人财产随时清偿。

债务人财产不足以清偿所有破产费用和共益债务的，先行清偿破产费用。

债务人财产不足以清偿所有破产费用或者共益债务的，按照比例清偿。

债务人财产不足以清偿破产费用的，管理人应当提请人民法院终结破产程序。人民法院应当自收到请求之日起十五日内裁定终结破产程序，并予以公告。

第六章　债权申报

第四十四条　人民法院受理破产申请时对债务人享有债权的债权人，依照本法规定的程序行使权利。

第四十五条　人民法院受理破产申请后，应当确定债权人申报债权的期限。债权申报期限自人民法院发布受理破产申请公告之日起计算，最短不得少于三十日，最长不得超过三个月。

第四十六条　未到期的债权，在破产申请受理时视为到期。

附利息的债权自破产申请受理时起停止计息。

第四十七条　附条件、附期限的债权和诉讼、仲裁未决的债权，债权人可以申报。

第四十八条　债权人应当在人民法院确定的债权申报期限内向管理人申报债权。

债务人所欠职工的工资和医疗、伤残补助、抚恤费用，所欠的应当划入职工个人账户的基本养老保险、基本医疗保险费用，以及法律、行政法规规定应当支付给职工的补偿金，不必申报，由管理人调查后列出清单并予以公示。职工对清单记载有异议的，可以要求管理人更正；管理人不予更正的，职工可以向人民法院提起诉讼。

第四十九条　债权人申报债权时，应当书面说明债权的数额和有无财产担保，并提交有关证据。申报的债权是连带债权的，应当说明。

第五十条　连带债权人可以由其中一人代表全体连带债权人申报债权，也可以共同申报债权。

第五十一条　债务人的保证人或者其他连带债务人已经代替债务人清偿债务的，以其对债务人的求偿权申报债权。

债务人的保证人或者其他连带债务人尚未代替债务人清偿债务的，以其对债务人的将来求偿权申报债权。但是，债权人已经向管理人申报全部债权的除外。

第五十二条　连带债务人数人被裁定适用本法规定的程序的，其债权人有权就全部债权分别在各破产案件中申报债权。

第五十三条　管理人或者债务人依照本法规定解除合同的，对方当事人以因合同解除所产生的损害赔偿请求权申报债权。

第五十四条 债务人是委托合同的委托人，被裁定适用本法规定的程序，受托人不知该事实，继续处理委托事务的，受托人以由此产生的请求权申报债权。

第五十五条 债务人是票据的出票人，被裁定适用本法规定的程序，该票据的付款人继续付款或者承兑的，付款人以由此产生的请求权申报债权。

第五十六条 在人民法院确定的债权申报期限内，债权人未申报债权的，可以在破产财产最后分配前补充申报；但是，此前已进行的分配，不再对其补充分配。为审查和确认补充申报债权的费用，由补充申报人承担。

债权人未依照本法规定申报债权的，不得依照本法规定的程序行使权利。

第五十七条 管理人收到债权申报材料后，应当登记造册，对申报的债权进行审查，并编制债权表。

债权表和债权申报材料由管理人保存，供利害关系人查阅。

第五十八条 依照本法第五十七条规定编制的债权表，应当提交第一次债权人会议核查。

债务人、债权人对债权表记载的债权无异议的，由人民法院裁定确认。

债务人、债权人对债权表记载的债权有异议的，可以向受理破产申请的人民法院提起诉讼。

第七章　债权人会议

第一节　一般规定

第五十九条 依法申报债权的债权人为债权人会议的成员，有权参加债权人会议，享有表决权。

债权尚未确定的债权人，除人民法院能够为其行使表决权而临时确定债权额的外，不得行使表决权。

对债务人的特定财产享有担保权的债权人，未放弃优先受偿权利的，对于本法第六十一条第一款第七项、第十项规定的事项不享有表决权。

债权人可以委托代理人出席债权人会议，行使表决权。代理人出席债权人会议，应当向人民法院或者债权人会议主席提交债权人的授权委托书。

债权人会议应当有债务人的职工和工会的代表参加，对有关事项发表意见。

第六十条 债权人会议设主席一人，由人民法院从有表决权的债权人中指定。

债权人会议主席主持债权人会议。

第六十一条 债权人会议行使下列职权：

（一）核查债权；

（二）申请人民法院更换管理人，审查管理人的费用和报酬；

（三）监督管理人；

（四）选任和更换债权人委员会成员；

（五）决定继续或者停止债务人的营业；

（六）通过重整计划；

（七）通过和解协议；

（八）通过债务人财产的管理方案；

（九）通过破产财产的变价方案；

（十）通过破产财产的分配方案；

（十一）人民法院认为应当由债权人会议行使的其他职权。

债权人会议应当对所议事项的决议作成会议记录。

第六十二条 第一次债权人会议由人民法院召集，自债权申报期限届满之日起十五日内召开。

以后的债权人会议，在人民法院认为必要时，或者管理人、债权人委员会、占债权总额四分之一以上的债权人向债权人会议主席提议时召开。

第六十三条 召开债权人会议，管理人应当提前十五日通知已知的债权人。

第六十四条 债权人会议的决议，由出席会议的有表决权的债权人过半数通过，并且其所代表的债权额占无财产担保债权总额的二分之一以上。但是，本法另有规定的除外。

债权人认为债权人会议的决议违反法律规定，损害其利益的，可以自债权人会议作出决议之日起十五日内，请求人民法院裁定撤销该决议，责令债权人会议依法重新作出决议。

债权人会议的决议，对于全体债权人均有约束力。

第六十五条 本法第六十一条第一款第八项、第九项所列事项，经债权人会议表决未通过的，由人民法院裁定。

本法第六十一条第一款第十项所列事项，经债权人会议二次表决仍未通过的，由人民法院裁定。

对前两款规定的裁定，人民法院可以在债权人会议上宣布或者另行通知债权人。

第六十六条 债权人对人民法院依照本法第六十五条第一款作出的裁定不服的，债权额占无财产担保债权总额二分之一以上的债权人对人民法院依照本法第六十五条第二款作出的裁定不服的，可以自裁定宣布之日或者收到通知之日起十五日内向该人民法院申请复议。复议期间不停止裁定的执行。

第二节 债权人委员会

第六十七条 债权人会议可以决定设立债权人委员会。债权人委员会由债权人会议选任的债权人代表和一名债务人的职工代表或者工会代表组成。债权人委员会成员不得超过九人。

债权人委员会成员应当经人民法院书面决定认可。

第六十八条 债权人委员会行使下列职权：

（一）监督债务人财产的管理和处分；

（二）监督破产财产分配；

（三）提议召开债权人会议；

（四）债权人会议委托的其他职权。

债权人委员会执行职务时，有权要求管理人、债务人的有关人员对其职权范围内的事务作出说明或者提供有关文件。

管理人、债务人的有关人员违反本法规定拒绝接受监督的，债权人委员会有权就监督事项请求人民法院作出决定；人民法院应当在五日内作出决定。

第六十九条 管理人实施下列行为，应当及时报告债权人委员会：

（一）涉及土地、房屋等不动产权益的转让；

（二）探矿权、采矿权、知识产权等财产权的转让；

（三）全部库存或者营业的转让；

（四）借款；

（五）设定财产担保；

（六）债权和有价证券的转让；

（七）履行债务人和对方当事人均未履行完毕的合同；

（八）放弃权利；

（九）担保物的取回；

（十）对债权人利益有重大影响的其他财产处分行为。

未设立债权人委员会的，管理人实施前款规定的行为应当及时报告人民法院。

第八章 重　　整

第一节　重整申请和重整期间

第七十条　债务人或者债权人可以依照本法规定，直接向人民法院申请对债务人进行重整。

债权人申请对债务人进行破产清算的，在人民法院受理破产申请后、宣告债务人破产前，债务人或者出资额占债务人注册资本十分之一以上的出资人，可以向人民法院申请重整。

第七十一条　人民法院经审查认为重整申请符合本法规定的，应当裁定债务人重整，并予以公告。

第七十二条　自人民法院裁定债务人重整之日起至重整程序终止，为重整期间。

第七十三条　在重整期间，经债务人申请，人民法院批准，债务人可以在管理人的监督下自行管理财产和营业事务。

有前款规定情形的，依照本法规定已接管债务人财产和营业事务的管理人应当向债务人移交财产和营业事务，本法规定的管理人的职权由债务人行使。

第七十四条　管理人负责管理财产和营业事务的，可以聘任债务人的经营管理人员负责营业事务。

第七十五条　在重整期间，对债务人的特定财产享有的担保权暂停行使。但是，担保物有损坏或者价值明显减少的可能，足以危害担保权人权利的，担保权人可以向人民法院请求恢复行使担保权。

在重整期间，债务人或者管理人为继续营业而借款的，可以为该借款设定担保。

第七十六条　债务人合法占有的他人财产，该财产的权利人在重整期间要求取回的，应当符合事先约定的条件。

第七十七条　在重整期间，债务人的出资人不得请求投资收益分配。

在重整期间，债务人的董事、监事、高级管理人员不得向第三人转让其持有的债务人的股权。但是，经人民法院同意的除外。

第七十八条　在重整期间，有下列情形之一的，经管理人或者利害关系人请求，人民法院应当裁定终止重整程序，并宣告债务人破产：

（一）债务人的经营状况和财产状况继续恶化，缺乏挽救的可能性；

（二）债务人有欺诈、恶意减少债务人财产或者其他显著不利于债权人的行为；

（三）由于债务人的行为致使管理人无法执行职务。

第二节　重整计划的制订和批准

第七十九条　债务人或者管理人应当自人民法院裁定债务人重整之日起六个月内，同时向人民法院和债权人会议提交重整计划草案。

前款规定的期限届满，经债务人或者管理人请求，有正当理由的，人民法院可以裁定延期三个月。

债务人或者管理人未按期提出重整计划草案的，人民法院应当裁定终止重整程序，并宣告债务人破产。

第八十条　债务人自行管理财产和营业事务的，由债务人制作重整计划草案。

管理人负责管理财产和营业事务的，由管理人制作重整计划草案。

第八十一条　重整计划草案应当包括下列内容：

（一）债务人的经营方案；

（二）债权分类；

（三）债权调整方案；

（四）债权受偿方案；

（五）重整计划的执行期限；

（六）重整计划执行的监督期限；

（七）有利于债务人重整的其他方案。

第八十二条　下列各类债权的债权人参加讨论重整计划草案的债权人会议，依照下列债权分类，分组对重整计划草案进行表决：

（一）对债务人的特定财产享有担保权的债权；

（二）债务人所欠职工的工资和医疗、伤残补助、抚恤费用，所欠的应当划入职工个人账户的基本养老保险、基本医疗保险费用，以及法律、行政法规规定应当支付给职工的补偿金；

（三）债务人所欠税款；

（四）普通债权。

人民法院在必要时可以决定在普通债权组中设小额债权组对重整计划草案进行表决。

第八十三条　重整计划不得规定减免债务人欠缴的本法第八十二条第一款第二项规定以外的社会保险费用；该项费用的债权人不参加重整计划草案的

表决。

第八十四条 人民法院应当自收到重整计划草案之日起三十日内召开债权人会议，对重整计划草案进行表决。

出席会议的同一表决组的债权人过半数同意重整计划草案，并且其所代表的债权额占该组债权总额的三分之二以上的，即为该组通过重整计划草案。

债务人或者管理人应当向债权人会议就重整计划草案作出说明，并回答询问。

第八十五条 债务人的出资人代表可以列席讨论重整计划草案的债权人会议。

重整计划草案涉及出资人权益调整事项的，应当设出资人组，对该事项进行表决。

第八十六条 各表决组均通过重整计划草案时，重整计划即为通过。

自重整计划通过之日起十日内，债务人或者管理人应当向人民法院提出批准重整计划的申请。人民法院经审查认为符合本法规定的，应当自收到申请之日起三十日内裁定批准，终止重整程序，并予以公告。

第八十七条 部分表决组未通过重整计划草案的，债务人或者管理人可以同未通过重整计划草案的表决组协商。该表决组可以在协商后再表决一次。双方协商的结果不得损害其他表决组的利益。

未通过重整计划草案的表决组拒绝再次表决或者再次表决仍未通过重整计划草案，但重整计划草案符合下列条件的，债务人或者管理人可以申请人民法院批准重整计划草案：

（一）按照重整计划草案，本法第八十二条第一款第一项所列债权就该特定财产将获得全额清偿，其因延期清偿所受的损失将得到公平补偿，并且其担保权未受到实质性损害，或者该表决组已经通过重整计划草案；

（二）按照重整计划草案，本法第八十二条第一款第二项、第三项所列债权将获得全额清偿，或者相应表决组已经通过重整计划草案；

（三）按照重整计划草案，普通债权所获得的清偿比例，不低于其在重整计划草案被提请批准时依照破产清算程序所能获得的清偿比例，或者该表决组已经通过重整计划草案；

（四）重整计划草案对出资人权益的调整公平、公正，或者出资人组已经通过重整计划草案；

（五）重整计划草案公平对待同一表决组的成员，并且所规定的债权清偿顺序不违反本法第一百一十三条的规定；

（六）债务人的经营方案具有可行性。

人民法院经审查认为重整计划草案符合前款规定的，应当自收到申请之日起三十日内裁定批准，终止重整程序，并予以公告。

第八十八条 重整计划草案未获得通过且未依照本法第八十七条的规定获得批准，或者已通过的重整计划未获得批准的，人民法院应当裁定终止重整程序，并宣告债务人破产。

第三节 重整计划的执行

第八十九条 重整计划由债务人负责执行。

人民法院裁定批准重整计划后，已接管财产和营业事务的管理人应当向债务人移交财产和营业事务。

第九十条 自人民法院裁定批准重整计划之日起，在重整计划规定的监督期内，由管理人监督重整计划的执行。

在监督期内，债务人应当向管理人报告重整计划执行情况和债务人财务状况。

第九十一条 监督期届满时，管理人应当向人民法院提交监督报告。自监督报告提交之日起，管理人的监督职责终止。

管理人向人民法院提交的监督报告，重整计划的利害关系人有权查阅。

经管理人申请，人民法院可以裁定延长重整计划执行的监督期限。

第九十二条 经人民法院裁定批准的重整计划，对债务人和全体债权人均有约束力。

债权人未依照本法规定申报债权的，在重整计划执行期间不得行使权利；在重整计划执行完毕后，可以按照重整计划规定的同类债权的清偿条件行使权利。

债权人对债务人的保证人和其他连带债务人所享有的权利，不受重整计划的影响。

第九十三条 债务人不能执行或者不执行重整计划的，人民法院经管理人或者利害关系人请求，应当裁定终止重整计划的执行，并宣告债务人破产。

人民法院裁定终止重整计划执行的，债权人在重整计划中作出的债权调整的承诺失去效力。债权人因执行重整计划所受的清偿仍然有效，债权未受清偿的部分作为破产债权。

前款规定的债权人，只有在其他同顺位债权人同自己所受的清偿达到同一比例时，才能继续接受分配。

有本条第一款规定情形的,为重整计划的执行提供的担保继续有效。

第九十四条 按照重整计划减免的债务,自重整计划执行完毕时起,债务人不再承担清偿责任。

第九章 和　　解

第九十五条 债务人可以依照本法规定,直接向人民法院申请和解;也可以在人民法院受理破产申请后、宣告债务人破产前,向人民法院申请和解。

债务人申请和解,应当提出和解协议草案。

第九十六条 人民法院经审查认为和解申请符合本法规定的,应当裁定和解,予以公告,并召集债权人会议讨论和解协议草案。

对债务人的特定财产享有担保权的权利人,自人民法院裁定和解之日起可以行使权利。

第九十七条 债权人会议通过和解协议的决议,由出席会议的有表决权的债权人过半数同意,并且其所代表的债权额占无财产担保债权总额的三分之二以上。

第九十八条 债权人会议通过和解协议的,由人民法院裁定认可,终止和解程序,并予以公告。管理人应当向债务人移交财产和营业事务,并向人民法院提交执行职务的报告。

第九十九条 和解协议草案经债权人会议表决未获得通过,或者已经债权人会议通过的和解协议未获得人民法院认可的,人民法院应当裁定终止和解程序,并宣告债务人破产。

第一百条 经人民法院裁定认可的和解协议,对债务人和全体和解债权人均有约束力。

和解债权人是指人民法院受理破产申请时对债务人享有无财产担保债权的人。

和解债权人未依照本法规定申报债权的,在和解协议执行期间不得行使权利;在和解协议执行完毕后,可以按照和解协议规定的清偿条件行使权利。

第一百零一条 和解债权人对债务人的保证人和其他连带债务人所享有的权利,不受和解协议的影响。

第一百零二条 债务人应当按照和解协议规定的条件清偿债务。

第一百零三条 因债务人的欺诈或者其他违法行为而成立的和解协议,人民法院应当裁定无效,并宣告债务人破产。

有前款规定情形的,和解债权人因执行和解协议所受的清偿,在其他债权人所受清偿同等比例的范围内，不予返还。

第一百零四条 债务人不能执行或者不执行和解协议的，人民法院经和解债权人请求，应当裁定终止和解协议的执行，并宣告债务人破产。

人民法院裁定终止和解协议执行的，和解债权人在和解协议中作出的债权调整的承诺失去效力。和解债权人因执行和解协议所受的清偿仍然有效，和解债权未受清偿的部分作为破产债权。

前款规定的债权人，只有在其他债权人同自己所受的清偿达到同一比例时，才能继续接受分配。

有本条第一款规定情形的，为和解协议的执行提供的担保继续有效。

第一百零五条 人民法院受理破产申请后，债务人与全体债权人就债权债务的处理自行达成协议的，可以请求人民法院裁定认可，并终结破产程序。

第一百零六条 按照和解协议减免的债务，自和解协议执行完毕时起，债务人不再承担清偿责任。

第十章 破产清算

第一节 破产宣告

第一百零七条 人民法院依照本法规定宣告债务人破产的，应当自裁定作出之日起五日内送达债务人和管理人，自裁定作出之日起十日内通知已知债权人，并予以公告。

债务人被宣告破产后，债务人称为破产人，债务人财产称为破产财产，人民法院受理破产申请时对债务人享有的债权称为破产债权。

第一百零八条 破产宣告前，有下列情形之一的，人民法院应当裁定终结破产程序，并予以公告：

（一）第三人为债务人提供足额担保或者为债务人清偿全部到期债务的；

（二）债务人已清偿全部到期债务的。

第一百零九条 对破产人的特定财产享有担保权的权利人，对该特定财产享有优先受偿的权利。

第一百一十条 享有本法第一百零九条规定权利的债权人行使优先受偿权利未能完全受偿的，其未受偿的债权作为普通债权；放弃优先受偿权利的，其债权作为普通债权。

第二节 变价和分配

第一百一十一条 管理人应当及时拟订破产财产变价方案，提交债权人会议讨论。

管理人应当按照债权人会议通过的或者人民法院依照本法第六十五条第一款规定裁定的破产财产变价方案，适时变价出售破产财产。

第一百一十二条　变价出售破产财产应当通过拍卖进行。但是，债权人会议另有决议的除外。

破产企业可以全部或者部分变价出售。企业变价出售时，可以将其中的无形资产和其他财产单独变价出售。

按照国家规定不能拍卖或者限制转让的财产，应当按照国家规定的方式处理。

第一百一十三条　破产财产在优先清偿破产费用和共益债务后，依照下列顺序清偿：

（一）破产人所欠职工的工资和医疗、伤残补助、抚恤费用，所欠的应当划入职工个人账户的基本养老保险、基本医疗保险费用，以及法律、行政法规规定应当支付给职工的补偿金；

（二）破产人欠缴的除前项规定以外的社会保险费用和破产人所欠税款；

（三）普通破产债权。

破产财产不足以清偿同一顺序的清偿要求的，按照比例分配。

破产企业的董事、监事和高级管理人员的工资按照该企业职工的平均工资计算。

第一百一十四条　破产财产的分配应当以货币分配方式进行。但是，债权人会议另有决议的除外。

第一百一十五条　管理人应当及时拟订破产财产分配方案，提交债权人会议讨论。

破产财产分配方案应当载明下列事项：

（一）参加破产财产分配的债权人名称或者姓名、住所；

（二）参加破产财产分配的债权额；

（三）可供分配的破产财产数额；

（四）破产财产分配的顺序、比例及数额；

（五）实施破产财产分配的方法。

债权人会议通过破产财产分配方案后，由管理人将该方案提请人民法院裁定认可。

第一百一十六条　破产财产分配方案经人民法院裁定认可后，由管理人执行。

管理人按照破产财产分配方案实施多次分配的，应当公告本次分配的财产额和债权额。管理人实施最后分配的，应当在公告中指明，并载明本法第一百一十七条第二款规定的事项。

第一百一十七条　对于附生效条件或者解除条件的债权，管理人应当将其分配额提存。

管理人依照前款规定提存的分配额，在最后分配公告日，生效条件未成就或者解除条件成就的，应当分配给其他债权人；在最后分配公告日，生效条件成就或者解除条件未成就的，应当交付给债权人。

第一百一十八条　债权人未受领的破产财产分配额，管理人应当提存。债权人自最后分配公告之日起满二个月仍不领取的，视为放弃受领分配的权利，管理人或者人民法院应当将提存的分配额分配给其他债权人。

第一百一十九条　破产财产分配时，对于诉讼或者仲裁未决的债权，管理人应当将其分配额提存。自破产程序终结之日起满两年仍不能受领分配的，人民法院应当将提存的分配额分配给其他债权人。

第三节　破产程序的终结

第一百二十条　破产人无财产可供分配的，管理人应当请求人民法院裁定终结破产程序。

管理人在最后分配完结后，应当及时向人民法院提交破产财产分配报告，并提请人民法院裁定终结破产程序。

人民法院应当自收到管理人终结破产程序的请求之日起十五日内作出是否终结破产程序的裁定。裁定终结的，应当予以公告。

第一百二十一条　管理人应当自破产程序终结之日起十日内，持人民法院终结破产程序的裁定，向破产人的原登记机关办理注销登记。

第一百二十二条　管理人于办理注销登记完毕的次日终止执行职务。但是，存在诉讼或者仲裁未决情况的除外。

第一百二十三条　自破产程序依照本法第四十三条第四款或者第一百二十条的规定终结之日起二年内，有下列情形之一的，债权人可以请求人民法院按照破产财产分配方案进行追加分配：

（一）发现有依照本法第三十一条、第三十二条、第三十三条、第三十六条规定应当追回的财产的；

（二）发现破产人有应当供分配的其他财产的。

有前款规定情形，但财产数量不足以支付分配费用的，不再进行追加分配，由人民法院将其上交国库。

第一百二十四条 破产人的保证人和其他连带债务人，在破产程序终结后，对债权人依照破产清算程序未受清偿的债权，依法继续承担清偿责任。

第十一章　法律责任

第一百二十五条 企业董事、监事或者高级管理人员违反忠实义务、勤勉义务，致使所在企业破产的，依法承担民事责任。

有前款规定情形的人员，自破产程序终结之日起三年内不得担任任何企业的董事、监事、高级管理人员。

第一百二十六条 有义务列席债权人会议的债务人的有关人员，经人民法院传唤，无正当理由拒不列席债权人会议的，人民法院可以拘传，并依法处以罚款。债务人的有关人员违反本法规定，拒不陈述、回答，或者作虚假陈述、回答的，人民法院可以依法处以罚款。

第一百二十七条 债务人违反本法规定，拒不向人民法院提交或者提交不真实的财产状况说明、债务清册、债权清册、有关财务会计报告以及职工工资的支付情况和社会保险费用的缴纳情况的，人民法院可以对直接责任人员依法处以罚款。

债务人违反本法规定，拒不向管理人移交财产、印章和账簿、文书等资料的，或者伪造、销毁有关财产证据材料而使财产状况不明的，人民法院可以对直接责任人员依法处以罚款。

第一百二十八条 债务人有本法第三十一条、第三十二条、第三十三条规定的行为，损害债权人利益的，债务人的法定代表人和其他直接责任人员依法承担赔偿责任。

第一百二十九条 债务人的有关人员违反本法规定，擅自离开住所地的，人民法院可以予以训诫、拘留，可以依法并处罚款。

第一百三十条 管理人未依照本法规定勤勉尽责，忠实执行职务的，人民法院可以依法处以罚款；给债权人、债务人或者第三人造成损失的，依法承担赔偿责任。

第一百三十一条 违反本法规定，构成犯罪的，依法追究刑事责任。

第十二章　附　　则

第一百三十二条 本法施行后，破产人在本法公布之日前所欠职工的工资和医疗、伤残补助、抚恤费用，所欠的应当划入职工个人账户的基本养老保险、基本医疗保险费用，以及法律、行政法规规定应当支付给职工的补偿金，依照本法第一百一十三条的规定清偿后不足以清偿的部分，以本法第一百零九条规定的特定财产优先于对该特定财产享有担保权的权利人受偿。

第一百三十三条 在本法施行前国务院规定的期限和范围内的国有企业实施破产的特殊事宜，按照国务院有关规定办理。

第一百三十四条 商业银行、证券公司、保险公司等金融机构有本法第二条规定情形的，国务院金融监督管理机构可以向人民法院提出对该金融机构进行重整或者破产清算的申请。国务院金融监督管理机构依法对出现重大经营风险的金融机构采取接管、托管等措施的，可以向人民法院申请中止以该金融机构为被告或者被执行人的民事诉讼程序或者执行程序。

金融机构实施破产的，国务院可以依据本法和其他有关法律的规定制定实施办法。

第一百三十五条 其他法律规定企业法人以外的组织的清算，属于破产清算的，参照适用本法规定的程序。

第一百三十六条 本法自2007年6月1日起施行，《中华人民共和国企业破产法（试行）》同时废止。

最高人民法院关于适用《中华人民共和国企业破产法》若干问题的规定（一）

（2011年8月29日最高人民法院审判委员会第1527次会议通过　自2011年9月26日起施行）

为正确适用《中华人民共和国企业破产法》，结合审判实践，就人民法院依法受理企业破产案件适用法律问题作出如下规定。

第一条　债务人不能清偿到期债务并且具有下列情形之一的，人民法院应当认定其具备破产原因：

（一）资产不足以清偿全部债务；

（二）明显缺乏清偿能力。

相关当事人以对债务人的债务负有连带责任的人未丧失清偿能力为由，主张债务人不具备破产原因的，人民法院应不予支持。

第二条　下列情形同时存在的，人民法院应当认定债务人不能清偿到期债务：

（一）债权债务关系依法成立；

（二）债务履行期限已经届满；

（三）债务人未完全清偿债务。

第三条　债务人的资产负债表，或者审计报告、资产评估报告等显示其全部资产不足以偿付全部负债的，人民法院应当认定债务人资产不足以清偿全部债务，但有相反证据足以证明债务人资产能够偿付全部负债的除外。

第四条　债务人账面资产虽大于负债，但存在下列情形之一的，人民法院应当认定其明显缺乏清偿能力：

（一）因资金严重不足或者财产不能变现等原因，无法清偿债务；

（二）法定代表人下落不明且无其他人员负责管理财产，无法清偿债务；

（三）经人民法院强制执行，无法清偿债务；

（四）长期亏损且经营扭亏困难，无法清偿债务；

（五）导致债务人丧失清偿能力的其他情形。

第五条　企业法人已解散但未清算或者未在合理期限内清算完毕，债权人申请债务人破产清算的，除债务人在法定异议期限内举证证明其未出现破产原因外，人民法院应当受理。

第六条 债权人申请债务人破产的，应当提交债务人不能清偿到期债务的有关证据。债务人对债权人的申请未在法定期限内向人民法院提出异议，或者异议不成立的，人民法院应当依法裁定受理破产申请。

受理破产申请后，人民法院应当责令债务人依法提交其财产状况说明、债务清册、债权清册、财务会计报告等有关材料，债务人拒不提交的，人民法院可以对债务人的直接责任人员采取罚款等强制措施。

第七条 人民法院收到破产申请时，应当向申请人出具收到申请及所附证据的书面凭证。

人民法院收到破产申请后应当及时对申请人的主体资格、债务人的主体资格和破产原因，以及有关材料和证据等进行审查，并依据企业破产法第十条的规定作出是否受理的裁定。

人民法院认为申请人应当补充、补正相关材料的，应当自收到破产申请之日起五日内告知申请人。当事人补充、补正相关材料的期间不计入企业破产法第十条规定的期限。

第八条 破产案件的诉讼费用，应根据企业破产法第四十三条的规定，从债务人财产中拨付。相关当事人以申请人未预先缴纳诉讼费用为由，对破产申请提出异议的，人民法院不予支持。

第九条 申请人向人民法院提出破产申请，人民法院未接收其申请，或者未按本规定第七条执行的，申请人可以向上一级人民法院提出破产申请。

上一级人民法院接到破产申请后，应当责令下级法院依法审查并及时作出是否受理的裁定；下级法院仍不作出是否受理裁定的，上一级人民法院可以径行作出裁定。

上一级人民法院裁定受理破产申请的，可以同时指令下级人民法院审理该案件。

最高人民法院关于适用《中华人民共和国企业破产法》若干问题的规定（二）

（2013年7月29日最高人民法院审判委员会第1586次会议通过）

根据《中华人民共和国企业破产法》《中华人民共和国物权法》《中华人民共和国合同法》等相关法律，结合审判实践，就人民法院审理企业破产案件中认定债务人财产相关的法律适用问题，制定本规定。

第一条 除债务人所有的货币、实物外，债务人依法享有的可以用货币估价并可以依法转让的债权、股权、知识产权、用益物权等财产和财产权益，人民法院均应认定为债务人财产。

第二条 下列财产不应认定为债务人财产：

（一）债务人基于仓储、保管、承揽、代销、借用、寄存、租赁等合同或者其他法律关系占有、使用的他人财产；

（二）债务人在所有权保留买卖中尚未取得所有权的财产；

（三）所有权专属于国家且不得转让的财产；

（四）其他依照法律、行政法规不属于债务人的财产。

第三条 债务人已依法设定担保物权的特定财产，人民法院应当认定为债务人财产。

对债务人的特定财产在担保物权消灭或者实现担保物权后的剩余部分，在破产程序中可用以清偿破产费用、共益债务和其他破产债权。

第四条 债务人对按份享有所有权的共有财产的相关份额，或者共同享有所有权的共有财产的相应财产权利，以及依法分割共有财产所得部分，人民法院均应认定为债务人财产。

人民法院宣告债务人破产清算，属于共有财产分割的法定事由。人民法院裁定债务人重整或者和解的，共有财产的分割应当依据物权法第九十九条的规定进行；基于重整或者和解的需要必须分割共有财产，管理人请求分割的，人民法院应予准许。

因分割共有财产导致其他共有人损害产生的债务，其他共有人请求作为共益债务清偿的，人民法院应予支持。

第五条 破产申请受理后,有关债务人财产的执行程序未依照企业破产法第十九条的规定中止的,采取执行措施的相关单位应当依法予以纠正。依法执行回转的财产,人民法院应当认定为债务人财产。

第六条 破产申请受理后,对于可能因有关利益相关人的行为或者其他原因,影响破产程序依法进行的,受理破产申请的人民法院可以根据管理人的申请或者依职权,对债务人的全部或者部分财产采取保全措施。

第七条 对债务人财产已采取保全措施的相关单位,在知悉人民法院已裁定受理有关债务人的破产申请后,应当依照企业破产法第十九条的规定及时解除对债务人财产的保全措施。

第八条 人民法院受理破产申请后至破产宣告前裁定驳回破产申请,或者依据企业破产法第一百零八条的规定裁定终结破产程序的,应当及时通知原已采取保全措施并已依法解除保全措施的单位按照原保全顺位恢复相关保全措施。

在已依法解除保全的单位恢复保全措施或者表示不再恢复之前,受理破产申请的人民法院不得解除对债务人财产的保全措施。

第九条 管理人依据企业破产法第三十一条和第三十二条的规定提起诉讼,请求撤销涉及债务人财产的相关行为并由相对人返还债务人财产的,人民法院应予支持。

管理人因过错未依法行使撤销权导致债务人财产不当减损,债权人提起诉讼主张管理人对其损失承担相应赔偿责任的,人民法院应予支持。

第十条 债务人经过行政清理程序转入破产程序的,企业破产法第三十一条和第三十二条规定的可撤销行为的起算点,为行政监管机构作出撤销决定之日。

债务人经过强制清算程序转入破产程序的,企业破产法第三十一条和第三十二条规定的可撤销行为的起算点,为人民法院裁定受理强制清算申请之日。

第十一条 人民法院根据管理人的请求撤销涉及债务人财产的以明显不合理价格进行的交易的,买卖双方应当依法返还从对方获取的财产或者价款。

因撤销该交易,对于债务人应返还受让人已支付价款所产生的债务,受让人请求作为共益债务清偿的,人民法院应予支持。

第十二条 破产申请受理前一年内债务人提前清偿的未到期债务,在破产申请受理前已经到期,管理人请求撤销该清偿行为的,人民法院不予支持。但是,该清偿行为发生在破产申请受理前六个月内且债务人有企业破产法第二条第一款规定情形的除外。

第十三条 破产申请受理后,管理人未依据企业破产法第三十一条的规定请求撤销债务人无偿转让财产、以明显不合理价格交易、放弃债权行为的，债权人依据合同法第七十四条等规定提起诉讼，请求撤销债务人上述行为并将因此追回的财产归入债务人财产的，人民法院应予受理。

相对人以债权人行使撤销权的范围超出债权人的债权抗辩的，人民法院不予支持。

第十四条 债务人对以自有财产设定担保物权的债权进行的个别清偿，管理人依据企业破产法第三十二条的规定请求撤销的，人民法院不予支持。但是，债务清偿时担保财产的价值低于债权额的除外。

第十五条 债务人经诉讼、仲裁、执行程序对债权人进行的个别清偿，管理人依据企业破产法第三十二条的规定请求撤销的，人民法院不予支持。但是，债务人与债权人恶意串通损害其他债权人利益的除外。

第十六条 债务人对债权人进行的以下个别清偿，管理人依据企业破产法第三十二条的规定请求撤销的，人民法院不予支持：

（一）债务人为维系基本生产需要而支付水费、电费等的；

（二）债务人支付劳动报酬、人身损害赔偿金的；

（三）使债务人财产受益的其他个别清偿。

第十七条 管理人依据企业破产法第三十三条的规定提起诉讼，主张被隐匿、转移财产的实际占有人返还债务人财产，或者主张债务人虚构债务或者承认不真实债务的行为无效并返还债务人财产的，人民法院应予支持。

第十八条 管理人代表债务人依据企业破产法第一百二十八条的规定，以债务人的法定代表人和其他直接责任人员对所涉债务人财产的相关行为存在故意或者重大过失，造成债务人财产损失为由提起诉讼，主张上述责任人员承担相应赔偿责任的，人民法院应予支持。

第十九条 债务人对外享有债权的诉讼时效，自人民法院受理破产申请之日起中断。

债务人无正当理由未对其到期债权及时行使权利，导致其对外债权在破产申请受理前一年内超过诉讼时效期间的，人民法院受理破产申请之日起重新计算上述债权的诉讼时效期间。

第二十条 管理人代表债务人提起诉讼，主张出资人向债务人依法交付未履行的出资或者返还抽逃的出资本息，出资人以认缴出资尚未届至公司章程规定的缴纳期限或者违反出资义务已经超过诉讼时效为由抗辩的，人民法院不予支持。

管理人依据公司法的相关规定代表债务人提起诉讼，主张公司的发起人和负有监督股东履行出资义务的董事、高级管理人员，或者协助抽逃出资的其他股东、董事、高级管理人员、实际控制人等，对股东违反出资义务或者抽逃出资承担相应责任，并将财产归入债务人财产的，人民法院应予支持。

第二十一条 破产申请受理前，债权人就债务人财产提起下列诉讼，破产申请受理时案件尚未审结的，人民法院应当中止审理：

（一）主张次债务人代替债务人直接向其偿还债务的；

（二）主张债务人的出资人、发起人和负有监督股东履行出资义务的董事、高级管理人员，或者协助抽逃出资的其他股东、董事、高级管理人员、实际控制人等直接向其承担出资不实或者抽逃出资责任的；

（三）以债务人的股东与债务人法人人格严重混同为由，主张债务人的股东直接向其偿还债务人对其所负债务的；

（四）其他就债务人财产提起的个别清偿诉讼。

债务人破产宣告后，人民法院应当依照企业破产法第四十四条的规定判决驳回债权人的诉讼请求。但是，债权人一审中变更其诉讼请求为追收的相关财产归入债务人财产的除外。

债务人破产宣告前，人民法院依据企业破产法第十二条或者第一百零八条的规定裁定驳回破产申请或者终结破产程序的，上述中止审理的案件应当依法恢复审理。

第二十二条 破产申请受理前，债权人就债务人财产向人民法院提起本规定第二十一条第一款所列诉讼，人民法院已经作出生效民事判决书或者调解书但尚未执行完毕的，破产申请受理后，相关执行行为应当依据企业破产法第十九条的规定中止，债权人应当依法向管理人申报相关债权。

第二十三条 破产申请受理后，债权人就债务人财产向人民法院提起本规定第二十一条第一款所列诉讼的，人民法院不予受理。

债权人通过债权人会议或者债权人委员会，要求管理人依法向次债务人、债务人的出资人等追收债务人财产，管理人无正当理由拒绝追收，债权人会议依据企业破产法第二十二条的规定，申请人民法院更换管理人的，人民法院应予支持。

管理人不予追收，个别债权人代表全体债权人提起相关诉讼，主张次债务人或者债务人的出资人等向债务人清偿或者返还债务人财产，或者依法申请合并破产的，人民法院应予受理。

第二十四条 债务人有企业破产法第二条第一款规定的情形时，债务人的董事、监事和高级管理人员利用职权获取的以下收入，人民法院应当认定为企

业破产法第三十六条规定的非正常收入:
（一）绩效奖金;
（二）普遍拖欠职工工资情况下获取的工资性收入;
（三）其他非正常收入。

债务人的董事、监事和高级管理人员拒不向管理人返还上述债务人财产,管理人主张上述人员予以返还的,人民法院应予支持。

债务人的董事、监事和高级管理人员因返还第一款第（一）项、第（三）项非正常收入形成的债权,可以作为普通破产债权清偿。因返还第一款第（二）项非正常收入形成的债权,依据企业破产法第一百一十三条第三款的规定,按照该企业职工平均工资计算的部分作为拖欠职工工资清偿;高出该企业职工平均工资计算的部分,可以作为普通破产债权清偿。

第二十五条 管理人拟通过清偿债务或者提供担保取回质物、留置物,或者与质权人、留置权人协议以质物、留置物折价清偿债务等方式,进行对债权人利益有重大影响的财产处分行为的,应当及时报告债权人委员会。未设立债权人委员会的,管理人应当及时报告人民法院。

第二十六条 权利人依据企业破产法第三十八条的规定行使取回权,应当在破产财产变价方案或者和解协议、重整计划草案提交债权人会议表决前向管理人提出。权利人在上述期限后主张取回相关财产的,应当承担延迟行使取回权增加的相关费用。

第二十七条 权利人依据企业破产法第三十八条的规定向管理人主张取回相关财产,管理人不予认可,权利人以债务人为被告向人民法院提起诉讼请求行使取回权的,人民法院应予受理。

权利人依据人民法院或者仲裁机关的相关生效法律文书向管理人主张取回所涉争议财产,管理人以生效法律文书错误为由拒绝其行使取回权的,人民法院不予支持。

第二十八条 权利人行使取回权时未依法向管理人支付相关的加工费、保管费、托运费、委托费、代销费等费用,管理人拒绝其取回相关财产的,人民法院应予支持。

第二十九条 对债务人占有的权属不清的鲜活易腐等不易保管的财产或者不及时变现价值将严重贬损的财产,管理人及时变价并提存变价款后,有关权利人就该变价款行使取回权的,人民法院应予支持。

第三十条 债务人占有的他人财产被违法转让给第三人,依据物权法第一百零六条的规定第三人已善意取得财产所有权,原权利人无法取回该财产的,人民法院应当按照以下规定处理：

（一）转让行为发生在破产申请受理前的，原权利人因财产损失形成的债权，作为普通破产债权清偿；

（二）转让行为发生在破产申请受理后的，因管理人或者相关人员执行职务导致原权利人损害产生的债务，作为共益债务清偿。

第三十一条 债务人占有的他人财产被违法转让给第三人，第三人已向债务人支付了转让价款，但依据物权法第一百零六条的规定未取得财产所有权，原权利人依法追回转让财产的，对因第三人已支付对价而产生的债务，人民法院应当按照以下规定处理：

（一）转让行为发生在破产申请受理前的，作为普通破产债权清偿；

（二）转让行为发生在破产申请受理后的，作为共益债务清偿。

第三十二条 债务人占有的他人财产毁损、灭失，因此获得的保险金、赔偿金、代偿物尚未交付给债务人，或者代偿物虽已交付给债务人但能与债务人财产予以区分的，权利人主张取回就此获得的保险金、赔偿金、代偿物的，人民法院应予支持。

保险金、赔偿金已经交付给债务人，或者代偿物已经交付给债务人且不能与债务人财产予以区分的，人民法院应当按照以下规定处理：

（一）财产毁损、灭失发生在破产申请受理前的，权利人因财产损失形成的债权，作为普通破产债权清偿；

（二）财产毁损、灭失发生在破产申请受理后的，因管理人或者相关人员执行职务导致权利人损害产生的债务，作为共益债务清偿。

债务人占有的他人财产毁损、灭失，没有获得相应的保险金、赔偿金、代偿物，或者保险金、赔偿物、代偿物不足以弥补其损失的部分，人民法院应当按照本条第二款的规定处理。

第三十三条 管理人或者相关人员在执行职务过程中，因故意或者重大过失不当转让他人财产或者造成他人财产毁损、灭失，导致他人损害产生的债务作为共益债务，由债务人财产随时清偿不足弥补损失，权利人向管理人或者相关人员主张承担补充赔偿责任的，人民法院应予支持。

上述债务作为共益债务由债务人财产随时清偿后，债权人以管理人或者相关人员执行职务不当导致债务人财产减少给其造成损失为由提起诉讼，主张管理人或者相关人员承担相应赔偿责任的，人民法院应予支持。

第三十四条 买卖合同双方当事人在合同中约定标的物所有权保留，在标的物所有权未依法转移给买受人前，一方当事人破产的，该买卖合同属于双方均未履行完毕的合同，管理人有权依据企业破产法第十八条的规定决定解除或者继续履行合同。

第三十五条 出卖人破产，其管理人决定继续履行所有权保留买卖合同的，买受人应当按照原买卖合同的约定支付价款或者履行其他义务。

买受人未依约支付价款或者履行完毕其他义务，或者将标的物出卖、出质或者作出其他不当处分，给出卖人造成损害，出卖人管理人依法主张取回标的物的，人民法院应予支持。但是，买受人已经支付标的物总价款百分之七十五以上或者第三人善意取得标的物所有权或者其他物权的除外。

因本条第二款规定未能取回标的物，出卖人管理人依法主张买受人继续支付价款、履行完毕其他义务，以及承担相应赔偿责任的，人民法院应予支持。

第三十六条 出卖人破产，其管理人决定解除所有权保留买卖合同，并依据企业破产法第十七条的规定要求买受人向其交付买卖标的物的，人民法院应予支持。

买受人以其不存在未依约支付价款或者履行完毕其他义务，或者将标的物出卖、出质或者作出其他不当处分情形抗辩的，人民法院不予支持。

买受人依法履行合同义务并依据本条第一款将买卖标的物交付出卖人管理人后，买受人已支付价款损失形成的债权作为共益债务清偿。但是，买受人违反合同约定，出卖人管理人主张上述债权作为普通破产债权清偿的，人民法院应予支持。

第三十七条 买受人破产，其管理人决定继续履行所有权保留买卖合同的，原买卖合同中约定的买受人支付价款或者履行其他义务的期限在破产申请受理时视为到期，买受人管理人应当及时向出卖人支付价款或者履行其他义务。

买受人管理人无正当理由未及时支付价款或者履行完毕其他义务，或者将标的物出卖、出质或者作出其他不当处分，给出卖人造成损害，出卖人依据合同法第一百三十四条等规定主张取回标的物的，人民法院应予支持。但是，买受人已支付标的物总价款百分之七十五以上或者第三人善意取得标的物所有权或者其他物权的除外。

因本条第二款规定未能取回标的物，出卖人依法主张买受人继续支付价款、履行完毕其他义务，以及承担相应赔偿责任的，人民法院应予支持。对因买受人未支付价款或者未履行完毕其他义务，以及买受人管理人将标的物出卖、出质或者作出其他不当处分导致出卖人损害产生的债务，出卖人主张作为共益债务清偿的，人民法院应予支持。

第三十八条 买受人破产，其管理人决定解除所有权保留买卖合同，出卖人依据企业破产法第三十八条的规定主张取回买卖标的物的，人民法院应予支持。

出卖人取回买卖标的物，买受人管理人主张出卖人返还已支付价款的，人民法院应予支持。取回的标的物价值明显减少给出卖人造成损失的，出卖人可从买受人已支付价款中优先予以抵扣后，将剩余部分返还给买受人；对买受人已支付价款不足以弥补出卖人标的物价值减损损失形成的债权，出卖人主张作为共益债务清偿的，人民法院应予支持。

第三十九条　出卖人依据企业破产法第三十九条的规定，通过通知承运人或者实际占有人中止运输、返还货物、变更到达地，或者将货物交给其他收货人等方式，对在运途中标的物主张了取回权但未能实现，或者在货物未达管理人前已向管理人主张取回在运途中标的物，在买卖标的物到达管理人后，出卖人向管理人主张取回的，管理人应予准许。

出卖人对在运途中标的物未及时行使取回权，在买卖标的物到达管理人后向管理人行使在运途中标的物取回权的，管理人不应准许。

第四十条　债务人重整期间，权利人要求取回债务人合法占有的权利人的财产，不符合双方事先约定条件的，人民法院不予支持。但是，因管理人或者自行管理的债务人违反约定，可能导致取回物被转让、毁损、灭失或者价值明显减少的除外。

第四十一条　债权人依据企业破产法第四十条的规定行使抵销权，应当向管理人提出抵销主张。

管理人不得主动抵销债务人与债权人的互负债务，但抵销使债务人财产受益的除外。

第四十二条　管理人收到债权人提出的主张债务抵销的通知后，经审查无异议的，抵销自管理人收到通知之日起生效。

管理人对抵销主张有异议的，应当在约定的异议期限内或者自收到主张债务抵销的通知之日起三个月内向人民法院提起诉讼。无正当理由逾期提起的，人民法院不予支持。

人民法院判决驳回管理人提起的抵销无效诉讼请求的，该抵销自管理人收到主张债务抵销的通知之日起生效。

第四十三条　债权人主张抵销，管理人以下列理由提出异议的，人民法院不予支持：

（一）破产申请受理时，债务人对债权人负有的债务尚未到期；

（二）破产申请受理时，债权人对债务人负有的债务尚未到期；

（三）双方互负债务标的物种类、品质不同。

第四十四条 破产申请受理前六个月内，债务人有企业破产法第二条第一款规定的情形，债务人与个别债权人以抵销方式对个别债权人清偿，其抵销的债权债务属于企业破产法第四十条第（二）、（三）项规定的情形之一，管理人在破产申请受理之日起三个月内向人民法院提起诉讼，主张该抵销无效的，人民法院应予支持。

第四十五条 企业破产法第四十条所列不得抵销情形的债权人，主张以其对债务人特定财产享有优先受偿权的债权，与债务人对其不享有优先受偿权的债权抵销，债务人管理人以抵销存在企业破产法第四十条规定的情形提出异议的，人民法院不予支持。但是，用以抵销的债权大于债权人享有优先受偿权财产价值的除外。

第四十六条 债务人的股东主张以下列债务与债务人对其负有的债务抵销，债务人管理人提出异议的，人民法院应予支持：

（一）债务人股东因欠缴债务人的出资或者抽逃出资对债务人所负的债务；

（二）债务人股东滥用股东权利或者关联关系损害公司利益对债务人所负的债务。

第四十七条 人民法院受理破产申请后，当事人提起的有关债务人的民事诉讼案件，应当依据企业破产法第二十一条的规定，由受理破产申请的人民法院管辖。

受理破产申请的人民法院管辖的有关债务人的第一审民事案件，可以依据民事诉讼法第三十八条的规定，由上级人民法院提审，或者报请上级人民法院批准后交下级人民法院审理。

受理破产申请的人民法院，如对有关债务人的海事纠纷、专利纠纷、证券市场因虚假陈述引发的民事赔偿纠纷等案件不能行使管辖权的，可以依据民事诉讼法第三十七条的规定，由上级人民法院指定管辖。

第四十八条 本规定施行前本院发布的有关企业破产的司法解释，与本规定相抵触的，自本规定施行之日起不再适用。

最高人民法院关于审理企业破产案件指定管理人的规定

(2007年4月4日由最高人民法院审判委员会第1422次会议通过，自2007年6月1日起施行)

目 录

一、管理人名册的编制
二、管理人的指定
三、管理人的更换

一、管理人名册的编制

第一条 人民法院审理企业破产案件应当指定管理人。除企业破产法和本规定另有规定外，管理人应当从管理人名册中指定。

第二条 高级人民法院应当根据本辖区律师事务所、会计师事务所、破产清算事务所等社会中介机构及专职从业人员数量和企业破产案件数量，确定由本院或者所辖中级人民法院编制管理人名册。

人民法院应当分别编制社会中介机构管理人名册和个人管理人名册。由直辖市以外的高级人民法院编制的管理人名册中，应当注明社会中介机构和个人所属中级人民法院辖区。

第三条 符合企业破产法规定条件的社会中介机构及其具备相关专业知识并取得执业资格的人员，均可申请编入管理人名册。已被编入机构管理人名册的社会中介机构中，具备相关专业知识并取得执业资格的人员，可以申请编入个人管理人名册。

第四条 社会中介机构及个人申请编入管理人名册的，应当向所在地区编制管理人名册的人民法院提出，由该人民法院予以审定。

人民法院不受理异地申请，但异地社会中介机构在本辖区内设立的分支机构提出申请的除外。

第五条 人民法院应当通过本辖区有影响的媒体就编制管理人名册的有关事项进行公告。公告应当包括以下内容：

（一）管理人申报条件；

（二）应当提交的材料；

（三）评定标准、程序；

（四）管理人的职责以及相应的法律责任；

（五）提交申报材料的截止时间；

（六）人民法院认为应当公告的其他事项。

第六条 律师事务所、会计师事务所申请编入管理人名册的，应当提供下列材料：

（一）执业证书、依法批准设立文件或者营业执照；

（二）章程；

（三）本单位专职从业人员名单及其执业资格证书复印件；

（四）业务和业绩材料；

（五）行业自律组织对所提供材料真实性以及有无被行政处罚或者纪律处分情况的证明；

（六）人民法院要求的其他材料。

第七条 破产清算事务所申请编入管理人名册的，应当提供以下材料：

（一）营业执照或者依法批准设立的文件；

（二）本单位专职从业人员的法律或者注册会计师资格证书，或者经营管理经历的证明材料；

（三）业务和业绩材料；

（四）能够独立承担民事责任的证明材料；

（五）行业自律组织对所提供材料真实性以及有无被行政处罚或者纪律处分情况的证明，或者申请人就上述情况所作的真实性声明；

（六）人民法院要求的其他材料。

第八条 个人申请编入管理人名册的，应当提供下列材料：

（一）律师或者注册会计师执业证书复印件以及执业年限证明；

（二）所在社会中介机构同意其担任管理人的函件；

（三）业务专长及相关业绩材料；

（四）执业责任保险证明；

（五）行业自律组织对所提供材料真实性以及有无被行政处罚或者纪律处分情况的证明；

（六）人民法院要求的其他材料。

第九条 社会中介机构及个人具有下列情形之一的，人民法院可以适用企业破产法第二十四条第三款第四项的规定：

（一）因执业、经营中故意或者重大过失行为，受到行政机关、监管机构或者行业自律组织行政处罚或者纪律处分之日起未逾三年；

（二）因涉嫌违法行为正被相关部门调查；

（三）因不适当履行职务或者拒绝接受人民法院指定等原因，被人民法院从管理人名册除名之日起未逾三年；

（四）缺乏担任管理人所应具备的专业能力；

（五）缺乏承担民事责任的能力；

（六）人民法院认为可能影响履行管理人职责的其他情形。

第十条 编制管理人名册的人民法院应当组成专门的评审委员会，决定编入管理人名册的社会中介机构和个人名单。评审委员会成员应不少于七人。

人民法院应当根据本辖区社会中介机构以及社会中介机构中个人的实际情况，结合其执业业绩、能力、专业水准、社会中介机构的规模、办理企业破产案件的经验等因素制定管理人评定标准，由评审委员会根据申报人的具体情况评定其综合分数。

人民法院根据评审委员会评审结果，确定管理人初审名册。

第十一条 人民法院应当将管理人初审名册通过本辖区有影响的媒体进行公示，公示期为十日。

对于针对编入初审名册的社会中介机构和个人提出的异议，人民法院应当进行审查。异议成立、申请人确不宜担任管理人的，人民法院应将该社会中介机构或者个人从管理人初审名册中删除。

第十二条 公示期满后，人民法院应审定管理人名册，并通过全国有影响的媒体公布，同时逐级报最高人民法院备案。

第十三条 人民法院可以根据本辖区的实际情况，分批确定编入管理人名册的社会中介机构及个人。

编制管理人名册的全部资料应当建立档案备查。

第十四条 人民法院可以根据企业破产案件受理情况、管理人履行职务以及管理人资格变化等因素，对管理人名册适时进行调整。新编入管理人名册的社会中介机构和个人应当按照本规定的程序办理。

人民法院发现社会中介机构或者个人有企业破产法第二十四条第三款规定情形的，应当将其从管理人名册中除名。

二、管理人的指定

第十五条 受理企业破产案件的人民法院指定管理人，一般应从本地管理人名册中指定。

对于商业银行、证券公司、保险公司等金融机构以及在全国范围内有重大影响、法律关系复杂、债务人财产分散的企业破产案件，人民法院可以从所在地区高级人民法院编制的管理人名册列明的其他地区管理人或者异地人民法院编制的管理人名册中指定管理人。

第十六条　受理企业破产案件的人民法院，一般应指定管理人名册中的社会中介机构担任管理人。

第十七条　对于事实清楚、债权债务关系简单、债务人财产相对集中的企业破产案件，人民法院可以指定管理人名册中的个人为管理人。

第十八条　企业破产案件有下列情形之一的，人民法院可以指定清算组为管理人：

（一）破产申请受理前，根据有关规定已经成立清算组，人民法院认为符合本规定第十九条的规定；

（二）审理企业破产法第一百三十三条规定的案件；

（三）有关法律规定企业破产时成立清算组；

（四）人民法院认为可以指定清算组为管理人的其他情形。

第十九条　清算组为管理人的，人民法院可以从政府有关部门、编入管理人名册的社会中介机构、金融资产管理公司中指定清算组成员，人民银行及金融监督管理机构可以按照有关法律和行政法规的规定派人参加清算组。

第二十条　人民法院一般应当按照管理人名册所列名单采取轮候、抽签、摇号等随机方式公开指定管理人。

第二十一条　对于商业银行、证券公司、保险公司等金融机构或者在全国范围有重大影响、法律关系复杂、债务人财产分散的企业破产案件，人民法院可以采取公告的方式，邀请编入各地人民法院管理人名册中的社会中介机构参与竞争，从参与竞争的社会中介机构中指定管理人。参与竞争的社会中介机构不得少于三家。

采取竞争方式指定管理人的，人民法院应当组成专门的评审委员会。

评审委员会应当结合案件的特点，综合考量社会中介机构的专业水准、经验、机构规模、初步报价等因素，从参与竞争的社会中介机构中择优指定管理人。被指定为管理人的社会中介机构应经评审委员会成员二分之一以上通过。

采取竞争方式指定管理人的，人民法院应当确定一至两名备选社会中介机构，作为需要更换管理人时的接替人选。

第二十二条　对于经过行政清理、清算的商业银行、证券公司、保险公司等金融机构的破产案件，人民法院除可以按照本规定第十八条第一项的规定指定管理人外，也可以在金融监督管理机构推荐的已编入管理人名册的社会中介机构中指定管理人。

第二十三条 社会中介机构、清算组成员有下列情形之一，可能影响其忠实履行管理人职责的，人民法院可以认定为企业破产法第二十四条第三款第三项规定的利害关系：

（一）与债务人、债权人有未了结的债权债务关系；

（二）在人民法院受理破产申请前三年内，曾为债务人提供相对固定的中介服务；

（三）现在是或者在人民法院受理破产申请前三年内曾经是债务人、债权人的控股股东或者实际控制人；

（四）现在担任或者在人民法院受理破产申请前三年内曾经担任债务人、债权人的财务顾问、法律顾问；

（五）人民法院认为可能影响其忠实履行管理人职责的其他情形。

第二十四条 清算组成员的派出人员、社会中介机构的派出人员、个人管理人有下列情形之一，可能影响其忠实履行管理人职责的，可以认定为企业破产法第二十四条第三款第三项规定的利害关系：

（一）具有本规定第二十三条规定情形的；

（二）现在担任或者在人民法院受理破产申请前三年内曾经担任债务人、债权人的董事、监事、高级管理人员；

（三）与债权人或者债务人的控股股东、董事、监事、高级管理人员存在夫妻、直系血亲、三代以内旁系血亲或者近姻亲关系；

（四）人民法院认为可能影响其公正履行管理人职责的其他情形。

第二十五条 在进入指定管理人程序后，社会中介机构或者个人发现与本案有利害关系的，应主动申请回避并向人民法院书面说明情况。人民法院认为社会中介机构或者个人与本案有利害关系的，不应指定该社会中介机构或者个人为本案管理人。

第二十六条 社会中介机构或者个人有重大债务纠纷或者因涉嫌违法行为正被相关部门调查的，人民法院不应指定该社会中介机构或者个人为本案管理人。

第二十七条 人民法院指定管理人应当制作决定书，并向被指定为管理人的社会中介机构或者个人、破产申请人、债务人、债务人的企业登记机关送达。决定书应与受理破产申请的民事裁定书一并公告。

第二十八条　管理人无正当理由，不得拒绝人民法院的指定。

管理人一经指定，不得以任何形式将管理人应当履行的职责全部或者部分转给其他社会中介机构或者个人。

第二十九条　管理人凭指定管理人决定书按照国家有关规定刻制管理人印章，并交人民法院封样备案后启用。

管理人印章只能用于所涉破产事务。管理人根据企业破产法第一百二十二条规定终止执行职务后，应当将管理人印章交公安机关销毁，并将销毁的证明送交人民法院。

第三十条　受理企业破产案件的人民法院应当将指定管理人过程中形成的材料存入企业破产案件卷宗，债权人会议或者债权人委员会有权查阅。

三、管理人的更换

第三十一条　债权人会议根据企业破产法第二十二条第二款的规定申请更换管理人的，应由债权人会议作出决议并向人民法院提出书面申请。

人民法院在收到债权人会议的申请后，应当通知管理人在两日内作出书面说明。

第三十二条　人民法院认为申请理由不成立的，应当自收到管理人书面说明之日起十日内作出驳回申请的决定。

人民法院认为申请更换管理人的理由成立的，应当自收到管理人书面说明之日起十日内作出更换管理人的决定。

第三十三条　社会中介机构管理人有下列情形之一的，人民法院可以根据债权人会议的申请或者依职权径行决定更换管理人：

（一）执业许可证或者营业执照被吊销或者注销；

（二）出现解散、破产事由或者丧失承担执业责任风险的能力；

（三）与本案有利害关系；

（四）履行职务时，因故意或者重大过失导致债权人利益受到损害；

（五）有本规定第二十六条规定的情形。

清算组成员参照适用前款规定。

第三十四条　个人管理人有下列情形之一的，人民法院可以根据债权人会议的申请或者依职权径行决定更换管理人：

（一）执业资格被取消、吊销；

（二）与本案有利害关系；

（三）履行职务时，因故意或者重大过失导致债权人利益受到损害；

（四）失踪、死亡或者丧失民事行为能力；

（五）因健康原因无法履行职务；

（六）执业责任保险失效；

（七）有本规定第二十六条规定的情形。

清算组成员的派出人员、社会中介机构的派出人员参照适用前款规定。

第三十五条 管理人无正当理由申请辞去职务的，人民法院不予许可。正当理由的认定，可参照适用本规定第三十三条、第三十四条规定的情形。

第三十六条 人民法院对管理人申请辞去职务未予许可，管理人仍坚持辞去职务并不再履行管理人职责的，人民法院应当决定更换管理人。

第三十七条 人民法院决定更换管理人的，原管理人应当自收到决定书之次日起，在人民法院监督下向新任管理人移交全部资料、财产、营业事务及管理人印章，并及时向新任管理人书面说明工作进展情况。原管理人不能履行上述职责的，新任管理人可以直接接管相关事务。

在破产程序终结前，原管理人应当随时接受新任管理人、债权人会议、人民法院关于其履行管理人职责情况的询问。

第三十八条 人民法院决定更换管理人的，应将决定书送达原管理人、新任管理人、破产申请人、债务人以及债务人的企业登记机关，并予公告。

第三十九条 管理人申请辞去职务未获人民法院许可，但仍坚持辞职并不再履行管理人职责，或者人民法院决定更换管理人后，原管理人拒不向新任管理人移交相关事务，人民法院可以根据企业破产法第一百三十条的规定和具体情况，决定对管理人罚款。对社会中介机构为管理人的罚款5万元至20万元，对个人为管理人的罚款1万元至5万元。

管理人有前款规定行为或者无正当理由拒绝人民法院指定的，编制管理人名册的人民法院可以决定停止其担任管理人一年至三年，或者将其从管理人名册中除名。

第四十条 管理人不服罚款决定的，可以向上一级人民法院申请复议，上级人民法院应在收到复议申请后五日内作出决定，并将复议结果通知下级人民法院和当事人。